wk

THEOLOGISCHE WISSENSCHAFT

Sammelwerk für Studium und Beruf

Herausgegeben von

Carl Andresen, Werner Jetter,

Wilfried Joest, Otto Kaiser,

Eduard Lohse

Band 5

Eduard Lohse

# Grundriß der neutestamentlichen Theologie

Dritte, durchgesehene und ergänzte Auflage

Verlag W. Kohlhammer
Stuttgart Berlin Köln Mainz

**CIP-Kurztitelaufnahme der Deutschen Bibliothek**

*Lohse, Eduard:*
Grundriß der neutestamentlichen Theologie /
Eduard Lohse. – 3., durchges. u. erg. Aufl. –
Stuttgart, Berlin, Köln, Mainz: Kohlhammer, 1984
(Theologische Wissenschaft; Bd. 5)
ISBN 3-17-008614-6

Dritte, durchgesehene und ergänzte Auflage 1984

Stuttgart Berlin Köln Mainz
Verlagsort: Stuttgart
Gesamtherstellung: W. Kohlhammer GmbH + Co. Stuttgart
Printed in Germany

# Inhalt

# Vorwort

Dieses Studienbuch setzt die bereits vorgelegte Darstellung der Entstehung des Neuen Testaments ($^{4}$1983) voraus und bezieht sich wiederholt auf sie. Wie jener Band ist auch dieser aus langjähriger Arbeit mit Studenten erwachsen. In ihm soll dargelegt werden, was zum Grundwissen in der Disziplin der neutestamentlichen Theologie zu zählen ist. Die jedem Paragraphen vorangestellte These faßt knapp zusammen, was dann näher ausgeführt wird. Damit soll eine Orientierungshilfe geboten werden, die jedoch nicht unkritisch übernommen, sondern in eigener Arbeit nachgeprüft sein will. Die Literaturangaben sind wiederum auf kurz gefaßte Hinweise beschränkt, in denen die wichtigsten Abhandlungen und die neueste Diskussion besonders berücksichtigt sind. Auf die Ausführungen in den neutestamentlichen Theologien von R. BULTMANN ($^{8}$1980), H. CONZELMANN ($^{3}$1976), J. JEREMIAS, Band I ($^{3}$1979) und L. GOPPELT (I $^{3}$1980; II $^{3}$1978) sowie die einschlägigen Artikel im Theologischen Wörterbuch zum NT und die Kommentare zu den nt.lichen Schriften wird zu den einzelnen Paragraphen dieses Buches nicht jeweils besonders aufmerksam gemacht, da die entsprechenden Abschnitte leicht aufzufinden sind. Die verwendeten Abkürzungen richten sich nach dem Verzeichnis der RGG$^{3}$, E bedeutet = „Die Entstehung des Neuen Testaments" ($^{4}$1983), E. KÄSEMANN, EVB = Exegetische Versuche und Besinnungen , I/II $^{6}$1975. Herrn Professor Dr. O. Kaiser, Marburg, sei für die kritische Lektüre des Manuskripts und das Mitlesen der Korrekturen, Herrn Pastor A. Baumann, Hannover, für die Durchsicht der Druckfahnen herzlich gedankt.

Für die zweite Auflage sind die Literaturangaben ergänzt, Versehen korrigiert und einzelne Formulierungen neu gefaßt worden.

Für die dritte Auflage ist die Darstellung erneut gründlich durchgesehen und sind die Literaturangaben auf den neuesten Stand gebracht worden.

## § 1 Aufgabe und Methode der neutestamentlichen Theologie

*Die nt.liche Theologie hat die Aufgabe, die theologischen Gedanken der nt.lichen Schriften im Zusammenhang darzustellen, indem durch sorgsame Befragung der einzelnen Schriften erhoben wird, in welcher Weise die Verkündigung des gekreuzigten und auferstandenen Christus in der kirchengründenden Predigt, wie sie im NT vorliegt, entfaltet worden ist.*

M. Kähler, Der sogenannte historische Jesus und der geschichtliche, biblische Christus, 1892, [2]1956 (ed. E. Wolf) – H. Schlier, Über Sinn und Aufgabe einer Theologie des NT, BZ NF 1 (1957) 6–23 = Besinnung auf das NT, [2]1964, 7–24 – H. Braun, Die Problematik einer Theologie des NT, Beih. 2 zur ZThK, 1961, 3–18 = Gesammelte Studien zum NT und seiner Umwelt, [3]1971, 325–341 – O. Merk, Biblische Theologie des NT in ihrer Anfangszeit, 1972 – E. Käsemann, The Problem of a New Testament Theology, NTS 19 (1972/73) 235–245 – P. Stuhlmacher, Das Bekenntnis zur Auferweckung Jesu und die biblische Theologie, ZThK 70 (1973) 365–403 – G. Strecker (Hrsg.), Das Problem der Theologie des NT, 1975.

*a.* Die *Aufgabe* der nt.lichen Theologie, die theologischen Gedanken der nt.lichen Schriften im Zusammenhang darzustellen, kann nur erfüllt werden, wenn der Eigenart dieser Schriften hinreichend Rechnung getragen wird. Das NT bietet keine zeitlos gültige Botschaft, sondern urchristliche Verkündigung und Lehre, die jeweils in eine bestimmte Situation hineingesprochen ist. Darum müssen die Voraussetzungen und Anlässe, die zur Aufzeichnung der urchristlichen Schriften geführt haben, für die Erklärung ihrer Aussagen berücksichtigt werden. Die nt.liche Theologie hat daher von der historisch-kritischen Interpretation der nt.lichen Schriften auszugehen; denn allein deren Ergebnisse und Einsichten ermöglichen es, die theologischen Aussagen der nt.lichen Schriften genau zu bestimmen. Werden z. B. die Evangelien als Werke und Aufzeichnungen von Augenzeugen der Wirksamkeit Jesu betrachtet, so wird ihr theologischer Charakter anders beschrieben, als wenn sie als Niederschlag urchristlicher Überlieferung und der redaktionellen Arbeit der Evangelisten beurteilt werden. Gelten alle 13 Briefe des Corpus Paulinum als Schriften des Apostels, so wird sich die Darstellung der paulinischen Theologie wesentlich von einer Beschreibung unterscheiden, bei der Proto- und Deuteropaulinen getrennt betrachtet werden und die Theologie des Paulus vom Römerbrief und nicht von den Pastoralbriefen her in den Blick genommen wird. Die nt.liche Theologie kann also nur unter ständiger Berücksichtigung der Erkenntnisse, die bei der Untersuchung der nt.lichen Schriften in der sog. Einleitungswissenschaft gewonnen werden, sachgerecht dargestellt werden – wie umgekehrt die Beurteilung der theologischen Gedanken einer Schrift für die Erhellung ihrer Entstehungsverhältnisse von Belang ist.

Als historische Disziplin hat die nt.liche Theologie darzulegen, wie das Kerygma vom gekreuzigten und auferstandenen Christus in der kirchengründenden Predigt (M. Kähler), die im NT aufgezeichnet ist, entfaltet worden ist. Bei der Untersuchung der urchristlichen Verkündigung, die in den nt.lichen Schriften im Blick auf die jeweiligen Hörer und Leser ausgerichtet wird, müssen die verschiedenen Aussagen von der Mitte des Kerygmas her systematisch geordnet und kritisch betrachtet werden. Daher muß ständig nach dem Kanon im Kanon (s. E 17), nach dem Christuszeugnis in den verschiedenen Schriften und theologischen Entwürfen gefragt werden. Indem die nt.liche Theologie die theologischen Aussagen der nt.lichen Schriften im Zusammenhang darstellt, hat sie zu fragen, ob darin das Kerygma sachgemäß zur Sprache gebracht worden ist. Insofern ist die nt.liche Theologie nicht nur eine historische, sondern zugleich auch eine systematische Disziplin.

*b.* Der griechische Begriff *Theologie* wird erstmals von den frühchristlichen Apologeten verwendet, um mit Hilfe philosophischer Überlegungen die Wahrheit des christlichen Glaubens zu erweisen. Obwohl das Wort Theologie im NT nirgendwo vorkommt, kann doch durchaus von urchristlicher Theologie gesprochen werden. Zwar wird in den nt.lichen Schriften nur gelegentlich philosophische Terminologie gebraucht. Wohl aber wird schon in urchristlichen Bekenntnisaussagen und Liedfragmenten in systematisch durchdachten Formulierungen das Kerygma vom gekreuzigten und auferstandenen Christus bezeugt. In den Briefen und Evangelien, der Apostelgeschichte und der Apokalypse wird in einer jeweils eigen geprägten Begrifflichkeit dargelegt, was diese Botschaft für das Leben der Glaubenden bedeutet. Es ist daher sachgemäß, die in diesen Schriften ausgeführten Gedanken als Theologie zu bezeichnen.

In den 27 Schriften, die zum nt.lichen Kanon zusammengefaßt sind, wird jedoch nicht eine einheitliche Theologie entfaltet; es werden vielmehr theologische Ansichten entwickelt, die nicht immer untereinander übereinstimmen. Die Theologie des Paulus unterscheidet sich wesentlich von der des Jak., die Theologie der Synoptiker deckt sich nicht mit der des Joh.-Ev. Im NT sind also theologische Konzeptionen enthalten, die teilweise in einem spannungsvollen Verhältnis zueinander stehen. Diese Unterschiede, wie sie sich innerhalb des nt.lichen Kanons zeigen, dürfen nicht eingeebnet, sondern müssen in der Darstellung der nt.lichen Theologie aufgewiesen werden. Die Stimmen, die in den einzelnen Schriften hörbar werden, fordern eine Antwort heraus, die nur in kritischer Stellungnahme gefunden werden kann. Dabei muß einerseits dem mannigfaltigen Befund durch differenzierte Beschreibung Rechnung getragen, andererseits aber die Frage beantwortet werden, wo und wie in den nt.lichen Schriften das eine Kerygma zu Gehör gebracht wird (s. S. 161—164).

*c.* Aufgabe und Methode der nt.lichen Theologie können durch einen kurzen Blick auf die *Geschichte der Disziplin* genauer bestimmt werden. Nt.liche Theologie als selbständige Aufgabe wurde zum ersten Mal von J. P. Gabler in seiner Oratio de iusto discrimine theologiae biblicae et dogmaticae 1787 herausgestellt. Bis dahin waren in den Collegia biblica aus dem AT und NT biblische Belege für die Dogmatik zusammengetragen worden. Gabler forderte nun, zwischen der Dogmatik einerseits und der biblischen Theologie andererseits zu unterscheiden. Im 19. Jahrh. gelangte diese Forderung zu allgemeiner Anerkennung. Die historische Theologie wurde von der Dogmatik gelöst, die biblische Theologie in die des AT und die des NT geteilt. Hatte die Aufklärung nach zeitlos gültigen Wahrheiten gefragt, die aus dem NT zu erheben sind, so wurde die historische Forschung vor allem durch F. C. Baur vorangetrieben. Die christliche Wahrheit kann nach Baur nur erfaßt werden, wenn ihre Entfaltung im geschichtlichen Ablauf aufgespürt wird, der sich im Dreischritt von Thesis-Antithesis-Synthesis vollzogen hat: vom petrinischen Judenchristentum über das paulinische Heidenchristentum zur Synthese des johanneischen Christentums und der altkatholischen Kirche. In kritischer Weiterführung der von Baur entworfenen Konzeption suchte man die Gedankenwelt der einzelnen Phasen nachzuzeichnen, indem die Verkündigung Jesu, die Urgemeinde, Paulus und Johannes jeweils gesondert betrachtet wurden.

Repräsentativ für den Stand der Forschung zu Ende des vergangenen Jahrh. ist das umfangreiche Lehrbuch der nt.lichen Theologie von H. J. Holtzmann

(1897, ²1911), das eine Darstellung »der religiös-sittlichen Gedankenwelt« des NT gibt, indem die wesentlichen Vorstellungen der nt.lichen Schriftenkreise durch Bestimmung der sie leitenden Lehrbegriffe aufgewiesen werden. P. FEINES Theologie des NT (1910, ⁸1951) ist im Aufriß dem Werk HOLTZMANNS verwandt, bildet zu ihm jedoch ein Gegenstück, indem in historischen Fragen zurückhaltend geurteilt wird und die Hauptgedanken nt.licher Theologie in Übereinstimmung mit traditioneller kirchlicher Lehre beschrieben werden. Die von A. SCHLATTER entworfene Theologie des NT (1909/10, ²1922/23) ist im ersten Band der Geschichte des Christus, im zweiten der Theologie der Apostel gewidmet. SCHLATTER nennt es seine Aufgabe, zu erheben, was in den Texten steht; denn es gibt für das menschliche Auge »kein höheres Geschäft als das Sehen, durch das wir auffassen, was Jesus will und sagt«. Es gilt also, uns hinzukehren zu dem, »was in den Männern, durch die die Kirche entstanden ist, als der von ihnen gedachte Gedanke und die für sie gültige Wahrheit vorhanden war« (9). Der wichtigste Faktor, der die Lehrbildung des NT erzeugt hat, ist Jesu Werk. Denn von ihm ist das Werk der Jünger und Apostel bestimmt. Dessen Bedeutung und Gültigkeit aber wird nur erfaßt, wenn Denk- und Lebensakt nicht zerrissen werden. Denn »um richtig zu beobachten, müssen wir uns den Zusammenhang verdeutlichen, der ihre Gedanken (sc. Jesu und seiner Jünger) erzeugt, und in den sie auch sofort wieder hineintreten als die Basis ihres Werks« (11).

Neue Fragen stellte die religionsgeschichtliche Schule. W. WREDE führt in seiner Programmschrift »Über Aufgabe und Methode der sog. nt.lichen Theologie« (1897) aus, es komme nicht auf die Erhebung von Lehrbegriffen an, sondern auf das Verständnis des christlichen Glaubens als Religion, wie sie sich im Leben des Urchristentums lebendig gestaltet hat. Die religionsgeschichtliche Untersuchung der Texte des NT, wie sie z. B. in W. BOUSSETS grundlegender Monographie »Kyrios Christos« (1913, ²1921 = ⁶1967) angestellt wurde, hatte ein neues Verständnis des Kultus als lebendiger religiöser Begehung zur Folge. Die nt.lichen Texte sollen auf dem Hintergrund der religiösen Vorstellungen ihrer Umwelt erklärt werden. So suchte H. WEINEL in seiner Biblischen Theologie des NT (1911, ⁴1928) mit Hilfe einer allgemeinen religionsgeschichtlichen Orientierung die Religion Jesu als sittliche Erlösungsreligion zu begreifen, die Gedanken des Paulus als Ausdruck seiner Frömmigkeit zu verstehen und die johanneische Theologie als Mystik zu beschreiben.

F. BÜCHSEL legte in seiner Theologie des NT (1935, ²1937) einen knapp gefaßten Grundriß vor, der weithin traditionelle Ansichten vertritt. Eigenwillig in Anlage und Durchführung ist E. STAUFFERS Theologie des NT (1941, ⁴1948), indem sie die verschiedenen Schriftenkreise nicht gesondert würdigt, sondern in einem von apokalyptischen Vorstellungen bestimmten Aufriß eine christozentrische Geschichtstheologie des NT entwirft, die der Mannigfaltigkeit theologischer Gedanken im NT nicht gerecht wird.

R. BULTMANNS Theologie des NT (1953, ⁸1980) faßt in hervorragender Klarheit und Prägnanz der Formulierungen die Forschungsarbeit einer ganzen Generation zusammen. Weil das NT ein Dokument der Geschichte ist, kann seine Erklärung nur aufgrund historischer Forschung erfolgen. Leitend ist jedoch nicht das Interesse einer Rekonstruktion vergangenen Geschehens und einstmals geäußerter Gedanken, sondern vielmehr die Interpretation der nt.lichen Texte unter der Voraussetzung, daß die Schriften des NT »der Gegenwart etwas zu sagen haben« (599). Das »glaubende Selbstverständnis in seinem Bezuge auf das Kerygma deutlich zu machen, ist die Aufgabe einer Darstellung der neutest. Theologie (ebda.). Höhepunkte der Entfaltung nt.licher Theologie sind daher die Analyse der paulinischen und der johanneischen Theologie, da in ihnen das glaubende Selbstverständnis seine klarste Beschreibung gefunden hat. Weil Theologie als Anthropologie dargestellt werden soll, treten die Schriften, in denen sich keine ausgeprägte Anthropologie findet, in den Hintergrund: die Synoptiker, die Apg., die katholischen Briefe, die Apk., aber auch ein Abschnitt wie Röm. 9–11.

Alle weitere Bemühung um sachgerechtes und kritisches Erfassen des nt.lichen Kerygmas wird im Anschluß an und in Auseinandersetzung mit BULTMANNS grundlegendem Werk zu erfolgen haben (zur kritischen Fortführung seiner Fragestellungen s. N. A. DAHL, Die Theologie des NT, ThR NF 22 [1954] 21–49). BULTMANNS Interpretation der nt.lichen Theologie ist in H. CONZELMANNS Grundriß der Theologie des NT (1967, [3]1976) vorausgesetzt. CONZELMANN geht jedoch an verschiedenen Stellen über sie hinaus, indem z. B. die Verkündigung Jesu nicht mehr am Anfang zur Darstellung gelangt, sondern im Zusammenhang mit der Theologie der Synoptiker beschrieben wird. Theologie des NT wird konsequent »nach dem heutigen Stand der Traditionsgeschichte« disponiert »und damit dem Leser ein einheitlicher Gesichtspunkt für die Erarbeitung dieser Disziplin« gegeben (14).

Als Ergänzungsband zum NTDeutsch hat W. G. KÜMMEL eine Theologie des NT verfaßt (1969, [4]1980), die sich auf Jesus, Paulus und Johannes als die Hauptzeugen beschränkt und daher nur die Verkündigung Jesu sowie die Theologie der paulinischen Briefe und der johanneischen Schriften darlegt. Der systematische Ansatz des 1. Bandes einer nt.lichen Theologie von J. JEREMIAS (1971, [3]1978) ist der Sicht SCHLATTERS verwandt, indem zunächst ausschließlich die Verkündigung Jesu zur Darstellung gelangt. Jesu Predigt wird als der Ruf beschrieben, auf den die urchristlichen Zeugen eine vielstimmige Antwort geben. L. GOPPELT will die nt.liche Theologie unter heilsgeschichtlichem Aspekt darstellen: Die Schriften des NT wollen „ein von dem Gott des AT herkommendes Erfüllungsgeschehen bezeugen, das von Jesus als seiner Mitte ausgeht" (50): I Jesu Wirken in seiner theologischen Bedeutung ([3]1980), II Vielfalt und Einheit des apostolischen Christuszeugnisses ([3]1978).

Im Bereich der katholischen Theologie liegen die beiden Werke von M. MEINERTZ, Theologie des NT (1950) und J. BONSIRVEN, Théologie du NT (1951) vor, die historische Probleme durchweg behutsam abhandeln, jedoch erste Ansätze dazu bieten, die Einsichten der Bibelwissenschaft den traditionellen Sätzen der Dogmatik gegenüberzustellen. In seinem kritischen Bericht Nt.liche Theologie – der Stand der Forschung (1963, [2]1965) referiert R. SCHNACKENBURG nicht nur über einschlägige Untersuchungen aus neuerer Zeit, sondern trägt auch eine eigenständige Sicht der Aufgabe nt.licher Theologie vor. K. H. SCHELKLE gliedert unter thematischen Gesichtspunkten den Stoff: 1. Schöpfung (Welt – Zeit – Mensch), 2. Heilsgeschichte und Offenbarung, 3. Ethos, 4. Gottesherrschaft, Kirche, Vollendung (I–IV 1968–1976). Obwohl bei der Erörterung der einzelnen Themen jeweils die Überlieferungsgeschichte und die Entfaltung in den verschiedenen Schriftenkreisen verfolgt werden, wird bei diesem von systematischen Überlegungen her entworfenen Aufriß den historischen Aspekten der nt.lichen Theologie nicht genügend Raum gegeben.

Aus der angelsächsischen Welt sind die Bücher von F. C. GRANT, An Introduction to NT Thought (1950) und A. RICHARDSON, An Introduction to the Theology of the NT (1958) zu nennen, die ebenfalls die Gedankenwelt des NT vorwiegend unter thematischen Gesichtspunkten befragen und daher den differenzierten

Befund nicht hinreichend beachten. Im übrigen haben im englischen Sprachbereich die Übersetzungen der Werke von BULTMANN, CONZELMANN und JEREMIAS weite Verbreitung gefunden.

*d.* Mit der Aufgabe der Darstellung der nt.lichen Theologie ist notwendig die Frage nach ihrer *sachgemäßen Interpretation* verbunden. Am nachdrücklichsten hat BULTMANN dieses Problem erörtert (s. S. 74f. 126). Das urchristliche Kerygma redet seine Hörer an und nimmt sie in Anspruch. Es ist daher auch für uns »als Kerygma nur verständlich, wenn das durch es geweckte Selbstverständnis als eine Möglichkeit menschlichen Selbstverständnisses verstanden wird und damit zum Ruf zur Entscheidung wird« (589). Die Interpretation der nt.lichen Theologie hat daher aufzuzeigen, welches Verständnis menschlicher Existenz in ihr zum Ausdruck kommt. »Denn Gegenwartsbedeutung können« die theologischen Gedanken des NT »nicht als theoretische Lehren, zeitlose allgemeine Wahrheiten beanspruchen, sondern nur als der Ausdruck eines Verständnisses menschlicher Existenz, das auch für den gegenwärtigen Menschen eine Möglichkeit seines Selbstverständnisses ist – eine Möglichkeit, die ihm eben durch das NT erschlossen wird, sofern dieses ihm nicht nur zeigt, daß solches Selbstverständnis die Antwort auf das Kerygma, das ihn anredende Wort Gottes, ist, sondern ihm das Kerygma selbst vermittelt« (599).

Dieses Verständnis existentialer Interpretation des NT ist von H. BRAUN weitergeführt worden, indem er darlegt, daß sich in den nt.lichen Schriften unterschiedliche Aussagen über die Christologie, die Soteriologie, die Stellung zum Gesetz, die Eschatologie und die Sakramentslehre finden. Diese Disparatheit dürfe nicht so aufgelöst werden, daß man sich für eine Position und damit gegen eine andere entscheidet. Die Problematik einer Theologie des NT liege vielmehr darin, daß die urchristlichen Aussagen zur Christologie, Eschatologie usw. für uns nicht mehr nachvollziehbar seien, weil wir nicht mehr mit dem antiken Menschen die Vorstellung gemeinsam haben, daß es so etwas wie einen Messias gibt, und die Eschatologie infolge der Parusieverzögerung hinfällig geworden sei. Eine Lösung dieser Problematik meint BRAUN allein durch radikale Konzentration auf die Aufgabe existentialer Interpretation der nt.lichen Texte finden zu können, indem Gott nunmehr als »das Woher meines Umgetriebenseins« beschrieben wird. »Mein Ungetriebensein aber ist bestimmt durch das ›Ich darf‹ und ›Ich soll‹; bestimmt durch Geborgensein und Pflicht.« (341) »Ich kann von Gott nur reden, wo ich vom Menschen rede; also anthropologisch. Ich kann von Gott nur reden, wo mein ›Ich soll‹ kontrapunktiert wird vom ›Ich darf‹ – also soteriologisch.« (ebda.) Damit aber wird nicht mehr wie bei BULTMANN Theologie als Anthropologie dargestellt, sondern tatsächlich in Anthropologie aufgelöst. Während BULTMANN betont, aus den Aussagen der Texte sei die mythologische Rede nicht zu eliminieren, sondern auf das in ihr enthaltene, durch das Kerygma begründete Selbstverständnis des Menschen hin kritisch zu interpretieren, wird von BRAUN nun eine radikale Reduktion vorgenommen. Der nt.lichen Theologie kommt die Aufgabe zu, die Texte auf die in ihnen aufgezeigte Möglichkeit echter Mitmenschlichkeit hin zu befragen, die grundsätzlich auch auf andere Weise und auf anderem Wege begründet werden kann. Damit aber bricht die nt.liche Theologie auseinander in eine historische Untersuchung, die vergangene Ansichten erhebt, und eine Darlegung der Mitmenschlichkeit, die auch unabhängig vom nt.lichen Kerygma entfaltet werden kann. Wenn BRAUN darauf hinweist, daß im NT unterschiedliche christologische Konzeptionen vorliegen, so darf doch nicht übersehen werden, daß die nt.lichen Schriften auch kein einheitliches Verständnis der Anthropologie darbieten. Daher darf die Interpretation des NT nicht den Ton einseitig auf die Aussagen über das Begreifen menschlicher Existenz legen, sondern muß mit der urchristlichen Verkündigung nach dem Verhältnis von Christologie und Anthropologie gefragt werden. Zum Verständnis der Christologie wird nicht die Vorgabe verlangt, daß es so etwas wie den Messias gebe; denn das nt.liche Kerygma knüpft an keine Form der jüdischen Messiaserwartung an, sondern verkündigt entgegen jeder unter Juden verbreiteten endzeitlichen Hoffnung den gekreuzigten und auferstandenen Jesus von Nazareth als den Christus Gottes. Wie diese Predigt die jüdischen Vorstellungen zerbricht und für die Wahrheit ihrer Botschaft allein das Zeugnis der Schriften aufbieten kann, so wird im Licht des Kerygmas auch ein neues Verständnis des Menschen gewonnen: daß die verlorenen Sünder allein im Glauben an den gekreuzigten und auferstandenen Christus gerettet werden und so das Heil empfangen.

Kann die existentiale Interpretation des NT auf der einen Seite mit Recht als eine Fortführung reformatorischer Theologie bezeichnet werden, die von der Rechtfertigung des Sünders durch die rettende Kraft des Glaubens handelt, so erfährt doch auf der anderen Seite die Engführung dieser Auslegung eben von der reformatorischen Theologie her ihre Korrektur. LUTHER hat das Thema aller Theologie mit den Worten beschrieben: »Cognitio Dei et hominis est sapientia divina et proprie theologica, et ita cognitio Dei et hominis, ut referatur tandem ad Deum iustificantem et hominem peccatorem, ut proprie sit subiectum Theologiae homo reus et perditus et Deus iustificans vel salvator. Quicquid extra hoc subiectum in Theologia quaeritur aut disputatur, est error et venenum.« (WA 40 II, 328) Die Lehre von der Rechtfertigung aber kann allein von der Christologie her begründet werden. Denn »es ist alles yn Christum getzogen und beschlossen; wer den nicht horet, der horet keyn tzusagung Gottis« (WA 10 I, 2, 159). Nur von der Christologie her kann auch die Theologie der nt.lichen Zeugen aufgeschlossen und entfaltet werden. Die Christusbotschaft aber eröffnet ein neues Verständnis des Menschen. Denn das urchristliche Kerygma redet nicht von einem Gott an sich, sondern von dem Gott für uns, der seinen Sohn in die Welt sandte, damit alle, die an ihn glauben, nicht verlorengehen, sondern ewiges Leben haben (Joh. 3, 16). Daher kann im Zusammenhang der nt.lichen Theologie der Ort der Anthropologie nur von der Christologie her bestimmt werden.

Die christliche Predigt betrifft nicht nur den einzelnen Menschen, so unvertretbar er die Antwort des Glaubens zu geben hat, sondern das Evangelium geht die Welt an. Es zeigt nicht nur die Möglichkeit neuen Sich-Verstehens auf, sondern proklamiert den gekreuzigten und auferstandenen Christus als den Herrn der Welt und führt Juden und Griechen, die an ihn glauben, zur Gemeinschaft des neuen Gottesvolkes zusammen. In der nt.lichen Theologie, die als Entfaltung des Evangeliums im urchristlichen Zeugnis darzustellen ist, muß daher die weltweite Bedeutung der Christuspredigt aufgewiesen werden, deren erneuernde Kraft das Verhältnis der Menschen zueinander verändert und sie zur Gemeinschaft in Christus verbindet.

## § 2 Das Evangelium als kirchengründende Predigt

*Im Evangelium wird Jesus Christus als der gekreuzigte und auferstandene, erniedrigte und erhöhte Herr verkündigt, der für unsere Sünden starb, von Gott auferweckt wurde und sich als der Herr bezeugte. Das Christusgeschehen wird als Gottes eschatologische Heilstat ausgerufen, in der die Verheißungen der Schrift erfüllt sind.*

J. Schniewind, Euangelion I, 1927; II 1931 – M. Dibelius, Die Formgeschichte des Evangeliums, [2]1933, [6]1971, 8–34: Die Predigt – C. H. Dodd, The Apostolic Preaching and its Developments, 1936, [8]1956 – P. Stuhlmacher. Das paulinische Evangelium, I. Vorgeschichte, 1968 – A. Vögtle, Das Evangelium und die Evangelien, 1971.

*a.* Das *älteste Zeugnis* vom urchristlichen Evangelium liegt in den paulinischen Briefen vor. Zu Beginn der Auseinandersetzung, die er mit den Leugnern der Auferstehung in der korinthischen Gemeinde vornimmt, bezieht sich Paulus auf das gemeinchristliche Evangelium, wie er es einst bei seinem ersten Besuch in Korinth (50 n.Chr.) verkündigt hat. Da Paulus in der Einleitung, die er dem Zitat des εὐαγγέλιον voranstellt (1. Kor. 15, 1–3a), darauf hinweist, daß er bereits dieses Evangelium empfangen und dann weitergegeben habe, muß die in festen Sätzen formulierte Aussage bis in die erste Zeit der christlichen Kirche zurückreichen (s. E 20f.): »daß Christus gestorben ist für unsere Sünden nach den Schriften und daß er begraben wurde; daß er auferweckt wurde am dritten Tag nach den Schriften und daß er Kephas erschien, dann den Zwölf.« (1. Kor. 15, 3b–5)

Christus ist für unsere Sünden gestorben – das artikellos vorangestellte Χριστός wird ursprünglich als Titel verstanden worden sein, wie z.B. auch Joh. 4, 25 Μεσσίας/Χριστός ohne Artikel steht und den endzeitlichen Heilbringer bezeichnet. Im damaligen Judentum gab es unterschiedlich ausgeprägte Vorstellungen über die zukünftige messianische Zeit (s. S. 43f.). In keiner von ihnen ist jedoch von einem Leiden und Sterben des Messias die Rede, das er um der Sünden der Menschen willen erdulden müsse. Denn stets ist vorausgesetzt, daß der Gesalbte Gottes als Retter und Richter auftreten wird, der die alleinige Gültigkeit des Gesetzes durchsetzen wird. Das urchristliche Kerygma dagegen verbindet den Begriff des Christus mit der Aussage, daß er gelitten hat und gestorben ist.

Als Ursache, die zum Leiden des Christus geführt hat, werden »unsere Sünden« angegeben, auf den Sinn seines Sterbens weist der Bezug auf die Schriften hin. Damit kann an Abschnitte gedacht sein wie die Leidenspsalmen 22, 31 und 69, die von den ersten Christen immer wieder zur Deutung des Leidens Jesu herangezogen wurden, und das Lied vom Gottesknecht Jes. 53, der unsere Krankheit trug (V. 4), um unserer Missetat willen verwundet wurde (V. 5), dem man bei Gottlosen sein Grab gab (V. 9), der die Sünden der Vielen trug (V. 11), sein Leben in den Tod gegeben und die Sünden der Vielen getragen hat (V. 12). Doch mit den Worten κατὰ τὰς γραφάς wird nicht nur an einzelne Sätze des AT erinnert, sondern die ganze Schrift als Zeugnis von und für Christus in Anspruch genommen. Damit wird zugleich eine polemische Abgrenzung gegen das von der Synagoge entwickelte Schriftverständnis vollzogen. Während sie das Gesetz als Norm des gesamten Kanons betrachtet, sieht die christliche Gemeinde im gekreuzigten und auferstandenen Christus die Mitte der Schrift. Allein mit Hilfe der Schrift kann der Sinn des Leidens und Sterbens Jesu Christi begriffen und als Gottes Wille verstanden werden: Er lud die Last unserer Sünden auf sich und trug sie fort. Mit der ausdrücklichen Erwähnung seines Begräbnisses wird hervorgehoben, daß er den bitteren Weg des Leidens bis ans Ende, in Tod und Grab, gegangen ist.

Dem ersten Satz, der vom Tod Christi handelt, ist der zweite gegenübergestellt, der von seiner Auferweckung spricht. Die streng parallel gebaute Struktur der beiden Sätze läßt die feste Zusammengehörigkeit der Aussagen erkennen: Kreuz und Auferstehung Christi sind das eine Heilsgeschehen, von dem das Evangelium Kunde gibt. Die Auferstehung Christi verleiht seinem Sterben rettende Kraft, wie Paulus interpretierend betont: »Denn wäre Christus nicht auferweckt, so wäret ihr noch in euren Sünden.« (1. Kor. 15, 17) Wollte man als Beleg für den Satz, daß Gott Christus am dritten Tag auferweckt hat nach den Schriften, eine bestimmte Stelle des AT anführen, so käme allein Hos. 6, 2 in Betracht. Die Zeitgenossen des Propheten sprachen: »Er hat uns zerrissen, er wird uns auch heilen; er hat uns geschlagen, er wird uns auch verbinden. Er macht uns lebendig nach zwei Tagen; er wird uns am dritten Tage aufrichten, daß wir vor ihm leben werden.« Hos. 6, 2 wird jedoch nirgendwo im NT zitiert und hat also im urchristlichen Schriftbeweis offensichtlich keine Rolle gespielt. Dann ist auch in diesem Satz mit dem Hinweis auf die Schriften schwerlich daran gedacht, daß einzelne Stellen die Beweislast tragen sollten. Vielmehr wird auch für die Botschaft von der Auferstehung Christi das gesamte Zeugnis des AT aufgeboten (s. S. 52).

Für diese Predigt verbürgen sich die ersten Zeugen, denen der Gekreuzigte als der Lebendige erschien: Kephas und die Zwölf. Ihnen hat sich der auferstandene Christus bezeugt; davon reden sie. Ob diese Predigt wahr ist, kann nur erkannt werden, wenn sie im Glauben angenommen und die Antwort gegeben wird: Er ist wahrhaftig auferstanden (Lk. 24, 34); er ist für unsere Sünden gestorben. Von Kreuz und Auferstehung Christi kann daher allein so angemessen gesprochen werden, daß die uns betreffende Bedeutung dieses Ereignisses aufgewiesen wird: für uns gestorben – nach den Schriften. Dieses Evangelium wird als die kirchengründende Predigt verkündigt, die von Paulus und allen anderen Zeugen des Auferstandenen übereinstimmend ausgerichtet wird (1. Kor. 15, 11).

*b. Das eine Evangelium*, neben dem es kein anderes gibt (Gal. 1, 6–9), kann – wie im einzelnen später auszuführen ist (s. S. 54f.) – *in verschiedenen Wendungen* ausgesagt werden. So bezieht sich Paulus im Eingang des Röm., in dem er sich der ihm persönlich unbekannten Gemeinde als berufener Apostel Jesu Christi vorstellt, auf das eine Evangelium, auf das sich der Glaube der Christen gründet. Dabei weist er ausdrücklich auf die prophetischen Verheißungen der Schriften hin. Die urchristliche Formulierung, die dann angeführt wird (s. E 21), redet in einem Doppelzeiler von dem, »der geboren wurde aus dem Samen Davids nach dem Fleisch, der eingesetzt wurde zum Sohn Gottes in Kraft nach dem heiligen Geist aus der Auferstehung der Toten« (Röm. 1, 3f.). Wird in der ersten Zeile die Davidssohnschaft des Irdischen genannt, so wird diese Aussage in der zweiten Zeile überhöht, die von der Einsetzung des Auferstandenen zum Sohn Gottes spricht. Darin erfüllte sich nach urchristlichem Verständnis, was Ps. 2, 7 angekündigt wurde. Gott sprach zum Gesalbten: »Du bist mein lieber Sohn, heute habe ich dich gezeugt.« Mit diesen Worten ist dem Erwählten sein herrscherliches Amt übertragen. Die christliche Gemeinde knüpft unmittelbar an diese at.liche Verheißung an und sagt, daß sie in der Auferstehung Jesu Christi verwirklicht wurde (s. S. 52f.).

*c.* Das Evangelium hat weder eine allgemeine Wahrheit noch einen zeitlos gültigen Mythos zum Inhalt, sondern ruft das *Christusgeschehen* als Heilsereignis aus. Darum wird stets auf das AT Bezug genommen, weil die Worte der Schrift die allein angemessene Sprache darbieten, in der von der ein für allemal gültigen Erfüllung der Verheißung geredet werden kann. Im Licht der frohen Botschaft wird offenbar, wo ihre Hörer stehen und wer sie sind: Christus starb ὑπὲρ τῶν ἁμαρτιῶν ἡμῶν. Die Adressaten des Evangeliums werden damit als verlorene Sünder angesprochen, denen allein um Christi willen die Vergebung der Sünden und damit das neue Leben zuteil wird.

Indem das Evangelium das Christusgeschehen als Heilsereignis verkündigt, ist es unlöslich auf die Geschichte Jesu von Nazareth bezogen. Der Evangelist Markus leitet daher seine Darstellung des Wirkens und der Passion Jesu mit den Worten ein ἀρχὴ τοῦ εὐαγγελίου Ἰησοῦ Χριστοῦ (Mk. 1, 1) und hebt damit diesen Bezug des Evangeliums auf die Geschichte Jesu nachdrücklich hervor. Der Anfang des Evangeliums ist mit dem Beginn des öffentlichen Auftretens Jesu gegeben (s. S. 20). Zwar wird allein von Karfreitag und Ostern her der Sinn des gesamten Christusgeschehens erhellt. Aber der Osterglaube hat dem Kerygma seinen Inhalt »nicht erst und ausschließlich gegeben«. Gerade der Osterglaube »wurde vielmehr dessen inne, daß Gott gehandelt hat, ehe wir gläubig wurden, und er bezeugt das, indem er die irdische Geschichte Jesu in seine Verkündigung einbezieht«. (Käsemann, EVB I, 203)

# I. Die Verkündigung Jesu

M. Dibelius, Die Formgeschichte des Evangeliums, 1919, $^{2}$1933, $^{6}$1971 – R. Bultmann, Die Geschichte der synoptischen Tradition, 1921, $^{2}$1931 ($^{9}$1979) (+ Ergänzungsheft $^{5}$1979) – J. Jeremias, Die Gleichnisse Jesu, 1947, $^{9}$1977 – E. Linnemann, Gleichnisse Jesu, 1961, $^{7}$1978 – H. Weder, Die Gleichnisse Jesu als Metaphern, $^{2}$1980.
R. Bultmann, Jesus, 1926, $^{4}$1970 – M. Dibelius, Jesus, 1939 / W. G. Kümmel, $^{4}$1966 – G. Bornkamm, Jesus von Nazareth, 1956, $^{12}$1980 – H. Conzelmann, Jesus Christus, RGG$^{3}$ III, 619–653 – E. Schweizer, Jesus Christus im vielfältigen Zeugnis des NT, 1968, $^{5}$1979 – H. Braun, Jesus, 1969, $^{4}$1982 – J. Jeremias, Neutestamentliche Theologie, 1. Teil: Die Verkündigung Jesu, 1971, $^{3}$1979 – N. Perrin, Was lehrte Jesus wirklich?, 1972 – W. Schmithals, Jesus Christus in der Verkündigung der Kirche, 1972.

## § 3 Das Problem des historischen Jesus

*Die Evangelien enthalten keine Berichte über den Lebensgang Jesu, sondern bezeugen in Übereinstimmung mit dem urchristlichen Kerygma Jesus als den Christus, zu dem sich die Gemeinde glaubend bekennt. Da die christliche Predigt sich auf den Anfang des Evangeliums bezieht, hat die nt.liche Theologie die unlösliche Bindung des Kerygmas an die ihm vorgegebene Geschichte Jesu aufzuzeigen.*

E. Käsemann, Das Problem des historischen Jesus, ZThK 51 (1954) 125–153 = EVB I, 187–214 – R. Bultmann, Das Verhältnis der urchristlichen Christusbotschaft zum historischen Jesus, SHA 1960 = Exegetica 1967, 445–469 – J. M. Robinson, Kerygma und historischer Jesus, 1960, $^{2}$1967 – E. Lohse, Die Frage nach dem historischen Jesus in der gegenwärtigen neutestamentlichen Forschung, ThLZ 87 (1962) 161–174 = Die Einheit des NT, 1973, 29–48.

*a.* Die Frage nach dem historischen Jesus ist grundsätzlich unterschieden von dem Problem, das die *Leben-Jesu-Forschung* des 19. Jahrh. beschäftigte. Trotz intensiven Bemühens war es ihr nicht gelungen, eine vita Jesu zu gewinnen, ein Bild seiner Persönlichkeit zu zeichnen und ihn als einen liberalen Prediger der Humanität modernem Denken nahezubringen (s. A. Schweitzer, Geschichte der Leben Jesu Forschung, 1906, $^{2}$1913, $^{6}$1951). Man war ausgezogen, um Jesus zu finden, wie er wirklich war; aber man entdeckte in jedem Stück des NT das urchristliche Kerygma, das überall Verkündigung, Zeugnis und Anrede ist. Die formgeschichtliche Untersuchung der Evangelien hat dann zu der grundsätzlich gesicherten Erkenntnis geführt, daß diese nicht als historische Berichte über das Leben Jesu, sondern als Verkündigung der frohen Botschaft von Jesus Christus zu verstehen sind. Die Frage nach dem historischen Jesus setzt daher beim urchristlichen Kerygma ein, wie es durch formgeschichtliche Analysen in alten Bekenntnissätzen, Formeln und Liedern deutlich gefaßt werden kann (s. E 18–25), und fragt zurück nach dem historischen Jesus. Besteht über das methodische Vorgehen heute weitgehende Übereinstimmung, so ist nach wie vor strittig, welche Bedeutung dieser Frage für die nt.liche Theologie zukommt.
*b.* Das *Problem des historischen Jesus* ist von Bultmann zu Beginn seiner nt.lichen Theologie scharf formuliert worden: »Die Verkündigung Jesu gehört zu den Voraussetzungen der Theologie des NT und ist nicht ein Teil dieser selbst.« (1) Dieser Satz wird damit begründet, daß die Theologie des NT in der Entfaltung der Gedanken bestehe, in denen der christliche Glaube sich seines Gegenstandes, seines Grundes und seiner Konsequenzen versichert. Christlichen Glauben aber

kann es erst geben, seit es christliches Kerygma gibt, also nach Ostern. Denn nun erst wird das Christusereignis als Gottes eschatologische Heilstat verkündigt. Da sich der christliche Glaube auf dieses Kerygma bezieht, kann folglich der historische Jesus nur zu den Voraussetzungen der nt.lichen Theologie gerechnet werden, war Jesus doch - wie J. WELLHAUSEN kurz und einprägsam gesagt hat (Einleitung in die 3 ersten Evangelien, ²1911, 102) - Jude und nicht Christ.

Mit dieser Feststellung hat BULTMANN ohne jede Einschränkung die Folgerungen aus den Einsichten der formgeschichtlichen Analyse der Evangelien gezogen. Sie hat bekanntlich gezeigt, wie jede Perikope in den Evangelien noch erkennen läßt, daß die in ihr aufbehaltene Überlieferung einen bestimmten Sitz im Leben der Gemeinde gehabt hat, daß es aber sehr schwierig ist, mit Sicherheit auf den historischen Jesus zurückzuschließen. BULTMANN braucht es nicht mehr zu bekümmern, daß aus den Quellen nur unsichere Kenntnis über den historischen Jesus gewonnen werden kann. Denn solcher Kenntnis bedarf es seines Erachtens gar nicht für den christlichen Glauben. Der Glaube gründet sich vielmehr ausschließlich auf die Verkündigung des gekreuzigten und auferstandenen Christus und ist daher wohl an der Geschichtlichkeit Jesu als solcher interessiert, nicht aber an einer genauen Kenntnis der näheren Umstände des Wirkens und der Verkündigung des historischen Jesus. BULTMANN beruft sich für diese Auffassung auf das Zeugnis des Apostels Paulus, der zwar gelegentlich einmal ein Herrenwort zitiert, im übrigen aber vom historischen Jesus kaum mehr erwähnt als die Tatsache seiner Kreuzigung (s. S. 79f.). Im Angesicht des Kreuzes erkennt der christliche Glaube, daß alles, was wir vorher für Gewinn erachtet haben, um Christi willen als Verlust, als Schaden anzusehen ist, und daß wir alle allein im Glauben an den Kyrios Gerechtigkeit und Heil empfangen.

Diese These BULTMANNS mußte Widerspruch hervorrufen. Zwar war die Frage nach dem historischen Jesus niemals in der nt.lichen Wissenschaft in Vergessenheit geraten, sondern von Forschern wie SCHLATTER, SCHNIEWIND, JEREMIAS u.a. festgehalten worden. Die Diskussion über das Problem des historischen Jesus, die sich mit BULTMANNS Position auseinandersetzte, ist aber vor allem durch die Fragen ausgelöst worden, die aus dem Kreis der Schüler BULTMANNS als kritische Rückfragen an den Lehrer gestellt wurden. Das urchristliche Kerygma betont stets nachdrücklich die Identität des erhöhten mit dem irdischen Herrn. Der Apostel Paulus einerseits und die Evangelisten andererseits verkündigen je auf ihre Weise das eine Zeugnis von Kreuz und Auferstehung Jesu Christi. Zwar verzichtet Paulus darauf, vom historischen Jesus zu reden, und entfaltet statt dessen die Konsequenzen, die aus der Christusbotschaft für Glauben, Lieben und Hoffen der Christen zu ziehen sind; aber es muß gefragt werden, aus welchem Grund der historische Jesus nicht vergessen wurde, sondern von ihm und über ihn in der erst durch die christliche Gemeinde geschaffenen literarischen Gestalt des Evangeliums Kunde gegeben wurde. Nicht nur die Synoptiker, sondern auch der vierte Evangelist entfalten ihre Botschaft, indem sie von Jesu Werk und seiner Verkündigung eingehend reden.

In Auseinandersetzung mit BULTMANN hat KÄSEMANN darauf hingewiesen, daß es nicht angängig sei, »die von den Evangelisten zweifellos behauptete Relevanz der Historie für den Glauben« bestreiten zu lassen (196). Denn die Evangelisten bekunden mit ihrer Darstellung ja eben, daß sie nicht willens sind, »einen Mythos an die Stelle der Geschichte, ein Himmelswesen an die Stelle des Nazareners treten zu lassen« (ebda.). Wenn die Evangelisten vielmehr an der Historie festhalten, stellen sie auf ihre Weise »das extra nos des Heils als Vorgegebenheit des Glaubens« heraus (202). Daraus aber ergibt sich für uns die Frage, inwiefern wir uns diese von den Evangelisten vollzogene Entscheidung unsererseits aneignen können. KÄSEMANN antwortet treffend, »daß auch wir die Identität des erhöhten mit dem irdischen Herrn nicht aufheben können, ohne dem Doketismus zu verfallen und uns der Möglichkeit zu berauben, den Osterglauben der Gemeinde von einem Mythos abzugrenzen« (203). Das Problem des historischen Jesus geht daher nicht nur den Historiker an, der wissen möchte, was sich wirklich zugetragen hat und wie die Ereignisse sich abgespielt haben, sondern es schließt zugleich eine ungemein wichtige theologische Aufgabe in sich.

Diese Aufgabe ist durch das urchristliche Kerygma selbst gestellt (s. S. 16f.). Denn zwar kann es erst seit Ostern Bekenntnis zum gekreuzigten und auferstandenen Herrn geben; aber dieses Bekenntnis bleibt an die Geschichte Jesu gebunden, die unwiederholbar ein für allemal geschehen ist. In den formelhaften Wendungen der urchristlichen Verkündigung (s. E 18–25) ist nicht nur vom Tod Christi κατὰ τὰς γραφάς die Rede (1. Kor. 15, 3), von seiner Davidssohnschaft nach dem Fleisch (Röm. 1, 3), vom Leiden des Herrn (1. Petr. 2, 21–24; 3, 18), vom guten Bekenntnis, das Christus Jesus vor Pontius Pilatus abgelegt hat (1. Tim. 6, 13), sondern auch von der Erniedrigung des Präexistenten, der sich entäußerte, Knechtsgestalt annahm und gehorsam bis zum Tod war (Phil. 2, 6–8). Diese Sätze dürfen freilich nicht so gedeutet werden, als läge im Kerygma bereits ein Ansatz zu chronologischer Aufreihung von Daten aus der Wirksamkeit des historischen Jesus vor; sie bezeugen jedoch das unaufgebbare Interesse des christlichen Glaubens an der Geschichte Jesu, aus dem heraus stets die Identität des erhöhten Herrn mit dem irdischen nachdrücklich betont wird.

Die Evangelisten haben ihre Darstellung der Wirksamkeit Jesu von diesem gemeinchristlichen Kerygma her entworfen (s. S. 112–125). Der Anfang des Evangeliums wird dabei ebenso wie in der Apg 10, 37–43 zugrunde liegenden Tradition bestimmt, in der es – nach der lukanischen Redaktion im Munde des Petrus – heißt: »Ihr kennt die Sache, die im ganzen jüdischen Land geschehen ist, angefangen von Galiläa aus nach der Taufe, die Johannes verkündigte, Jesus von Nazareth, wie Gott ihn mit heiligem Geist und mit Kraft gesalbt hat, der umherzog, indem er Gutes tat und alle, die vom Teufel besessen waren, heilte; denn Gott war mit ihm. Und wir sind Zeugen alles dessen, was er im Land der Juden und in Jerusalem getan hat. Ihn haben sie dann auch ans Holz gehängt und getötet. Den hat Gott am dritten Tag auferweckt ...« Zwar sind die Reden der Apg. vom Verfasser des lukanischen Doppelwerkes gestaltet worden, er hat dabei aber auch ältere Stücke verwendet. Daß der Hinweis auf den Anfang vorlukanische Überlieferung darstellt, geht nicht nur aus der Stellung der ἀρξάμενος-Wendung hervor, die unverbunden im Satz steht, sondern auch aus ihrer sachlichen Aussage. Denn Lukas selbst beginnt nicht mit Johannes dem Täufer, sondern schon mit der Kindheitsgeschichte Jesu. Hinter Apg. 10, 37–43 steht daher dieselbe Auffassung, die auch Mk. 1, 1 vorliegt: Das Evangelium hat einen Anfang; darum setzt die Darstellung der Geschichte Jesu mit seiner Taufe durch Johannes ein, so daß sich der Bogen der Entfaltung des Evangeliums von diesem Anfang bis zum Osterereignis spannt. In diesen vom Kerygma gegebenen Rahmen haben die Evangelisten ihren Bericht von Jesus Christus als Entfaltung des einen Evangeliums eingefügt.

*c.* Die *Evangelien* bleiben die einzigen *Quellen*, aus denen genauere Nachrichten über den historischen Jesus zu erhalten sind. Die kurze Erwähnung Jesu beim jüdischen Geschichtsschreiber Josephus (Ant. XX, 200) und beim römischen Historiker Tacitus (Annalen XV, 44) sichert zwar die Tatsache, daß Jesus zur Zeit des Statthalters Pontius Pilatus in Palästina gelebt hat und hingerichtet worden ist; darin wird aber keine nähere Auskunft über Inhalt und Art seiner Wirksamkeit gegeben. Um aus den Evangelien gesicherte Auskunft über den historischen Jesus zu gewinnen, muß die Eigenart dieser Texte berücksichtigt werden. Sie fußen auf der in der christlichen Gemeinde mündlich weitergegebenen Tradition von Jesus, die nicht nur die Überlieferung von ihm festgehalten, sondern darüber hinaus auch ihr Bekenntnis zu Christus, dem Sohn Gottes, ihre Fragen und deren Beantwortung in der Darbietung der Worte und der Taten Jesu ausgesprochen hat (s. E 66–75). Wie aber ist es möglich, aus diesen Schriften, die vom Anfang bis zum Ende von der Verkündigung der Gemeinde geprägt sind, zuverlässige Aussagen über den historischen Jesus zu gewinnen? Die naive Antwort, nahezu alles, was die Evangelisten von Jesus berichten oder ihn sagen lassen, ihm auch zuzuschreiben, kann nach den durch die Formgeschichte gewonnenen Einsichten nicht mehr gegeben werden. Vielmehr muß von Fall zu Fall geprüft werden, ob wir es wirklich mit Worten Jesu oder mit einem Satz der Gemeinde oder aber mit einer Formulierung der Evangelisten zu tun haben. Dabei darf nicht nach subjektiv bedingtem Eindruck geurteilt werden – dieses könne nicht erfunden worden sein, jenes Geschehen müsse sich den Jüngern unvergeßlich eingeprägt haben –, sondern muß in einem methodisch folgerichtig durchgeführten Verfahren vorgegangen werden. Bewährt hat sich eine aus der formgeschichtlichen Analyse der Evangelien erwachsene Arbeitshypothese. Danach kann zunächst ein einwandfrei gesichertes Minimum an unzweifelhaft authentischen Jesusworten gewonnen werden. Als solche können diejenigen Logien angesehen werden, die weder aus der urchristlichen Verkündigung noch aus den Voraussetzungen des damaligen Judentums herzuleiten sind. Mit Hilfe dieses Kriteriums lassen sich aus der synoptischen Tradition solche Sätze herausheben, die sicherlich Jesus selbst und kein anderer gesprochen hat. Sätze der Gemeinde liegen dagegen z. B. überall da vor, wo vom Leiden, Sterben und Auferstehen Christi bzw. des Menschensohnes die Rede ist; denn in ihnen wird das urchristliche Kerygma ausgesagt. Jüdische Überlieferung ist vielfach in paränetischen Aussagen aufgenommen, z. B. in der sog. goldenen Regel: »Alles, was ihr wollt, daß euch die Menschen tun sollen, das tut ihnen auch« (Mt. 7, 12) – ein Grundsatz menschlichen Verhaltens, der in ähnlichen Worten auch in jüdischer Unterweisung ausgesprochen wird (z. B. Aristeasbrief 207).

Selbstverständlich darf diese Arbeitshypothese nicht als starres Gesetz angewandt werden, sondern ist sie mit der erforderlichen Vorsicht und Behutsamkeit zu handhaben. Denn es ist nicht zu bestreiten, daß der historische Jesus sich auch eines jüdischen Sprichworts oder einer allgemeinen Redewendung bedient haben wird. Auch könnte er durchaus einen Satz gesprochen haben, den wir als spezifisch christlich bezeichnen würden. Aber in solchen Sätzen würde man auch dann, wenn sie von Jesus gesagt sein könnten, nicht der gerade ihm eigenen Verkündigung begegnen, nach der gefragt wird. Es kann also bei diesem Vorgehen zunächst nur ein kritisch geprüfter Minimalbestand gewonnen werden, zu dessen Absicherung sprachliche und formale Beobachtungen hinzuzunehmen sind, um mit ihrer Hilfe aus der synoptischen Tradition den ältesten Überlieferungsbestand herauszuschälen (J. Jeremias, Theologie I, 13–45).

Da im Joh.-Ev. das Bekenntnis der Gemeinde und die Theologie des Evangelisten die Überlieferung so stark geprägt haben, daß ein Rückschluß auf den historischen Jesus kaum noch möglich ist, muß die Darstellung der Verkündigung Jesu sich darauf beschränken, die drei synoptischen Evangelien als Quellen zugrunde zu legen.

## § 4 Johannes der Täufer und der Beginn der Wirksamkeit Jesu

*Johannes der Täufer kündigt das nahe bevorstehende Zorngericht an, ruft zur Umkehr und vollzieht an denen, die ihre Sünden bekennen, die prophetische Zeichenhandlung der Taufe zur Vergebung der Sünden. Jesus läßt sich von Johannes taufen und stellt sich damit vom Beginn seines Wirkens an in die Gemeinschaft der Sünder. Die christliche Gemeinde sieht in Johannes den wiedergekehrten Elia und nimmt ihn als Christuszeugen in Anspruch.*

J. Jeremias, Die Kindertaufe in den ersten vier christlichen Jahrhunderten, 1958 – P. Vielhauer, Johannes der Täufer, RGG³ III, 804–808 – E. Lohse, Taufe und Rechtfertigung bei Paulus, KuD 11 (1965) 308–324, bes. 311f. = Die Einheit des NT, 1973, 228–244, bes. 231f. – W. Wink, John the Baptist in the Gospel Tradition, 1968 – J. Becker, Johannes der Täufer und Jesus von Nazareth, 1973.

*a.* Johannes predigt die *radikale Umkehr.* Als Ort seines Auftretens wird die Wüste am Jordan genannt, als Zeit das 15. Jahr des Kaiser Tiberius (Lk. 3, 1f.) = 28/29 n.Chr. (bzw. nach syrischer Zählung 27/28 n.Chr.). Geht Johannes in die Wüste, so hebt er damit den eschatologischen Charakter seiner Verkündigung hervor. Denn wie Israel einst in der Wüste die Nähe und wunderbare Hilfe seines Gottes erfahren hatte, so erwartete man, daß Gott auch in der Endzeit seinem Volk in der Wüste nahe sein werde. Johannes teilt die Lebensweise derer, die sich am Rand der Wüste von dem ernähren, was das karge Land ihnen bietet. Er ist nach Art der Beduinen gekleidet, wie sie ißt er Heuschrecken und wilden Honig (Mk. 1, 6 Par.).

Johannes kündigt das nahe bevorstehende Gericht an und ruft zur Umkehr in letzter Stunde. Das kommende Gericht zerschlägt alle Sicherheit, die man zu haben meint, und erlaubt es nicht, daß man sich auf die Zugehörigkeit zum auserwählten Volk beruft: »Ihr Otterngezücht! Wer hat euch gelehrt, daß ihr dem kommenden Zorngericht entrinnen sollt? Bringt also rechtschaffene Frucht der Umkehr und meint nicht, ihr könntet denken, wir haben Abraham zum Vater. Denn ich sage euch: Gott kann aus diesen Steinen dem Abraham Kinder erwekken. Schon ist die Axt den Bäumen an die Wurzel gelegt, und jeder Baum, der nicht Frucht bringt, wird abgehauen und ins Feuer geworfen.« (Mt. 3, 7–10 par. Lk. 3, 7–9) Wie ein Holzfäller die Axt an die Wurzel legt, um zum Schlag auszuholen, so nah steht das Zorngericht bevor. Deswegen wird zur μετάνοια gerufen. Mit diesem Begriff ist nicht nur eine Änderung des Denkens gemeint, sondern die totale Umkehr, von der die at.lichen Propheten redeten, indem sie das Wort *schubh* gebrauchten. Durch die Umkehr soll der falsche Weg verlassen und eine Wendung um 180° vollzogen werden, um sich zu Gott zu kehren.

Die baldige Ankunft des Kommenden, der das Gericht vollziehen wird, wird angesagt. Sein Name wird nicht genannt; es wird nicht der vom Volk erwartete Messiaskönig erwähnt, der als der Sohn Davids erscheinen soll. In der Verkündigung des Täufers ist vom ἐρχόμενος (Mt. 3, 11), vom ἰσχυρότερος (Mk. 1, 7 Par.) bzw. von »ihm« (αὐτός Mk. 1, 8) die Rede (Joh. 3, 31: ὁ ἄνωθεν ἐρχόμενος). Seine schlechthinnige Überlegenheit wird hervorgehoben, indem Johannes sagt, er sei nicht wert, ihm den niedrigsten Sklavendienst zu erweisen und die Schuhriemen zu lösen (Mk. 1, 7 Par.). Der Kommende hat die Wurfschaufel in der Hand, um die Spreu vom Weizen zu sondern, den Weizen in die Scheuer zu bringen, die Spreu aber mit Feuer zu verbrennen (Mt. 3, 12 par. Lk. 3, 17). Johannes tauft mit Wasser, der Kommende aber wird mit Feuer taufen, d.h. das endzeitliche Gericht vollstrecken (Mt. 3, 11 par. Lk. 3, 16; Mk. 1, 8). Die spätere Überlieferung verleiht der Ankündigung der Feuertaufe eine christliche Deutung: es sei das Feuer des heiligen Geistes gemeint, durch das die christliche Taufe von der des Johannes unterschieden ist (ebda.).

*b.* Johannes vollzieht die *Taufe der Umkehr* (βάπτισμα μετανοίας Mk. 1, 4 Par.). Dieser Zug seines Wirkens ist so charakteristisch, daß er den Beinamen »der Täufer« erhielt. Die Taufe wird im Blick auf das nahende Zorngericht vollzogen, damit die Getauften reingewaschen und gerettet werden. Die Vergebung der Sünden soll sie in der kommenden Katastrophe bewahren.

Die Frage nach dem religionsgeschichtlichen Hintergrund der Johannestaufe ist umstritten. Man hat daran gedacht, sie von der jüdischen Proselytentaufe her zu erklären, die dazu diente, einem zum Judentum übertretenden Heiden die ihm anhaftende Unreinheit abzuwaschen (Jeremias). Aber es ist keineswegs sicher erwiesen, daß zur Zeit des Johannes die Proselytentaufe, deren älteste Bezeugung aus dem 1. Jahrh. n.Chr. stammt, bereits ein allgemein geübter jüdischer Brauch gewesen ist. Es wird vielmehr als wahrscheinlicher zu gelten haben, daß die Proselytentaufe allmählich im rabbinischen Judentum in Übung gekommen ist und sich erst um die Wende vom 1. zum 2. Jahrh. n.Chr. durchgesetzt hat. Was die Bedeutung der Proselytentaufe betrifft, so wurde sie nur an Heiden vollzogen, die Juden werden wollten. Wenn Johannes an diesen Brauch angeknüpft haben sollte, so müßte er die Juden – denn nur solche kamen zu ihm an den Jordan – mit unreinen Heiden geradezu auf eine Stufe gestellt haben. Für solche Auffassung gibt es aber keinen Anhaltspunkt in der Bußpredigt des Täufers. Die Proselytentaufe wurde nicht als eine eschatologische Zeichenhandlung verstanden, sondern galt als ein Rechtsakt, auf Grund dessen der Getaufte sein Leben wie ein eben geborenes Kind neu beginnen sollte. Schließlich ist zu erwähnen, daß bei der Proselytentaufe kein Täufer mitwirkte, sondern der Proselyt sich selbst untertauchte. Für das Wirken des Johannes aber gilt es gerade als bezeichnend, daß er die Taufe vollzieht und daher ὁ βαπτιστής genannt wird.

Eine Verbindung von Tauchbad und Umkehr, die bei der Proselytentaufe fehlt, liegt in den Texten der Gemeinde von Qumran vor. So heißt es in der Gemeinderegel, daß derjenige, der sich gegen die Satzungen des Bundes vergangen hat, nicht lediglich durch Sühnungen und Reinigungswasser entsühnt werden kann, sondern so lange als unrein zu gelten hat, wie er seine Seele nicht unter alle Gebote Gottes demütigt. Erst dann darf er mit Wasser besprengt werden, damit er alle seine Schritte darauf lenke, vollkommen zu wandeln auf allen Wegen Gottes (1 QS III, 4–10). »Nicht soll er das Wasser betreten, die Reinheit der Männer der Heiligkeit zu berühren; denn sie können nicht gereinigt werden, wenn sie nicht umgekehrt sind von ihrer Bosheit; denn Unreines ist an allen, die sein Wort übertreten.« (1 QS V, 13f.) Die Waschungen, die die Essener nach dem Bericht des Josephus (Bellum II, 129) täglich vornahmen, übten ihre Wirkung nicht einfach kraft des gesetzesgemäßen Vollzugs aus, sondern es wurde gleichzeitig eine bußfertige Gesinnung von jedem gefordert, der seine Unreinheit abwaschen und Entsühnung empfangen wollte. In der Gemeinde von Qumran war also zweifellos eine Verbindung zwischen Reinigung und Umkehr hergestellt, so daß sich die Annahme nahelegen könnte, Johannes knüpfe an die Reinigungshandlungen der Gemeinde von Qumran an. Doch im Unterschied zu den ständig wiederholten Riten der Qumrangemeinde nahm Johannes die Taufe nur einmal vor. Die Waschungen in der Qumrangemeinde standen nicht unter der strengen eschatologischen Bezogenheit auf das Endgericht wie die Umkehrtaufe des Johannes. Alle, die umkehrten und von Johannes am Jordan getauft wurden, wurden nicht wie die Büßer von Qumran einer in hierarchischer Verfassung geordneten Gemeinschaft eingegliedert. Daher können weder die Reinigungsriten der Gemeinde von Qumran noch die Proselytentaufe als unmittelbares Vorbild für die Johannestaufe in Betracht kommen. Gegenüber den verschiedenen Reinigungsriten, die im damaligen Judentum in Übung standen, hebt sich vielmehr die Johannestaufe als eine durchaus eigenständige prophetische Zeichenhandlung ab.

*c. Jesus* kam zur *Johannestaufe* (Mk. 1, 9 Par.). Mit dieser Angabe wird zweifellos ein historisches Datum festgehalten. Denn alsbald hat sich der christlichen Gemeinde die Frage gestellt, wie es denn geschehen konnte, daß Jesus das βάπτισμα μετανοίας an sich vollziehen ließ. Das Faktum als solches war nicht zu bestreiten. Die Frage aber, warum Jesus sich hatte taufen lassen, verlangte nach einer Antwort. Sie wurde im Dialog gegeben, der nach Mt. 3, 14f. zwischen Johannes und Jesus stattfand: Johannes wehrt zunächst ab, weil er von Jesus getauft werden müsse. Aber Jesus hält ihn an, es solle so geschehen, weil alle Gerechtigkeit erfüllt werden müsse. Da erst entspricht Johannes der Aufforderung Jesu, ihn zu taufen. So stellt Jesus sich in die Gemeinschaft der Sünder. Die Überlieferung beschreibt Jesu Taufe als Ausrüstung mit göttlicher Kraft, bei der vom Himmel die Stimme laut wird: »Du bist mein geliebter Sohn, an dem ich Wohlgefallen habe.« (Mk. 1, 11 Par.) Unter Anspielung auf Ps. 2, 7 wird damit gesagt, daß Jesus in sein messianisches Amt eingesetzt wurde – nicht erst bei der Auferstehung (Röm. 1, 4 ; s. S. 16), sondern gleich zu Anfang seines Auftretens. Für die Evangelisten bedeutet freilich die Taufe Jesu nicht mehr so etwas wie eine Messiasweihe, sondern sie ist nach ihrem Verständnis eine göttliche Offenbarungshandlung. Jesus wird als der offenbar, der er ist: der geliebte Sohn, den Gott erwählt hat.

Die Wirksamkeit des Täufers endete, als Herodes Antipas, in dessen Gebiet (Galiläa/Peräa) Johannes auftrat, ihn verhaften und bald darauf hinrichten ließ (Mk. 6, 14–29 Par.). Als Johannes ins Gefängnis geworfen war, begann Jesus öffentlich zu predigen (Mk. 1, 14 Par.). Nach der Darstellung des Joh.-Ev. sollen freilich Jesus (3, 22) bzw. seine Jünger (4, 2) noch eine Zeitlang neben Johannes getauft haben. Bleiben diese Angaben im einzelnen undeutlich, so lassen sie doch erkennen, daß der Beginn der öffentlichen Wirksamkeit Jesu sich an seine Begegnung mit Johannes dem Täufer anschloß. Mehrere Anhänger des Täufers traten in die Jüngergemeinschaft Jesu ein (Joh. 1, 35–51). Im Mt.-Ev. wird der Zusammenhang zwischen der Predigt des Täufers und der Jesu unterstrichen, indem beide denselben Ruf zur Umkehr laut werden lassen: μετανοεῖτε, ἤγγικεν γὰρ ἡ βασιλεία τῶν οὐρανῶν (3, 2; 4, 17).

*d.* Im *Urteil Jesu und der christlichen Gemeinde* nimmt Johannes der Täufer eine einzigartige Stellung ein. Jesus nennt ihn den Größten unter den Weibgeborenen (Mt. 11, 11 par. Lk. 7, 28). »Von den Tagen Johannes des Täufers bis jetzt leidet das Himmelreich Gewalt, und Gewalttätige reißen es an sich.« (Mt. 11, 12 par. Lk. 16, 16) In diesem schwer verständlichen Spruch – es ist von Leuten die Rede, die die Gottesherrschaft mit Gewalt herbeiführen wollen, ohne daß sie genauer bezeichnet werden – ist deutlich gesagt, daß seit der Predigt des Täufers das Kommen der Gottesherrschaft auf dem Wege ist. Gegenüber allen Propheten, die vor ihm aufgetreten sind, wird Johannes herausgehoben: »Alle Propheten und das Gesetz haben bis auf Johannes geweissagt.« (Mt. 11, 13 par. Lk. 16, 16) Johannes hatte den Kommenden angekündigt, ohne einen Namen anzugeben. Die christliche Überlieferung läßt den Täufer zweifelnd fragen, ob Jesus der Kommende sei (Mt. 11, 3 par. Lk. 7, 19). Jesus aber antwortet mit dem Hinweis, daß die prophetischen Verheißungen sich zu erfüllen beginnen (Mt. 11, 4f. par. Lk. 7, 21f.). Johannes wird von der christlichen Gemeinde als Vorläufer Jesu in Anspruch genommen, weil der von ihm angesagte Kommende in Jesus Christus erschienen ist. Johannes ist daher der wiederkehrende Elia (Mk. 9, 13 Par.), er ist die Stimme eines Rufers in der Wüste (Mk. 1, 2f. Par.). Am stärksten ist im Joh.-Ev. das Bild des Täufers vom Motiv des Vorläufers her geprägt. Auf der einen Seite wird eine scharfe Abgrenzung gegen die Täuferbewegung vorgenommen, in der man offensichtlich Johannes als von Gott Gesandten verehrt hat (Joh. 1, 19–23). Johannes – so wird dieser Anschauung entgegengehalten – hat sich selbst nicht als eschatologische Rettergestalt verstanden (Joh. 1, 19–21); nicht er, sondern der Logos war das Licht (Joh. 1, 8). Auf der anderen Seite aber wird betont, daß er von Gott gesandt war, um vom Licht Zeugnis zu geben (Joh. 1, 6–8), auf den hinzuweisen, der nach ihm kommen sollte (Joh. 1, 15), und Jesus als das Lamm Gottes öffentlich vorzustellen (Joh. 1, 29. 36). Johannes tritt von der Bühne des Geschehens ab, nachdem Jesus gekommen ist: »Er muß wachsen, ich aber muß abnehmen.« (Joh. 3, 30) So wird in der von den Evangelisten ausgestalteten Tradition über Johannes den Täufer gezeigt, was es heißt, daß das Evangelium nach der Taufe, die Johannes verkündigte, seinen Anfang genommen habe (Mk. 1, 1; Apg. 10, 37).

## § 5 Die Herrschaft Gottes

*Jesus verkündigt den nahenden Anbruch der Herrschaft Gottes, deren Kommen ein von allem Tun der Menschen unabhängiges Wunder ist. Ihre Zeichen werden in der Wirksamkeit Jesu bereits sichtbar. Daher heißt es, im Licht der anhebenden Zukunft die Gegenwart zu begreifen, umzukehren und dem Ruf Gottes zu folgen; denn anders kann die Zukunft – der Eingang in die Gottesherrschaft – nicht gewonnen werden.*

W. G. Kümmel, Verheißung und Erfüllung, $^{2}$1956 – J. Schniewind, Die Freude der Buße, 1956, 19–33: Was verstand Jesus unter Umkehr? – E. Lohse, Die Gottesherrschaft in den Gleichnissen Jesu, EvTh 18 (1958) 145–157 = Die Einheit des NT, 1973, 49–61 – E. Grässer, Die Parusieverzögerung in den synoptischen Evangelien und der Apostelgeschichte, $^{2}$1962, $^{3}$1977 – H. Conzelmann, Reich Gottes im NT, RGG$^{3}$ V, 914–918 – M. Hengel, War Jesus Revolutionär?, 1970 – G. Klein, ‚Reich Gottes' als biblischer Zentralbegriff, EvTh 30 (1970) 642–670 – N. Perrin, Jesus and the Language of the the Kingdom, 1976 – J. Jeremias, Die Gleichnisse Jesu, $^{9}$1977.

Nach Mk. 1, 15 beginnt Jesus seine öffentliche Wirksamkeit mit dem Ruf: »Erfüllt ist die Zeit, und die Herrschaft Gottes ist nahe herbeigekommen. Kehrt um und glaubt an das Evangelium.« Wie die Einleitung, die auf die Erfüllung der Zeit hinweist, und der Schluß dieses Satzes, der den urchristlichen Begriff εὐαγγέλιον nennt, erkennen lassen, liegt eine Formulierung des Evangelisten vor. Mit der Ankündigung der kommenden Herrschaft Gottes und dem Aufruf zur

Umkehr hat der Evangelist jedoch die Predigt Jesu sachlich zutreffend zusammengefaßt. Von der eschatologischen Hoffnung der Gemeinde unterscheidet sich diese Ansage darin, daß nicht von der Parusie des Kyrios die Rede ist; von der endzeitlichen Erwartung des Judentums hebt sie sich ab, weil keinerlei Bezug auf die Wiederherstellung der Herrlichkeit Israels vorliegt.

*a.* Der *Begriff der Herrschaft Gottes* kommt zwar in der zeitgenössischen jüdischen Literatur nicht häufig vor, liegt aber in seiner inhaltlichen Bedeutung fest. Die Wendungen βασιλεία τοῦ θεοῦ und βασιλεία τῶν οὐρανῶν sind bedeutungsgleich; denn zur Vermeidung des Gottesnamens, dessen Entweihung man vorbeugen wollte, wurde im Judentum vielfach vom Himmel gesprochen, wenn man von Gott reden wollte (s. S. 35). Die Begriffsverbindung *malkut haschschmajjim* ersetzt im jüdischen Sprachgebrauch die im AT vorgegebene verbale Aussage, daß Gott seine Herrschaft angetreten habe (Jes. 52, 7; Ps. 93, 1; 97, 1 u.ö.). Mit der βασιλεία ist nicht ein abgegrenzter Bereich gemeint, sondern wird vom königlichen Regiment Gottes gesprochen. Nach jüdischem Verständnis ist Gott König und Herr über Israel. Mit der Übernahme des Gesetzes hat sein Volk die Herrschaft Gottes über sich anerkannt. Zu ihr bekennt sich jeder Israelit, indem er dem Gesetz Gehorsam zugesagt und sich damit das Joch der Gottesherrschaft auferlegt hat. In der Welt aber ist Gottes Regiment noch nicht sichtbar aufgerichtet; Heiden und Gottlose treiben ihr Wesen. Doch ihre Frist ist bemessen und wird in Kürze ablaufen. Dann wird der Tag kommen, dem sich die Frommen sehnend entgegenstrecken: »Laß Kummer und Seufzen von uns weichen, und sei König über uns, du Herr allein, in Huld und Barmherzigkeit, in Gnade und Recht«, so wird in der 11. Benediktion des Achtzehngebetes gerufen, das jeder Jude täglich spricht. Die Bitte der Frommen lautet: »Deine Herrlichkeit möge sichtbar werden und deine Majestät erkannt werden ... Und jetzt tue eilends deine Herrlichkeit kund und zögere nicht mit dem, was von dir verheißen ist.« (syr. Bar. 21, 23. 25) Die Beter sind gewiß, daß ihre Bitte in Erfüllung gehen wird. Dann wird die Wende anbrechen: »Über aller Kreatur erscheint seine (Gottes) Königsherrschaft. Dann gibt es keinen Satan mehr. Die Traurigkeit entflieht mit ihm ... Der Himmlische steht von dem Herrschersitz auf«, die Erde erbebt, und das große Gericht wird gehalten (Himmelfahrt des Mose 10, 1–3). Dann wird der neue Äon anheben, in dem Gott König über alles ist.

*b. Jesus nimmt* aus der endzeitlichen Erwartung des Judentums *den Begriff der Gottesherrschaft auf*, gibt ihm jedoch eine neue inhaltliche Prägung. Das Kommen der Gottesherrschaft wird von der Verknüpfung mit Israels Zukunft gelöst. Mit keinem Wort ist von der Niederwerfung der fremden Gewalten oder vom Triumph über die Heiden die Rede; sondern es wird ausschließlich gesagt, daß Gottes Herrschaft kommt. Ihr Kommen ist nicht, wie es nach jüdischem Verständnis vorgestellt wurde, an diese oder jene Bedingung gebunden. Weder wird es abhängig gemacht vom Ablauf einer bestimmten Folge apokalyptischer Ereignisse noch vom Gehorsam Israels gegen das Gesetz, der den Beginn der Messiaszeit beschleunigen könnte.

Mit seiner Ankündigung der nahenden Gottesherrschaft setzt sich Jesus in scharfen Widerspruch zu den politischen und religiösen Aktivisten seiner Zeit. Die Zeloten wollten mit Gewalt gegen die römische Besatzungsmacht angehen und die heidnische Regierung beseitigen. Sie waren der Meinung, durch ihren Einsatz der messianischen Zeit und der Wiederherstellung des Reiches Davids Bahn brechen zu können. Von ihnen unterschied sich die Bewegung der Pharisäer und ihrer zahlreichen Anhänger. Sie hofften, nicht durch politisches Handeln, wohl aber durch religiöses Bemühen, streng befolgten Gehorsam gegen das Gesetz und sorgsame Übung der Frömmigkeit, könne man darauf einwirken, daß die göttlichen Verheißungen erfüllt werden und an die Stelle der fremden Tyrannei und des Elends Israels die messianische Herrlichkeit tritt. Jesus aber sagt sowohl dem politischen Messianismus als auch allen Programmen religiöser Bewältigung der Zukunft eindeutig ab und läßt sich weder auf eine religiöse Ideologie noch auf eine politische Utopie ein. Die entscheidende, alles verwandelnde Wende wird nicht durch Handeln von Menschen herbeigeführt, sondern sie ist menschlicher Verfügung schlechthin entnommen, sie kommt durch Gott allein. Es gilt daher, aus dieser Ansage die einzig angemessene Folgerung zu ziehen: umzukehren und sich Gott zuzuwenden.

*c.* Das *Kommen der Gottesherrschaft* steht *nahe* bevor. Daß die βασιλεία τοῦ θεοῦ als zukünftige Größe vorgestellt ist, geht u. a. aus den Sprüchen hervor, die vom Eingehen in die zukünftige Gottesherrschaft handeln: »Nicht jeder, der zu mir sagt ›Herr, Herr‹, wird in die βασιλεία τῶν οὐρανῶν eingehen, sondern der den Willen meines Vaters im Himmel tut.« (Mt. 7, 21) »Wenn dich dein Auge ärgert, so wirf es weg. Es ist dir besser, einäugig in die βασιλεία τοῦ θεοῦ einzugehen, als mit zwei Augen in die Hölle geworfen zu werden.« (Mk. 9, 47) Jesus sagt von der Gottesherrschaft: ἤγγικεν, sie ist nahe herbeigekommen – wie nahe? Nach der Erwartung der jüdischen Apokalyptik müssen bestimmte Zeichen sichtbar werden, an denen erkannt werden kann, wie nah das Ende ist und wann die große Wende eintreten wird. Als Jesus von Pharisäern gefragt wird, wann die βασιλεία τοῦ θεοῦ komme, antwortet er: οὐκ ἔρχεται ἡ βασιλεία τοῦ θεοῦ μετὰ παρατηρήσεως. (Lk. 17, 20) Man kann also nicht gewisse Vorzeichen beobachten, an denen man ablesen kann, wann es so weit ist. »Noch wird man sagen: Siehe, hier oder da. Denn siehe, die βασιλεία τοῦ θεοῦ ist ἐντὸς ὑμῶν.« (Lk. 17, 21) Mit der Wendung ἐντὸς ὑμῶν wird nicht etwa die Gottesherrschaft als eine Größe der Innerlichkeit beschrieben, die in den Herzen der Menschen Platz hat. Der Kontext legt vielmehr eindeutig den zukünftigen Charakter der βασιλεία fest (V. 21: ἐροῦσιν; V. 22ff.: vom Kommen des Menschensohns). Gemeint ist daher: Plötzlich, mit einem Schlag ist die Gottesherrschaft in eurer Mitte. (Lk. 17, 21) Unvermutet wird sie anbrechen, ohne daß man vorher ihre Ankunft vorausberechnen könnte.

Das Kommen der Gottesherrschaft wird in Gleichnissen angesagt, die mit den Worten eingeleitet werden: »Wie verhält es sich mit (dem Kommen) der Gottesherrschaft?« Die Formulierungen der Einleitungen lehnen sich an rabbinische Wendungen an (Jeremias 99–102). Dem griechischen ὅμοιός ἐστιν bzw. ὡς, ὡμοιώθη u. ä. liegt ein hebräisches bzw. aramäisches *l*[e] zugrunde, das zu übersetzen ist mit: »Es verhält sich mit... wie mit.« Die vollständige Wendung zur Einleitung eines Gleichnisses lautet: »Ich will dir ein Gleichnis erzählen. Womit läßt sich die Sache vergleichen? Es verhält sich wie mit (folgender Geschichte).« In der Gleichniserzählung muß dann der springende Vergleichspunkt erfaßt und zur Sachaussage in Beziehung gesetzt werden. In Gleichnissen, die von Saat und Ernte handeln, sagt Jesus das Kommen der Gottesherrschaft an. In diesen Gleichnissen liegen keine kunstvollen Allegorien vor, bei denen Zug um Zug gedeutet werden müßte, sondern alles zielt auf die entscheidende Frage: Wie verhält es sich mit der Gottesherrschaft?

»Mit dem Kommen der Gottesherrschaft verhält es sich so, wie wenn ein Mann Samen auf das Land geworfen hat. Dann schläft er und steht wieder auf Nacht und Tag, während die Saat aufsprießt und groß wird. Von selbst (– αὐτομάτη meint wie Apg. 12, 10 ein göttliches Wunder! –) trägt das Land Frucht, erst Halm, dann

Ähre, dann vollen Weizen in der Ähre. Wenn es aber die Frucht zuläßt, sogleich schickt er seine Sichel; denn die Ernte ist da.« (Mk. 4, 26–29) Hier wird nicht ein Prozeß langsam fortschreitenden Wachstums beschrieben, wie die ältere Exegese gemeint hatte. Der Bauer ist vielmehr an dem, was geschieht, vollkommen unbeteiligt. Ohne sein Zutun kommt es zur Ernte, die mit Joël 4, 13 als Vorgang des Gerichts vorgestellt ist: »Legt die Sichel an; denn die Ernte ist reif. Kommt, tretet; denn die Kelter ist voll. Die Kufen fließen über; denn ihrer Bosheit ist viel.« Nicht der Vorgang einer Entwicklung ist also ins Auge gefaßt; sondern Anfang und Ende werden einander gegenübergestellt, um den Kontrast hervorzuheben. Wachsen und Reifen wurden im damaligen Judentum allgemein nicht als Folge eines natürlichen Prozesses verstanden, sondern auf Gottes wunderbare Tat zurückgeführt. Paulus kann daher im Blick auf die Auferstehung der Toten das Bild vom Samenkorn verwenden (1. Kor. 15, 36–38), und Joh. 12, 24 wird gleichfalls das Wachsen der Frucht mit der Auferweckung aus dem Tod verglichen: »Amen, Amen, ich sage euch, wenn nicht das Weizenkorn in die Erde fällt und stirbt, bleibt es allein. Wenn es aber gestorben ist – und auferweckt wird (so ist sinngemäß hinzuzufügen) –, dann bringt es viele Frucht.« So ist auch im Gleichnis von der selbstwachsenden Saat bei dem Aufgehen des Saatkorns an ein von Gott vollzogenes Wunder gedacht. Ohne daß irgendein Mensch es hindern oder beschleunigen könnte, kommt es zur Ernte. So wunderbar läßt Gott ohne alles Zutun von Menschen seine Herrschaft anbrechen.

In den Gleichnissen vom Senfkorn und vom Sauerteig tritt der Kontrast noch stärker hervor. Auf der einen Seite steht das winzige Senfkorn, auf der anderen die große Staude, die alle anderen Gartengewächse überragt (Mk. 4, 30–32 Par.). In den Zweigen der Staude – so heißt es am Schluß – können die Vögel des Himmels ihre Nester bauen und Unterschlupf finden. Das Bild des Baumes, unter dem allerlei Tiere lagern und in dessen Schatten Vögel wohnen können, dient im AT mehrfach zur Veranschaulichung der Machtausdehnung einer Herrschaft (Ez. 17, 22f.; 31, 6; Dan. 4, 9.18). So soll auch hier die an Zweigen reiche Staude, die im Gegensatz zum verschwindend kleinen Samenkorn steht, die unvorstellbare Macht der βασιλεία τοῦ θεοῦ anzeigen.

In der Logienüberlieferung ist mit diesem Gleichnis das vom Sauerteig eng verbunden (Mt. 13, 33 par. Lk. 13, 20f.). Auf der einen Seite wird auf die große Menge Mehl verwiesen, auf der anderen auf den kleinen Sauerteig, der den ganzen Teig durchsäuert. In sprichwortartigen Wendungen redete man vom Sauerteig, um hervorzuheben, daß eine kleine Ursache eine große Wirkung auslösen kann (s. Gal. 5, 9; 1. Kor. 5, 6). So auch hier: Die Frau knetet eine große Menge Mehl. Das bißchen Sauerteig aber, das hinzugetan wird, bewirkt, daß alles durchsäuert wird und aufgeht. Anfang und Ende werden ebenso wie im Gleichnis vom Senfkorn einander gegenübergestellt. Nicht der Vorgang der Durchsäuerung wird beschrieben, sondern betont ist die unerhört große Wirkung des kleinen Sauerteigs. So wunderbar wird das Kommen der Gottesherrschaft sein.

Zu diesen Gleichnissen ist das vom viererlei Acker zu stellen, obwohl die Erzählung ohne jede Einleitung und daher ohne Erwähnung der Gottesherrschaft beginnt (Mk. 4, 3–9 Par.). Dreimal wird die vergebliche Aussaat geschildert – von Vögeln verzehrt, von der Sonnenglut versengt und vom Unkraut erdrückt. Diesem Mißraten wird auf der anderen Seite ein unerhört reicher Ertrag gegenübergestellt: Anderes fällt auf gutes Land und bringt Frucht, die aufgeht, 30-fältig, 60-fältig, 100-fältig. 7–12-fache Ernte galt damals als guter Ertrag. Die im Gleichnis genannten Zahlen gehen über das übliche Maß weit hinaus. Auch hier ist also wieder der Kontrast betont. Um den Skopus des Gleichnisses zu bestimmen, ist von der sekundären Auslegung abzusehen, welche die Gemeindeparänese dem Gleichnis gegeben hat (Mk. 4, 13–20 Par.). Sie schildert das unterschiedliche Verhalten der Hörer des Wortes, um zum rechten Hören anzuhalten. Das Gleichnis aber stellt den Gegensatz heraus: auf der einen Seite die vergebliche Aussaat, auf der anderen die überaus reiche Ernte.

Die Gleichnisse von der Gottesherrschaft handeln also nicht von einem innergeschichtlichen Vorgang, der das Wachsen oder Bauen des Reiches Gottes beschriebe; sondern am Kontrast, den sie mit der Gegenüberstellung von Saat und Ernte hervorheben, soll die Größe des göttlichen Wunders veranschaulicht werden. Das wunderbare Kommen der Gottesherrschaft ist daher weder das Ergebnis geschichtlichen Wachsens noch das Schlußglied einer heilsgeschichtlichen Entwicklung, sondern das Wunder bedeutet Ende der Geschichte und Anbruch der Herrschaft Gottes. Darum wird die Gottesherrschaft niemals als eine Zuständlichkeit ausgemalt, sondern wird allein davon gesprochen, daß Gott sein Regiment aufrichtet, daß er seine Herrschaft durchsetzt.

*d.* Das *Kommen der Gottesherrschaft kündigt sich bereits an*, ihre Zeichen sind schon wahrzunehmen: »Wenn ich mit dem Finger Gottes die Dämonen austreibe, so ist die Gottesherrschaft schon zu euch gelangt.« (Lk. 11, 20 par. Mt. 12, 28) Zwar ist die Überlieferung von Jesu Wundertaten zweifellos durch legendäre Bildungen angewachsen, aber ihr liegt sicherlich ein historischer Kern zugrunde, der vor allem in den Erzählungen von Exorzismen und Heilungen psychisch bedingter Leiden – Erblindung der Augen, Lähmungen u.a. – zu finden ist. In diesen Taten Jesu gehen – wie Mt. 11, 5 par. Lk. 7, 22 zusammenfassend gesagt wird – die prophetischen Verheißungen von der kommenden Heilszeit (Jes. 35, 5 u. a.) in Erfüllung: »Blinde sehen und Lahme gehen, Aussätzige werden rein und Taube hören und Tote werden auferweckt und Armen wird die frohe Botschaft verkündigt.« Indem Krankheit und Leiden gebannt werden, leuchtet zeichenhaft die alles verwandelnde Veränderung auf, die mit Jesu Proklamation der Gottesherrschaft anhebt. Das Heil, das er verkündigt und bringt, betrifft die Menschen in ihrer ganzen Existenz und greift daher auch in ihre Leiblichkeit ein. Darum erklingt der Jubelruf: »Ich sah den Satan vom Himmel fallen wie einen Blitz.« (Lk. 10, 18) Die Wende der Äonen wird nicht mit apokalyptischen Farben ausgemalt, es wird keiner Geschichtsspekulation Raum gegeben. Es gilt vielmehr, die Gegenwart zu verstehen: »Heil den Augen, die sehen, was ihr seht. Denn ich sage euch: Viele Propheten und Könige wollten sehen, was ihr seht, und haben es nicht gesehen. Sie wollten hören, was ihr hört, und haben es nicht gehört.« (Lk. 10, 23f. par. Mt. 13, 16f.)

Selig gepriesen werden die Armen, die nichts in dieser Welt besitzen, aber alles von Gott erwarten und ihm ihre leeren Hände entgegenstrecken (Lk. 6, 20; Mt. 5, 3). Mit den πτωχοί (Lk. 6, 20) bzw. πτωχοὶ τῷ πνεύματι (Mt. 5, 3) – die Wendung ist auch in den Qumrantexten belegt (1 QH XIV, 7) – sind diejenigen gemeint, die sich ganz auf Gott geworfen sehen. Sie haben teil an der Gottesherrschaft. Die Reihe der Seligpreisungen ist bei Mt. und Lk. unterschiedlich gefaßt: Bei Lk. folgen auf 4 Seligpreisungen 4 Weherufe; bei Mt. stehen 8 Seligpreisungen, aber keine Drohworte. Genannt werden nach den Armen die Trauernden, Demütigen, Hungernden, Barmherzigen, Aufrichtigen, Friedensstifter und Verfolgten. Die ihnen zugesprochenen Verheißungen haben eschatologischen Charakter: Die Trauernden sollen getröstet werden, d.h. Gott wird sie trösten; die Hungrigen sollen gesättigt werden, d.h. Gott wird sie sättigen. Am Anfang und am Ende der Reihe heißt es: ὅτι αὐτῶν ἐστιν ἡ βασιλεία τῶν οὐρανῶν (Mt. 5, 3–10). Zu Beginn der Komposition der Bergpredigt wird damit der Ruf der frohen Botschaft laut, die den Armen zugesagt wird.

*e.* Weil die Gottesherrschaft kommt, darum wird *jetzt zur Umkehr aufgerufen.* Der Ruf zur Umkehr wird nicht wie in der Predigt Johannes des Täufers mit dem Hinweis auf das nahende Zorngericht begründet, sondern als die einzig mögliche Konsequenz genannt, die die Menschen aus der Ansage der nahenden Gottesherrschaft ziehen können. Diese Botschaft bedeutet Freude, wie die Gleichnisse vom Schatz im Acker und der köstlichen Perle zeigen (Mt. 13, 44–46). Um des einen kostbaren Gutes willen wird alles hingegeben – ἀπὸ τῆς χαρᾶς. Wer dagegen die Hand an den Pflug legt und schaut zurück, der taugt nicht für die Gottesherrschaft (Lk. 9, 62). Es gilt, die Stunde nicht zu versäumen und die Einladung anzunehmen (Lk. 14, 15–24; Mt. 22, 1–14).

Daß alles darauf ankommt, den Ruf der Stunde zu begreifen, wird im Gleichnis vom ungerechten Haushalter veranschaulicht (Lk. 16, 1–8a). Ein Verwalter, der seines Amtes enthoben werden soll, steht vor der Frage, was er tun soll. Graben kann er nicht, zu betteln schämt er sich. So ruft er die Schuldner seines Herrn und gewährt ihnen Schuldnachlaß, »damit sie mich in ihre Häuser aufnehmen, wenn ich vom Verwalteramt abgesetzt bin« (V. 4). »Der Herr (d. h. Jesus) lobte den ungerechten Verwalter, daß er klug getan hatte.« (V. 8a) Wird das Handeln des Mannes als φρονίμως charakterisiert, so soll er nicht etwa als moralisches Vorbild oder aber als Abschreckung für falschen Umgang mit Geld hingestellt werden, wie es nach den von der Überlieferung angehängten Logien den Anschein hat (V. 8b–13). Mit φρονίμως wird vielmehr das rechte Handeln beschrieben, das allein für die Zukunft entscheidend ist. Klug verhielt sich der Mann, der sein Haus auf einen Felsen baute. Denn als der Regen goß, die Ströme kamen und die Winde wehten und an das Haus stießen, da fiel es nicht um, weil es auf Felsen gegründet war. Töricht dagegen war der Mann, der sein Haus auf Sand gegründet hatte (Mt. 7, 24–27 par. Lk. 6, 47–49). φρονίμως handeln heißt daher: das eine tun, was not ist, um die Zukunft zu gewinnen. Denn wer die Gottesherrschaft nicht empfängt wie ein Kind, wird nicht in sie hineinkommen (Mk. 10, 15 Par.).

*f.* Die Naherwartung, die Jesus und die ersten Christen geteilt haben (Mk. 13, 30 Par.), hat sich nicht erfüllt. Mit der *Parusieverzögerung* ist jedoch das sachliche Recht der Predigt von der kommenden Gottesherrschaft nicht hingefallen. Jesus war kein Apokalyptiker, der die Fristen berechnet und die Zeichen deutet, um erkennen zu können, wie weit der Zeiger auf der Weltenuhr vorgerückt ist. Sondern in seiner Predigt wird die Gegenwart im Zeichen des Kommenden begriffen. In seinem Wort bricht die »sich realisierende Eschatologie« (Jeremias) bereits in die Gegenwart ein. Heil oder Unheil hängt daher von der alles entscheidenden Frage ab, die mit der Ankündigung der nahenden Gottesherrschaft gestellt ist. Weil Jesu eschatologische Verkündigung nicht von ihrem Prediger gelöst werden kann, darum hat die christliche Gemeinde auf diese Predigt mit dem christologischen Bekenntnis geantwortet (s. S. 49f.).

## § 6 Der Wille Gottes

*Jesus hat kein ethisches Programm entwickelt, sondern jeweils bei konkreten Anlässen gesagt, was als Gottes Wille hier und jetzt zu erkennen und zu tun ist. Die nahende Gottesherrschaft bestimmt das Handeln in der Gegenwart, so daß Eschatologie und Ethik auf das engste zusammengebunden sind. Es gilt, jetzt umzukehren, Gottes Gebot zu erfüllen, in der Liebe zu Gott frei zu werden für die Liebe zum Nächsten und auf Gottes Barmherzigkeit zu vertrauen.*

G. BORNKAMM, Jesus, 85–126: Der Wille Gottes – DERS., Der Lohngedanke im NT, EvTh 6 (1946/47) 143–166 = Studien zu Antike und Christentum, Ges. Aufsätze II, [3]1970, 69–92 – DERS., Der Aufbau der Bergpredigt, NTS 24 (1977/78) 419–432 – E. LOHSE, Jesu Wort über den Sabbat, in: Judentum – Urchristentum – Kirche, Festschrift für J. JEREMIAS, 1960, [2]1964, 79–89 = Die Einheit des NT, 1973, 62–72 – DERS., »Ich aber sage euch« (1970), in: Der Ruf Jesu und die Antwort der Gemeinde, Festschrift für J. JEREMIAS, 1970, 189–203 = Die Einheit des NT, 1973, 73–87 – H. BRAUN, Spätjüdisch-häretischer und frühchristlicher Radikalismus II, [2]1969 – C. BURCHARD, Das doppelte Liebesgebot in der frühen christlichen Überlieferung, in: Der Ruf Jesu, 39–62 – H. MERKLEIN, Die Gottesherrschaft als Handlungsprinzip, 1978 – W. SCHRAGE, Ethik des NT, 1982.

*a.* Gottes Wille ist im *Gesetz* und in den *Geboten* unmittelbar zu vernehmen. Als Jesus von einem reichen jungen Mann gefragt wird, was er tun müsse, um das ewige Leben zu ererben, antwortet er mit dem Hinweis auf die Gebote: »Du sollst nicht töten, du sollst nicht ehebrechen, du sollst nicht stehlen, du sollst nicht falsches Zeugnis geben, du sollst nicht berauben, ehre deinen Vater und die Mutter.« (Mk. 10, 19 Par.) Der Wille Gottes muß getan werden, um die Bedingung für den Einlaß in das ewige Leben bzw. in die Gottesherrschaft zu erfüllen. Jesus denkt nicht daran, das Gesetz abzuschaffen, wohl aber greift er die Heuchelei der Vertreter gesetzlicher Frömmigkeit scharf an (Mk. 7, 1–23 par. Mt. 15, 1–20).
Im Alltag jüdischen Lebens spielten die Reinheitsvorschriften eine große Rolle. Doch bei ihrer Handhabung – so sagt Jesus – geschieht die Reinigung nur am Äußeren, ohne Verständnis dessen, was Reinheit und Unreinheit wirklich sind: »Merkt ihr nicht, daß alles, was von außen in den Menschen eingeht, ihn nicht verunreinigen kann, weil es nicht in sein Herz kommt, sondern in den Bauch und wieder in den Abtritt hinausgeht . . . Sondern was aus dem Menschen herausgeht, das macht den Menschen unrein. Denn aus dem Innern, aus dem Herzen der Menschen kommen die bösen Gedanken.« (Mk. 7, 18–21 Par.) Damit wird nicht etwa behauptet, das Innere sei besser als das Äußere; sondern im Inneren des Menschen haust gerade das Böse, gegen das kein kultischer Ritus hilft. Reinheit ist daher nicht durch irgendwelche rituellen Praktiken zu gewinnen. Darum »wehe euch, ihr Schriftgelehrten und Pharisäer, ihr Heuchler! Ihr reinigt das Äußere, Becher und Schüssel, inwendig aber seid ihr voll Raub und Zuchtlosigkeit . . . Wehe euch, ihr Schriftgelehrten und Pharisäer! Ihr gleicht getünchten Gräbern, nach außen hübsch anzusehen, inwendig aber voll Totengebein und aller Unreinheit. So erscheint ihr den Leuten äußerlich gerecht, inwendig aber seid ihr voll Heuchelei und Frevel.« (Mt. 23, 25. 27f.) Jesus radikalisiert damit die Forderung der Reinheit und bestimmt sie inhaltlich neu. Denn Reinheit kann es nur als Reinheit des Herzens geben (Mt. 5, 8).
Jesus setzt selbstverständlich voraus, daß es den Tempelkult gibt und Opfer dargebracht werden. Der Tempel soll die Stätte sein, an der Gott angebetet wird (Mk. 11, 27 Par.). Aber »wenn du deine Gabe zum Altar bringst und es fällt dir dort ein, daß dein Bruder etwas gegen dich hat, so laß deine Gabe dort vor dem Altar und gehe zuerst hin und versöhne dich mit deinem Bruder, und danach komme und bringe deine Gabe dar« (Mt. 5, 23f.). Es gilt also, die unmittelbare Forderung Gottes zu erkennen und zu erfüllen, indem mit dem Bruder Frieden gemacht wird.

Jesu Stellung zum Gesetz ist besonders deutlich in seinen Worten über den Sabbat ausgesprochen. Die Erzählungen, die von Sabbatkonflikten handeln, stellen zwar größtenteils Gemeindebildungen dar und geben den Niederschlag von Debatten wieder, die die Gemeinde mit der Synagoge über den Sabbat zu führen hatte. Der Kern der Überlieferung aber, wie er in den Jesuslogien faßbar wird, geht sicher auf den historischen Jesus zurück. Die Lehre der Schriftgelehrten hatte genau festgelegt, welche Verrichtungen als Arbeit am Sabbat unbedingt zu unterlassen seien. Dieses dichte Netz der Kasuistik durchstößt Jesus mit dem Wort: »Der Sabbat ist um des Menschen willen da und nicht der Mensch um des Sabbat willen.« (Mk. 2, 27) Während die Rabbinen es nur im Fall akuter Lebensgefahr ausnahmsweise als erlaubt ansahen, daß der Sabbat zur Rettung eines bedrohten Menschenlebens verdrängt wird, kehrt Jesus die Richtung des Denkens um: Nicht mehr die Forderung des Gesetzes steht an erster Stelle, sondern der Mensch und sein Geschick werden höher bewertet als das Sabbatgebot. Der Mensch ging eher aus Gottes Schöpferhand hervor als der Sabbat. Zwar ist auch dieser eine Gabe des Schöpfers und bleibt daher grundsätzlich in Gültigkeit, aber bestritten wird die Allverbindlichkeit des Gesetzes. Denn höchstes Gebot ist die dem Nächsten zu erweisende Liebe.

Gegen die jüdische Sabbatkasuistik ist Jesu Wort gerichtet: »Darf man am Sabbat Gutes tun oder (soll man) Böses tun, Leben retten oder töten?« (Mk. 3, 4 Par.) Indem Jesus fragt, was am Sabbat erlaubt sei, bedient er sich der Terminologie, mit der die Schriftgelehrten diskutierten. Er durchbricht jedoch die Kasuistik der Gesetzeslehre, indem er die Alternativfrage stellt: Gutes oder Böses tun, Leben retten oder töten? Formal wird zwar zu einer Entscheidung aufgefordert, tatsächlich aber wird gar keine Wahl gelassen. Denn selbstverständlich kann man nur antworten, daß man am Sabbat Gutes zu tun, Leben zu retten und nicht zu töten habe. Auch der in der Q-Überlieferung tradierte Sabbatspruch ist in Form einer Frage gehalten: »Wo ist unter euch ein Mensch, der ein Schaf hätte, und wenn dieses am Sabbat in eine Grube fiele, es nicht griffe und herauszöge? Wieviel mehr wert aber ist ein Mensch als ein Schaf.« (Mt. 12, 11f. par. Lk. 14, 5) Zwar konnten die Rabbinen es unter bestimmten Voraussetzungen als erlaubt ansehen, ein Tier, das am Sabbat in eine Grube gefallen war, wieder herauszuholen, nach der Lehre der Gemeinde von Qumran aber war das unbedingt verboten (CD XI, 13f.). Jesus zerbricht dagegen alle kasuistischen Erwägungen, indem er mit dem Schluß vom Geringeren auf das Größere argumentiert: Wenn man schon einem Tier hilft, wieviel mehr einem Menschen! Mit der Frage »Wer unter euch?« packt er den Hörer unmittelbar, so daß er zugestehen muß, daß in der Notlage eines bedrängten Menschen, der der Hilfe bedarf, ihm Gottes Gebot begegnet.

*b.* Das *Liebesgebot* ist Gottes Gebot schlechthin: »Liebet eure Feinde; tut wohl denen, die euch hassen; segnet, die euch fluchen; betet für die, die euch beschimpfen.« (Lk. 6, 27) Die Mt.-parallele ist sekundär in die Form einer Antithese gekleidet, die den Gegensatz zur geläufigen zeitgenössischen Ansicht scharf hervorhebt. »Ihr habt gehört, daß gesagt ist: Du sollst deinen Nächsten lieben und deinen Feind hassen.« (Mt. 5, 43) Im AT wird die Nächstenliebe geboten (Lev. 19, 18), nicht aber der gegen den Feind gerichtete Haß befohlen. Diese Anweisung gibt jedoch die Lehre der Gemeinde von Qumran. Die Söhne des Lichtes, die von den Söhnen der Finsternis geschieden sind, werden angehalten, »alles zu lieben, was er (Gott) erwählt hat, und alles zu hassen, was er verworfen hat« (1 QS I, 3), »alle Söhne des Lichtes zu lieben, aber alle Söhne der Finsternis zu hassen« (1 QS I, 9f.). Dem wird entgegengestellt: »Ich aber sage euch: Liebet eure Feinde und betet für eure Verfolger, auf daß ihr Söhne werdet eures Vaters im Himmel. Denn er läßt seine Sonne aufgehen über Böse und Gute und regnen über Gerechte und Ungerechte.« (Mt. 5, 43f.) Das Gebot der Liebe unterscheidet nicht zwischen persönlichen Feinden und Feinden des Volkes (die man etwa hassen dürfte). Sondern wie Gottes Fürsorge allen zugewandt ist, so gibt es auch für das Gebot der Liebe keine Einschränkung.

Die Grenzenlosigkeit der Liebe wird im Gleichnis vom barmherzigen Samaritaner veranschaulicht, das den Begriff des Nächsten aus der Beschränkung auf die Angehörigen des eigenen Volkes löst. Ein Samaritaner, von dem ein Jude am wenigsten hätte Hilfe erwarten können, nahm sich des von den Räubern zerschlagenen Mannes an. An seinem Beispiel wird demonstriert, daß die Frage: Wer ist mein Nächster? umgekehrt wird zu der Frage: Wem werde ich Nächster? Darum schließt die Erzählung mit der Aufforderung: »Geh hin und tue desgleichen.« (Lk. 10, 29–37)

Jesu Ruf zur Liebe ist im Doppelgebot der Liebe zusammengefaßt worden. Da die Rabbinen aus der Thora nicht weniger als 613 Gebote und Verbote ableiteten, mußte sich die Frage stellen, wo denn das Grundgebot des Gesetzes zu finden sei. Das hellenistische Judentum hatte bereits das Doppelgebot der Gottes- und der Nächstenliebe formuliert (Testament des Issaschar 5, 2; des Dan 5, 3 u. ö.). Daher konnte auch ein Schriftgelehrter die Summe des Gesetzes mit den Worten beschreiben: »Du sollst den Herrn, deinen Gott, lieben aus deinem ganzen Herzen und mit deiner ganzen Seele und mit deiner ganzen Kraft und mit deinem ganzen Denken, und deinen Nächsten wie dich selbst.« (Lk. 10, 27 par. Mk. 12, 29–31; Mt. 22, 37–39) Mit dem Doppelgebot der Liebe, die keine Grenzen kennt, drückt die christliche Gemeinde aus, was sie aus der Verkündigung Jesu als den verpflichtenden Willen Gottes gehört hat.

Auf die Frage, wie oft man seinem Bruder vergeben müsse, ob bis zu siebenmal genüge, antwortet Jesus: »Ich sage dir: nicht bis siebenmal, sondern siebenmal siebzigmal.« (Mt. 18, 21f. par. Lk. 17,4; Mt. 18, 23–35) Auch der kleine Liebeserweis bleibt vor Gott nicht verborgen. Denn »wer ein Kind aufnimmt in meinem Namen, der nimmt mich auf« (Mt. 18, 5 par. Lk. 9, 48; Mk. 9, 37). »Wer einem von diesen Kleinen nur einen Becher frischen Wassers reicht auf den Jünger-Namen, wahrlich, ich sage euch, er soll gewiß nicht um seinen Lohn kommen.« (Mt. 10, 42 par. Mk. 9, 41) Mit dem Gebot der Liebe wird weder ein allgemeines Humanitätsideal aufgerichtet noch zu den bereits vorhandenen Vorschriften ein alles andere überhöhendes Gebot hinzugefügt. Sondern wie Gottes Liebe das ganze Leben des Menschen umgreift, so soll er in freier Hingabe dem Nächsten dienen. Darum hängen an dem Doppelgebot der Liebe »das ganze Gesetz und die Propheten« (Mt. 22, 40).

*c.* Gottes Wille wird in der *neuen Gerechtigkeit* verwirklicht: »Wenn eure Gerechtigkeit nicht besser ist als die der Schriftgelehrten und Pharisäer, so werdet ihr nicht in das Himmelreich eingehen.« (Mt. 5, 20) Die Bergpredigt ist vom Evangelisten Mt. unter das Thema der neuen Gerechtigkeit gestellt worden. Dabei hat er die kürzere Vorlage, wie sie in der Feldrede (Lk. 6, 20–49) überliefert ist, durch Aufnahme von mancherlei Logiengut zu einer großen Redekomposition ausgestaltet. Die neue Gerechtigkeit besteht nicht darin, daß die Gerechtigkeit der Schriftgelehrten und Pharisäer im quantitativen Sinne überboten werden sollte. Denn beim Tun des göttlichen Willens geht es nicht um die Erfüllung dieser oder jener Forderung, sondern kommt es darauf an, Gott ungeteilt zu gehören. Die Ethik der Bergpredigt kann daher weder als eine »Interimsethik« (A. Schweitzer), die lediglich für die kurze Zeit vor dem Ende als Ausnahmeethik Gültigkeit beanspruchen will, noch als eine Gesinnungsethik verstanden werden, die statt auf die einzelnen Taten auf die innere Einstellung der Menschen abzielen würde. Die Bergpredigt ruft vielmehr die Jünger Jesu dazu auf, im Zeichen der kommenden Gottesherrschaft die neue Gerechtigkeit im Vertrauen auf den himmlischen Vater und im Gehorsam gegen seinen Willen zu leben.

Was Gottes Wille für Leben und Handeln der Jünger bedeutet, wird in den Antithesen der Bergpredigt entfaltet. In ihnen wird aller Kasuistik abgesagt und keine Scheidung zwischen Söhnen der Finsternis und Söhnen des Lichtes zugelassen (Mt. 5, 21–48). Gottes Wille wird vielmehr als totale Beschlagnahme und totaler Anspruch verkündigt. Nicht erst das Töten, sondern schon das böse Wort, das gegen den Bruder gerichtet wird, verletzt Gottes Gebot. Nicht erst der vollzogene Ehebruch, sondern schon der lüsterne Blick, der einer Frau nachgeworfen wird, bricht Gottes Weisung. Während das Gesetz die Vergeltung »Auge um Auge, Zahn um Zahn« freigibt, lautet der Wille Gottes, wie Jesus ihn lehrt: »Ihr sollt vollkommen sein, wie euer himmlischer Vater vollkommen ist.« (Mt. 5, 48) Das aber heißt: »Seid barmherzig, wie auch euer Vater barmherzig ist.« (Lk. 6, 36) Auch in Almosen, Beten und Fasten ist die neue Gerechtigkeit zu bewähren, wobei freilich jede vordergründige Frömmigkeitsübung ausgeschlossen wird (Mt. 6, 1–18). Der Aufruf, nicht zu sorgen (Mt. 6, 19–34), enthält weder ein Programm zur Lösung sozialer Probleme noch etwa ein Verbot der Arbeit, sondern er zielt auf den Verzicht ab, sich selbst für die Zukunft sichern zu wollen. »Wer unter euch kann mit Sorgen seiner Lebenslänge eine Elle zusetzen?« (Mt. 6, 27) Gott eröffnet denen, die auf ihn vertrauen, das Leben der von ihm beschenkten und befreiten Kinder. Gottes Wille wird damit nicht als Bestätigung der in der Welt von jeher geltenden Ordnung, sondern als der Angriff seiner Liebe auf die Welt verstanden, die nicht mit der Erfüllung eines fertigen Programms, sondern in der Dankbarkeit der Liebe beantwortet sein will.

Als die Pharisäer ihn fragten, ob es recht sei, dem Caesar Steuern zu zahlen, antwortet Jesus: »Was des Caesars ist, gebt dem Caesar; aber was Gottes ist, gebt Gott.« (Mk. 12, 13–17) Das bedeutet: Wer Gott wirklich gibt, was Gottes ist – sich selbst, sein ganzes Leben, Denken, Handeln und Tun –, der kann in einer seltsam erscheinenden Gelassenheit auch dem Caesar zukommen lassen, was er fordert. Darum hält Jesus seine Jünger dazu an, es solle bei ihnen nicht zugehen wie überall im Machtkampf unter den Menschen. »Sondern wer groß werden will unter euch, der soll euer Diener sein. Und wer unter euch der erste sein will, der soll der Knecht von allen sein.« (Mk. 10, 43f. Par.)

*d.* Die *Erfüllung des göttlichen Willens* wird ihren *Lohn* finden. Aber in welcher Weise ist bei Jesus vom Lohn die Rede? »Wenn ihr alles getan habt, was euch befohlen war, sollt ihr sagen: Wir sind armselige Knechte; wir haben nur getan, was wir zu tun schuldig waren.« (Lk. 17, 10) Gott fordert Rechenschaft über das Gut, das er seinen Knechten anvertraut hat, indem er danach fragt, was sie damit begonnen haben (Lk. 19, 12–27 par. Mt. 25, 14–30). Darum »liebet eure Feinde, tut wohl und leihet, ohne etwas dafür zu erhoffen, so wird euer Lohn groß sein und ihr werdet Kinder des Höchsten sein« (Lk. 6, 35).

Vom Lohn wird also in grundsätzlich anderer Weise als im Zusammenhang gesetzlicher Lehre und Frömmigkeit gesprochen, in der alles Tun vom Blick auf den Lohn begleitet ist. Vielmehr wird gerade die schlichte, ihrer selbst nicht bewußte Tat am Ende als Erfüllung des göttlichen Willens offenbar, wie das erstaunte Fragen derer zeigt, die im Endgericht angenommen werden: »Herr, wann

haben wir dich hungrig gesehen und gespeist oder durstig und getränkt? Wann haben wir dich als Fremdling gesehen und eingeladen oder nackt und bekleidet? Wann haben wir dich krank gesehen oder im Gefängnis und sind zu dir gekommen? Da wird der König ihnen antworten: Wahrlich, ich sage euch, was ihr einem von diesen meinen geringsten Brüdern getan habt, das habt ihr mir getan.« (Mt. 25, 37–40) Der Lohn, der ihnen zuteil wird, besteht nicht in einem Aufrechnen von Tat und Vergeltung, sondern im Eingehen in des Herrn Freude, in der der getreue Knecht über mehr gesetzt und in größere Verantwortung gestellt wird (Lk. 19, 12–27 par. Mt. 25, 14–30).
Daß der Lohn nicht nach Verdienst, sondern aus Gottes Barmherzigkeit gegeben wird, zeigt das Gleichnis von den Arbeitern im Weinberg (Mt. 20, 1–15). Unbeschadet der unterschiedlichen Arbeitszeit, die sie abgeleistet haben, erhalten am Abend alle Tagelöhner denselben Lohn. Auf den Protest derer, die den ganzen Tag gearbeitet haben, antwortet der Besitzer: »Freund, ich tue dir nicht unrecht; bist du nicht auf einen Denar (– den üblichen Tagesverdienst –) mit mir eins geworden? Nimm das Deine und geh. Ich will aber diesem, der der letzte ist, so viel geben wie dir auch. Darf ich nicht mit dem Meinen tun, was ich will? Oder bist du neidisch, weil ich gütig bin?« (Mt. 20, 13–15) Wie jedem gegeben wird, was er braucht, so wendet Gott seine schenkende Güte allen zu, ohne sie abzustufen. Man kann nur angenommen oder nicht angenommen sein, aber nicht die Barmherzigkeit in verschiedenen Graden erhalten. Derselbe Stoff wie in der Erzählung Jesu ist auch in einem rabbinischen Gleichnis verwendet, aber anders gefaßt (s. Billerbeck IV, 492f.): Ein König mietete Arbeiter für seinen Weinberg. Einer von ihnen arbeitete weit mehr als alle anderen. Nach zwei Stunden kam der König und holte diesen Arbeiter zu sich, um mit ihm spazierenzugehen. Bei der Lohnauszahlung am Abend erhalten alle den gleichen Lohn. Gegen den Einspruch der anderen macht der König geltend, jener Arbeiter habe in zwei Stunden so viel geleistet, wie die anderen am ganzen Tag geschafft haben. Also ist es gerechtfertigt, daß alle den gleichen Lohn bekommen. Der Lohn entspricht der Leistung. Anders Jesus: Gottes Barmherzigkeit beschenkt alle, die Armen und die Reichen, die Zöllner und die Sünder, die Gerechten und die Ungerechten.

## § 7 Das Erbarmen Gottes

*Jesus nennt Gott den Vater und bezeugt die Nähe des barmherzigen Gottes, der die Sünder annimmt, sie zu befreiten Kindern macht, die voller Zuversicht zu ihm rufen, und ihnen das neue Leben schenkt, das sie im Vertrauen zu ihm führen sollen.*

E. Lohmeyer, Das Vater-Unser, [5]1962 – G. Ebeling, Jesus und Glaube, ZThK 59 (1958) 64–110 = Wort und Glaube I, [3]1967, 203–254 – J. Jeremias, Vaterunser, RGG[3] VI, 1235–1237 – ders., Abba, 1966 – ders., Die Gleichnisse Jesu, [9]1977 – E. Lohse, Emuna und Pistis, ZNW 68 (1977) 147–163 = Die Vielfalt des NT, 1982, 88–104.

*a.* Jesus redet von *Gott*, indem er sich der Ausdrucksweise bedient, die im AT und im Judentum vorgegeben war. Entsprechend der ehrfürchtigen Rede, wie sie im Judentum üblich war, wird der Gottesname vielfach durch andere Ausdrucksweisen umschrieben. So wird die Herrschaft Gottes als Herrschaft der Himmel bezeichnet (s. S. 26) oder davon gesprochen, es sei Freude im Himmel (Lk. 15, 7) bzw. vor den Engeln Gottes (Lk. 15, 10), wenn gesagt werden soll, Gott freue sich. Vor allem aber heißt Gott der Vater.

Im alten Orient wurde die Gottheit Vater genannt als Ahnherr des Königs und des Volkes, als mächtiger Gebieter. Wird Zeus von den Griechen als Vater der Menschen und Götter bezeichnet (s. B. Ilias 1, 544; Odyssee 1, 28), so ist er als Haupt einer großen Familie vorgestellt, das für alle Glieder sorgt und über sie Gewalt hat. Wenn in Israel von Gott als dem Vater gesprochen wird, ist nicht daran gedacht, daß zwischen Gott und dem von ihm erwählten Volk eine natürliche Zusammengehörigkeit bestehen könnte. Gott heißt vielmehr der Vater als der Herr, der in der Geschichte handelt und sich sein Volk erwählt hat. Darum wird Israel daran erinnert: »Ist er nicht dein Vater, der dich geschaffen; er, der dich gemacht und hingestellt hat?« (Dtn. 32, 6) Er hat Israel als seinen Sohn gerufen (Hos. 11, 1), und sein Volk bekennt sich zu ihm: »Jetzt aber, Jahwe, du bist unser Vater, unser Helfer, von Urzeit her ist das dein Name.« (Jes. 64, 7) Aus dieser Zugehörigkeit Israels zu seinem Gott folgt die Verpflichtung des Volkes zum Gehorsam gegen sein Gebot. Daher wird mit dem Spruch »Ihr seid Kinder Jahwes eures Gottes« (Dtn. 14, 1) eine Reihe von Geboten eingeleitet.
Im Judentum zur Zeit Jesu war dieses at.liche Verständnis von Gott als dem Vater Israels lebendig geblieben. Zu ihm wird mit den Worten gerufen »Unser Vater, unser König« und damit ausgesagt, daß er der Herr ist als Schöpfer der Welt und als Stifter und Hüter des Bundes. Wird er der »Vater in den Himmeln« genannt, so werden an diese Bezeichnung keine Erwägungen über seine Transzendenz geknüpft, sondern er wird auf diese Weise von irdischen Vätern unterschieden: »Unser Vater, der du bist im Himmel, dein großer Name sei gepriesen in alle Ewigkeiten. Und mögest du Befriedigung finden an Israel, deinen Knechten, an allen Stätten ihrer Wohnsitze.« (Billerbeck I, 410) Obgleich diese Anrede Gottes in Gebeten, die die Gemeinde sprach, durchaus geläufig war, wurde sie in Gebeten des einzelnen nicht verwendet. Zwar wird gelegentlich Gott als Vater der Armen und der Frommen bezeichnet (Sir. 4, 10; Sap. Sal. 2, 16ff.), aber auch diese Ausdrucksweise bleibt auf das Verhältnis der ganzen Gemeinde zu ihrem Gott bezogen, der als Herr seines Volkes die Seinen leitet und bewahrt.
Wenn Jesus von Gott als dem Vater spricht, so wählt er keine neue Gottesbezeichnung, aber er verwendet den Vaternamen in einem neuen Sinne. Denn Gottes Wirken und Handeln ist nicht mehr auf sein Verhältnis zu Israel beschränkt, sondern der Schöpfer der Welt ist der gütige Vater aller seiner Geschöpfe. Er sorgt für die Lilien auf dem Feld (Mt. 6, 26–29 par. Lk. 12, 24–27), er läßt seine Sonne aufgehen über Gerechte und Ungerechte (Mt. 5, 45). Er ernährt auch die Vögel des Himmels (Mt. 6, 26 par. Lk. 12, 24). Es ist der Wille des Vaters, daß keiner der Kleinen verlorengehe (Mt. 18, 10. 14). Er »weiß, was ihr bedürft, ehe ihr ihn bittet« (Mt. 6, 8). Darum »fällt kein Sperling zur Erde ohne euren Vater; die Haare auf eurem Haupt sind alle gezählt« (Mt. 10, 29f. par. Lk. 12, 6f.). Die Söhne des himmlischen Vaters (Mt. 5, 45 par. Lk. 6, 35) wissen um seinen Willen und erfüllen ihn, indem sie vergeben, wie er vergibt (Mt. 6, 14f.; 18, 35; Mk. 11, 25). Im Unterschied zur jüdischen Redeweise von Gott dem Vater fällt die Schlichtheit der Aussage Jesu auf, die volltönende Wendungen vermeidet. »Abba«, Vater – so sprach das kleine Kind, das seine ersten Laute zu formen lernte, zu seinem Vater. Nach Mk. 14, 36 Par. hat sich Jesus dieser Gebetsanrede bedient, die dann auch in der ersten Christenheit gebräuchlich war (Gal. 4, 6; Röm. 8, 15). Sie bezeugt die Unmittelbarkeit des Gottesverhältnisses, wenn die Jünger Jesu zu Gott rufen: »Unser Vater« (Mt. 6, 9 par. Lk. 11, 2).
*b.* Mit seinem Wort und seiner Tat spricht Jesus Menschen, denen er begegnet, die *Vergebung der Sünden* zu. Nach jüdischem Verständnis findet jede Schuld eines

Menschen die verdiente Strafe; umgekehrt aber kann man vom Leiden eines Menschen darauf schließen, daß er Schuld auf sich geladen haben und ein Sünder sein muß. Diesem gesetzlichen Denken und Rechnen widerspricht Jesus mit Entschiedenheit. Als der römische Statthalter Pontius Pilatus galiläische Festpilger beim Opfer hatte niedermetzeln lassen, mußte sich die Frage stellen, ob sie etwa besondere Schuld auf sich geladen hatten, so daß sie die Vergeltung ereilte. Jesus antwortet: »Meint ihr, daß diese Galiläer vor allen Galiläern Sünder waren, weil sie dies erlitten? Nein, sage ich euch, sondern wenn ihr nicht umkehrt, werdet ihr alle ebenso umkommen. Oder jene 18, auf welche der Turm in Siloam fiel und erschlug sie, meint ihr, daß sie schuldig gewesen sind vor allen Bewohnern Jerusalems? Nein, sage ich euch, sondern wenn ihr nicht umkehrt, werdet ihr alle ebenso umkommen.« (Lk. 13, 2–5) Jesus bestreitet nicht, daß ein Zusammenhang zwischen Sünde und Leid in der Welt besteht; aber er widerspricht der geläufigen Ansicht, daß dieser Zusammenhang im konkreten Fall eines menschlichen Schicksals aufweisbar und nachprüfbar sein könnte. In der Geschichte von der Heilung eines Gichtbrüchigen, wie sie Mk. 2, 1–12 Par. erzählt wird, sind zwar vermutlich erst durch die Überlieferung der Gemeinde die Wundergeschichte und das Wort von der Sündenvergebung miteinander verflochten worden. Diese Verbindung hebt jedoch zutreffend hervor, daß die Vergebung der Sünden zum neuen Leben befreit. Gegen Jesu Wort »Deine Sünden sind dir vergeben« = »Gott vergibt dir deine Sünden« (Mk. 2, 5 Par.) wenden die Schriftgelehrten ein: »Wer kann Sünden vergeben außer dem einen Gott?« (Mk. 2, 7 Par.) Nicht einmal dem Messias würde dieses Recht zustehen, das allein Gott im Himmel vorbehalten bleibt. Jesus aber verkündigt hier und jetzt die Gegenwart des barmherzigen Gottes, indem er Sünden vergibt und damit Menschen die Last ihrer Vergangenheit fortnimmt.

Von der Barmherzigkeit Gottes handeln die drei Gleichnisse vom Verlorenen (Lk. 15). Gott freut sich über die Heimkehr eines Verlorenen – wie sich ein Mann mehr über ein verlorenes Schaf freut, das er wiedergefunden hat, als über 99 Schafe, die ihm geblieben waren (Lk. 15, 3–7); wie sich eine Frau mehr über die eine verlorene Drachme freut, die sie wiedergefunden hat, als über die neun anderen, die sie behalten hatte (Lk. 15, 8–10). »So, sage ich euch, gibt es Freude vor den Engeln Gottes über einen einzigen Sünder, der umkehrt.« (Lk. 15, 10) Im Mittelpunkt des Gleichnisses Lk. 15, 11–32 steht weder der jüngere Sohn, der in die Fremde hinausgezogen war und schließlich wieder heimkehrte, noch sein älterer Bruder, der immer daheim gewesen ist, aber mürrisch beiseite bleibt, sondern der liebende Vater. Er geht dem Heimkehrenden entgegen: »Da er noch fern war, sah ihn sein Vater, erbarmte sich und küßte ihn. Der Sohn aber sagte zu ihm: Vater, ich habe gesündigt gegen den Himmel (d. h. Gott) und vor dir; ich bin nicht mehr wert, dein Sohn zu heißen.« (Lk. 15, 20f.) Der Vater läßt ihn nicht zu Ende sprechen, sondern befiehlt, den Heimgekehrten kostbar zu kleiden und alle Vorbereitungen zum Festmahl zu treffen. Wie der liebende Vater den verlorenen Sohn annimmt, so nimmt sich Gott der Verlorenen an.

Seiner Predigt entspricht die Tat Jesu, indem er mit Zöllnern und Sündern Gemeinschaft hat. Zöllner standen im Dienst der heidnischen Besatzungsmacht bzw. hatten von ihr eine Zollstation gepachtet. Da sie in ihre eigene Tasche wirtschafteten, galten sie allgemein als Betrüger, die nicht als glaubwürdige Zeugen vor einem jüdischen Gericht auftreten konnten. Ihnen konnte auch keine Vergebung für ihr Verhalten zuteil werden, weil dazu eine Wiedergutmachung dessen gehört hätte, was sie getan hatten. Da aber ein Zöllner nicht mehr weiß, wieviele

Menschen er betrogen hat, kann er nicht wiedergutmachen. Fromme Juden wollten daher mit Zöllnern keinen Umgang haben und gingen ihnen aus dem Weg. Ebenso mieden sie Sünder, d. h. Menschen, deren Leben hoffnungslos mißraten war oder die ein Gewerbe ausübten, das sich mit dem Gesetz nicht verträgt, wie z. B. einen Gerber, der sich ständig verunreinigen mußte. Jesus dagegen scheut sich nicht, mit diesen von allen verachteten Menschen zusammen zu sein (Mk. 2, 15f.; Lk. 15, 2) und auch einen Zöllner in seinen Jüngerkreis zu berufen (Mk. 2, 14 Par.). Tischgemeinschaft wird im Orient als Ausdruck enger Verbundenheit verstanden; denn alle, die das gemeinsame Mahl einnehmen, bekommen teil am Segen, der zu Beginn gesprochen wird. Wenn daher Jesus mit Zöllnern und Sündern Mahlgemeinschaft hält, so bezeugt er damit vor aller Augen, daß ihnen die Sünden vergeben sind.

Gegen den Widerspruch der Frommen verteidigt Jesus seine Predigt vom Erbarmen Gottes. So fragt er einen Pharisäer: Es waren zwei Schuldner eines Gläubigers, der eine schuldete 500, der andere 50 Denare. Beiden wurde die Schuld erlassen, weil sie zahlungsunfähig waren. Wer wird den, der ihnen die Schuld erließ, mehr lieben? Die Antwort muß zwingend lauten: Der, dem er am meisten geschenkt hat (Lk. 7, 41–43). Ein Pharisäer und ein Zöllner gingen zum Gebet in den Tempel (Lk. 18, 9–14). Das Gebet des Pharisäers ist voller Dank – u.a. auch dafür, daß Gott ihn nicht hat sündigen lassen, wie jener Zöllner es tat. Der Pharisäer läßt sich seine Frömmigkeit etwas kosten. Zweimal in der Woche fastet er den ganzen Tag. Er gibt den Zehnten von allem, was er erwirbt, während im Volk allgemein das Zehntgebot nicht sonderlich streng genommen wurde. Mit diesem Bild des Pharisäers entwirft Jesus keine Karikatur, sondern beschreibt die Haltung der frommen Pharisäer, wie sie auch in einem alten Gebet zum Ausdruck kommt, das im Talmud überliefert ist: »Ich danke dir, Herr, mein Gott, daß du mir mein Teil gabst bei denen, die im Lehrhaus sitzen, und nicht bei denen, die an den Straßenecken sitzen; denn ich mache mich früh auf, und sie machen sich früh auf: ich mache mich früh auf zu den Worten des Gesetzes, und sie machen sich früh auf zu eitlen Dingen. Ich mühe mich, und sie mühen sich: ich mühe mich und empfange Lohn, und sie mühen sich und empfangen keinen Lohn. Ich laufe, und sie laufen: ich laufe zum Leben der zukünftigen Welt, und sie laufen zur Grube des Verderbens.« (Berakot 28b) Der Pharisäer faßt also alles, was er in seinem Leben erfährt und tut, in Worte des Dankes gegen Gott. Mit diesen Worten sondert er sich jedoch von den anderen ab, die nicht wie er ein Leben nach dem Gesetz führen. Der Zöllner dagegen bricht in den verzweifelten Ruf aus: »Gott, sei mir Sünder gnädig!« Wiedergutmachung zu leisten und Vergebung zu empfangen, war für ihn nach dem Gesetz unmöglich (s. S. 37). So wirft er sein Vertrauen allein auf Gottes Barmherzigkeit. Jesus sagt: »Dieser ging gerechtfertigt (d. h. von Gott angenommen) in sein Haus, jener nicht.« (Lk. 18, 14a)

Gott nimmt die Sünder an und verwirft die Gerechten; er füllt die leeren Hände der Armen und läßt die Reichen leer ausgehen. »Die Zöllner und die Huren kommen in das Reich Gottes – ihr nicht«, ruft Jesus den Gerechten zu (Mt. 21, 31), die ihre Frömmigkeit auf das Gesetz gründen und sich auf ihr eigenes Tun verlassen. Die Verlorenen aber begreifen, daß Gott die Elenden annimmt, ihnen sein Erbarmen zuwendet und damit das Leben erschließt.

*c.* Im *Gebet* findet das neue Verhältnis zu Gott seinen deutlichsten Ausdruck. Das Beten der Kinder unterscheidet sich vom Plappern der Heiden (Mt. 6, 7); es ist vertrauensvolle Anrede an den Vater, der weiß, was die Kinder brauchen, ehe sie ihn bitten (Mt. 6, 8) . Wie der ungerechte Richter endlich die beharrlich flehende Witwe erhörte (Lk. 18, 1–8) und wie der Mann seinem Freund, der bei Nacht an die Tür pochte, schließlich auftat und das erbetene Brot gab (Lk. 11, 5–8), so hört Gott das Rufen seiner Kinder. Darum: »Bittet, und es wird euch gegeben werden. Suchet, und ihr werdet finden. Klopft an, und es wird euch geöffnet werden. Denn jeder, der bittet, empfängt, und wer sucht, der findet, und wer anklopft, dem wird geöffnet.« (Mt. 7, 7f. par. Lk. 11, 9f.) Denn »wo ist ein Mensch unter euch, der seinem Sohn, wenn er ihn um Brot bittet, einen Stein gäbe? Oder wenn er um einen Fisch bittet, ihm eine Schlange gäbe?« (Lk. 11, 11f.) Da diese Fragen nur verneint werden können, muß also gelten: »Wenn nun ihr, die ihr böse seid, versteht, euren Kindern gute Gaben zu geben, wieviel mehr wird euer Vater im Himmel Gutes geben denen, die ihn bitten?« (Mt. 7, 9–11 par. Lk. 11, 11–13) Wie Kinder voller Vertrauen sich beim Vater geborgen wissen, so sprechen die Beter zu Gott, nicht ihr, sondern sein Wille solle geschehen (Mt. 6, 10; Mk. 14, 36 Par.).

Im Vaterunser hat Jesus eine knappe Zusammenfassung rechten Gebets gegeben. Die abschließende Doxologie fehlt in den ältesten Handschriften und gehört ursprünglich nicht zum Gebet hinzu. Wie in jüdischen Gebeten wird zunächst der Lobpreis am Ende frei formuliert worden sein. Die beiden Fassungen des Vaterunsers, die bei Mt. (6, 9–13) und Lk. (11, 2–4) überliefert sind, stimmen nicht überein. Bei Lk. fehlt die 3. Bitte (»Dein Wille geschehe wie im Himmel so auf Erden«) und die 7. Bitte (»Sondern erlöse uns von dem Bösen«). Die Mt.fassung wird daher die Erweiterung eines ursprünglich kürzeren Gebets darstellen. Der erste Teil des Vaterunsers ist vom »Du« regiert: Dein Name, dein Reich, dein Wille. Der zweite Teil ist auf das »Wir« bezogen. Das Brot für den Tag – so ist wahrscheinlich ἐπιούσιος zu verstehen –, die Vergebung der Schuld, die Bewahrung vor der endzeitlichen Versuchung (πειρασμός) und die Erlösung vom Bösen werden erbeten. Im Vergleich mit wortreichen Gebeten der damaligen Zeit – z. B. dem sog. Achtzehngebet, das jeder Jude täglich sprach – fällt die Knappheit des Ausdrucks auf. Gott weiß, was seine Kinder benötigen; er wird es ihnen geben, heute und morgen.

*d.* Die synoptischen Evangelien sprechen wiederholt vom *Glauben*, mit dem einzelne Menschen Jesus gegenübertreten. Der Vater eines besessenen Jungen kam zu Jesus mit der Bitte um Hilfe: »Wenn du etwas vermagst, erbarme dich unser und hilf uns.« Ihm antwortet Jesus: »Wenn du etwas vermagst (sagst du) – alles ist möglich dem, der glaubt.« (Mk. 9, 22f. Par.) Dieser Glaube hat unerhörte Kraft: »Wenn ihr Glauben habt wie ein Senfkorn, so werdet ihr zu diesem Berge sagen: Geh fort von hier, dorthin! Und er wird fortgehen.« (Mt. 17, 20 par. Lk. 17, 6) Glauben meint seiner ursprünglichen Bedeutung nach Vertrauen, sich auf etwas Verlassen, sich Festklammern, wie ein kleines Kind sich im Gewand der Mutter festhält. Wenn in den synoptischen Evangelien vom Glauben vornehmlich im Zusammenhang mit Wundergeschichten die Rede ist, so ist nicht an einen Wunder- oder Mirakelglauben gedacht, sondern vielmehr dem Vertrauen Ausdruck gegeben, das die Wirklichkeit Gottes ernst nimmt. Die vertrauende Zuversicht eines Heiden erkennt Jesus an (Mt. 8, 10; Lk. 7, 9; s. auch Mt. 15, 28). Die Haltung derer, die den Gelähmten zu Jesus bringen, wird Glaube genannt (Mk. 2, 5 Par.). Wo Jesus dagegen kein Glaube entgegengebracht wird, da kann er keine Wunder tun (Mk. 6, 1–6 Par.). Der Glaube aber, der sich der göttlichen Hilfe voller Zuversicht entgegenstreckt, empfängt die Rettung (Mk. 5, 34 Par.; 10, 52 Par.; Lk. 17, 19). Der Vater eines kranken Sohnes ruft: »Ich glaube, hilf meinem Unglauben« (Mk. 9, 24 Par.), und die Jünger, deren vom Satan bedrohter Glaube

(Lk. 22, 31f.) als Kleinglaube gescholten wird (Mk. 5, 40 Par. u. ö.), sprechen: »Mehre uns den Glauben.« (Lk. 17, 5f.)
Wo vom Glauben in der Begegnung mit Jesus gesprochen wird, ist Vertrauen auf Gottes Gegenwart, seine Hilfe und sein Handeln durch Jesus gemeint. Erst in der Verkündigung und Lehre der Gemeinde hat der Begriff πίστις/πιστεύειν die Bedeutung des Heilsglaubens gewonnen, der sich im Christusbekenntnis ausspricht. Denn für die christliche Gemeinde ist der Glaube die einzig angemessene Antwort auf die frohe Botschaft: πιστεύετε ἐν τῷ εὐαγγελίῳ (Mk. 1, 15 Par.).

*e.* Gottes Barmherzigkeit gilt allen Menschen. In der synoptischen Tradition wird jedoch eine *Sünde* genannt, die *unvergebbar* ist: »Wahrlich, ich sage euch, alle Sünden werden den Menschen vergeben werden, auch die Lästerungen, so viel sie lästern mögen; wer aber den Geist lästert, hat keine Vergebung in Ewigkeit, sondern er ist einer Sünde schuldig für die Ewigkeit.« (Mk. 3, 28f. Par.) In diesem Spruch ist vorausgesetzt, daß in Jesu Wirken Gottes Geist am Werk ist. Wer diese Gegenwart Gottes leugnet, bleibt ihr fern. Nicht Gott setzt seinem Erbarmen eine Grenze; sondern die Menschen, die es abweisen und verschmähen, ziehen selbst eine Grenze, die sie von der Gegenwart des Heils ausschließt. Das Wort von der unvergebbaren Sünde will also nicht besorgte Zweifler schrecken, sondern die Warnung aussprechen, das Walten des Geistes nicht leichtfertig zu mißachten, das in Jesu Handeln wirksam ist.

## § 8 Das Volk Gottes

*Jesu Wirksamkeit ist nicht auf den Kreis der Frommen begrenzt, sondern gilt allen Menschen in Israel. Vom Kommen der Gottesherrschaft werden auch die Heiden betroffen, indem sie am zukünftigen Heil teilhaben sollen. Jesus hat nicht die Kirche als Institution gegründet, sondern Menschen in seine Nachfolge gerufen und die Herrschaft Gottes dem Volk Gottes verkündigt.*

A. ALT, Galiläische Probleme PJB (1937–40), in: Kleine Schriften zur Geschichte des Volkes Israel II, 1953, 363–435 – W. G. KÜMMEL, Kirchenbegriff und Geschichtsbewußtsein in der Urgemeinde und bei Jesus, 1943, [2]1968 – J. JEREMIAS, Jesu Verheißung für die Völker, [2]1959 – F. HAHN, Das Verständnis der Mission im NT, 1963 – E. LOHSE, Nachfolge Christi, RGG[3] IV, 1286–88 – H. D. BETZ, Nachfolge und Nachahmung Jesu Christi im NT, 1967.

*a.* Jesus wußte sich zu *Israel* gesandt. Das urchristliche Kerygma hebt seine Abkunft aus dem Samen Davids hervor (Röm. 1, 3; 2. Tim. 2, 8); Jesus ist der Davidssohn, in dem die messianischen Verheißungen in Erfüllung gegangen sind. Die Stammbäume bei Mt. und Lk. unterstreichen diesen Gedanken, indem bei Mt. in 3mal 14 Gliedern die Reihe von Abraham bis auf Joseph geführt wird (1, 1–17) und bei Lk. die Linie von Jesus über die Erzväter bis zu Adam gezogen wird (3, 23–38), um Jesus als Heiland der Welt auszuweisen.
Ohne Zweifel stammte Jesus aus dem jüdischen Volk. Zwar gab es in Galiläa auch hellenistische Siedler und war ganz Galiläa erst unter Aristobul I. (104/103 v.Chr.) gewaltsam judaisiert worden. Dennoch kann eine nichtjüdische Herkunft Jesu nicht in Betracht kommen. Denn die hellenistische Bevölkerung hat sich nur in den Ebenen und an der Küste niedergelassen. Im unwegsamen Bergland Galiläas dagegen, in dem Jesu Heimatort Nazareth lag, hat Jahrhunderte hindurch nur eine rein jüdische Bevölkerung gewohnt (ALT). Als Jude lebte Jesus

in jüdischer Umgebung, las er die Schrift, ging er in die Synagogen und hat er während seiner Wirksamkeit das jüdische Siedlungsgebiet Palästinas nicht verlassen. Zwar kam er gelegentlich mit einzelnen Heiden, die in Galiläa lebten, in Berührung, niemals aber hat er heidnische Ortschaften betreten. Der syrophönizischen Frau wird gesagt: »Ich bin nur gesandt zu den verlorenen Schafen Israels.« (Mt. 15, 24) Und bei der Aussendung der Jünger wird ihnen befohlen, keine Heidenstraße zu beschreiten und keine Stadt der Samaritaner aufzusuchen, sondern sich den verlorenen Schafen aus dem Haus Israel zuzuwenden (Mt. 10, 5). Mögen diese Wendungen im einzelnen auf frühen judenchristlichen Ursprung (s. S. 71) oder aber auf den historischen Jesus selbst zurückgehen, eindeutig ist, daß Jesu Verkündigung sich an Israel richtete. Dabei schränkt er jedoch seine Wirksamkeit nicht auf eine bestimmte Gruppe des Volkes ein, wie es die frommen Gemeinschaften des damaligen Judentums taten. Weder sondert er wie die Gemeinde von Qumran die Söhne des Lichts von denen der Finsternis ab, noch sammelt er einen heiligen Rest. Jesus ruft vielmehr alle, die Gerechten und die Ungerechten, die Frommen und die Verachteten.

*b.* Wie stand Jesus zu den *Heiden*? Bei der Begegnung mit dem heidnischen Hauptmann von Kapernaum sagt er voller Verwunderung, solchen Glauben habe er in Israel nicht gefunden (Mt. 8, 10 par. Lk. 7, 9). Und angesichts der Ablehnung, auf die er bei Juden stößt, ruft er aus: »Wehe dir, Chorazin, wehe dir, Bethsaida; denn wenn in Tyrus und Sidon die Wunder geschehen wären, die bei euch geschehen sind, sie wären dereinst in Sack und Asche umgekehrt ... Doch ich sage euch: Tyrus wird es erträglicher gehen am Gerichtstag als euch.« (Mt. 11, 20–22 par. Lk. 10, 13f.) Ebenso wird Kapernaum angedroht, daß es dem Land Sodom im Gericht besser gehen wird als ihm (Mt. 11, 23f. par Lk. 10, 15). Israel kann nicht auf unverlierbaren Besitz des Heils pochen, die Heiden aber werden im Eschaton herzukommen und am Heil Anteil erhalten: »Ich sage euch aber, es werden viele kommen von Morgen und Abend und werden zu Tisch liegen mit Abraham, Isaak und Jakob. Die Söhne des Reichs aber werden hinausgeworfen werden in die Finsternis draußen, da wird sein Heulen und Zähneknirschen.« (Mt. 8, 11f. par. Lk. 13, 28f.)

Obwohl Jesus seine Wirksamkeit auf Israel begrenzt hat, hat er Heiden, die ihm begegneten, nicht abgewiesen, sondern angenommen. Indem Jesus nicht eine abgesonderte Heilsgemeinde gründete, sondern sich gerade den verlorenen und verachteten Menschen zuwandte, machte er deutlich, daß die Liebe Gottes allen Menschen gilt.

*c.* Jesus rief *Jünger* in seine *Nachfolge*. Daß ein Lehrer einen Kreis von Schülern um sich sammelt, war in Palästina nicht ungewöhnlich. Die Schüler mußten sich freilich um Aufnahme durch den Lehrer bewerben, der sie daraufhin prüfte, ob sie fähig waren, das Studium zu meistern. Der Schüler wurde mit dem reichen Gut der Tradition vertraut gemacht, indem er in jahrelanger enger Gemeinschaft mit dem Lehrer lebte. Hatte dann ein Schüler den Lehrstoff so weit zu beherrschen gelernt, daß er selbständige Entscheidungen treffen konnte, so erklärte der Lehrer ihn zum Rabbi. Die Jünger Jesu haben nicht um Aufnahme in seine Schule nachgesucht. Sondern Jesus trat an diesen und jenen mit der Aufforderung heran: »Auf, hinter mir her!« (Mk. 1, 17 Par.; 2, 14 Par.) Allein dieser Ruf begründete die Jüngerschaft. Wen dieser Ruf getroffen hatte, der verließ alles, was er hatte, und folgte Jesus. Auch die Bande der Familie konnten und durften ihn nicht zurückhalten (Mt. 10, 37f. par. Lk. 14, 26). Anderen aber erschien Jesu Ruf als eine unzumutbare Forderung, so daß sie sich versagten (Mk. 10, 17–22 Par.; Mt. 8,

19–22 par. Lk. 9, 57–62). Jesus berief die Jünger nicht, um eine Schule oder eine Institution einzurichten. Keine Regeln oder Satzungen wurden erlassen, keine hierarchische Verfassung bestimmte – wie in Qumran – ihr Zusammenleben. Jesus unterwies die Jünger nicht mit dem Ziel, einmal aus den Schülern Lehrer zu machen, die die Stelle des Meisters einnehmen könnten. Sondern einer ist der Meister, darum sollen die Jünger untereinander Brüder sein und sich niemals wie die jüdischen Gelehrten Rabbi nennen lassen (Mt. 23, 8). An diese Regel hat sich die Schar der Jünger Jesu zu halten. Jesus ist der Herr, der Jünger der Knecht (Mt. 10, 24f.). Die Nachfolge, die die Bereitschaft zum Leiden einschließt (Mk. 8, 34f. Par.), steht im Zeichen der kommenden Gottesherrschaft: »Du gehe hin und verkündige die Herrschaft Gottes.« (Lk. 9, 60)

Nach den Berichten aller vier Evangelien war Jesus häufig von einer Menge von Leuten umgeben (Mk. 1, 39 Par.; 3, 7 Par.; 5, 24 Par.; Mt. 8, 1; 14, 13; Lk. 7, 9; 9, 11; Joh. 6, 2 u.ö.). Aus der großen Schar wird jedoch der Kreis der zwölf Jünger herausgehoben. Die Zwölfzahl zeigt an, daß Jesus sich an ganz Israel wendet, nicht nur an eine ausgesonderte Gruppe: »Ihr, die ihr mir nachfolgt, werdet bei der Wiedergeburt (= Neuschöpfung; der Begriff wird auch in den Qumrantexten in diesem Sinn verwandt, 1 QS IV, 25), wenn der Menschensohn auf dem Thron der Herrlichkeit sitzt, ebenfalls auf zwölf Thronen sitzen und die zwölf Stämme Israels richten.« (Mt. 19, 28 par. Lk. 22, 30) Da die Formulierung dieses Logions zweifellos auf die frühe judenchristliche Gemeinde zurückgeht, stellt sich die Frage, ob der Zwölferkreis schon in die Zeit des historischen Jesus zurückreicht oder erst in der Urgemeinde entstanden ist. Die Frage wird in der Forschung unterschiedlich beantwortet. Für die Ansicht, daß die Sammlung des Zwölferkreises durch Jesus selbst erfolgt sei, sprechen vornehmlich zwei Gründe: 1. Das älteste Kerygma der Urchristenheit setzt bereits voraus, daß es den Zwölferkreis gibt: Der Auferstandene erschien dem Kephas, dann den Zwölf (1. Kor. 15, 5). 2. Judas, der Jesus verriet, wird in den Evangelien als »einer der Zwölf« bezeichnet. Die Tatsache, daß einer aus dem engsten Jüngerkreis den Herrn verriet, blieb für die älteste Kirche rätselhaft und unbegreiflich. Daher ist es schwerlich denkbar, daß die Angabe, der Verräter habe zum Zwölferkreis gehört, erst in der urchristlichen Überlieferung entstanden sein sollte. Die Sammlung der zwölf Jünger wird deshalb in die Wirksamkeit des historischen Jesus zurückreichen und soll den Anspruch Jesu unterstreichen, daß ganz Israel gerufen wird, um die Botschaft vom nahenden Anbruch der Gottesherrschaft zu vernehmen.

*d.* Der Begriff *Kirche* findet sich in den synoptischen Evangelien nur an zwei Stellen des Mt.-Ev.: Im Anschluß an das Bekenntnis von Caesarea Philippi sagt Jesus zu Petrus, auf diesen Felsen werde er seine ἐκκλησία bauen (Mt. 16, 18). Und in der Gemeindeordnung von Mt. 18 heißt es, ein irrender Bruder solle vor der ἐκκλησία verwarnt werden (18, 17). Das dabei erwähnte Verfahren erinnert an vergleichbare Regeln jüdischer Gemeinschaften, vor allem der Gemeinde von Qumran (1 QS V, 25 – VI, 1), und ist sicherlich judenchristlichen Ursprungs. Die Diskussion der Frage, ob Jesus selbst schon von der Kirche gesprochen hat, hat sich daher mit Recht auf die Erörterung von Mt. 16, 18 konzentriert. Mt. geht an dieser Stelle über die Mk.-vorlage, in der der Begriff ἐκκλησία fehlt, hinaus, indem er in V. 17–19 eine besondere Bevollmächtigung des Petrus durch Jesus einfügt. Ebenso wie der Kontext weist auch der Spruch Mt. 16, 18 eindeutig auf palästinische Tradition. Die ἐκκλησία (= hebr. *qahal*, s. S. 62) ist auf Fels gebaut; die Pforten des Hades sollen sie nicht überwinden. Es handelt sich also um judenchristliche Formulierungen aus der frühen Gemeinde, die die besondere Stellung des Petrus, der der erste Zeuge des Auferstandenen war (1. Kor. 15, 5), begründen. Der Begriff ἐκκλησία aber, der hier verwendet ist, geht nicht auf den historischen Jesus zurück. Jesus hat somit nicht von der Kirche gesprochen, sondern er hat die kommende Herrschaft Gottes ganz Israel verkündigt und das ganze Volk Gottes zur Umkehr gerufen.

## § 9 Messias und Menschensohn

*Jesus hat sich keinen der messianischen Hoheitstitel des Judentums beigelegt, sondern mit einer unvergleichlichen Vollmacht gesprochen und gehandelt. Die christliche Gemeinde bekennt sich zum gekreuzigten und auferstandenen Christus, der als der Menschensohn kommen wird. Sie bringt damit zum Ausdruck, verstanden zu haben, daß Gott in Jesus Christus einmal und damit ein für allemal gehandelt hat und daher in der Stellungnahme ihm gegenüber die Entscheidung über ewiges Heil oder ewiges Verderben fällt.*

R. Otto, Reich Gottes und Menschensohn, 1933, $^{3}$1954 – O. Cullmann, Die Christologie des NT, 1957, $^{5}$1975 – P. Vielhauer, Gottesreich und Menschensohn in der Verkündigung Jesu, in: Festschrift für G. Dehn, 1957, 51–79 = Aufsätze zum NT, 1965, 55–91, – ders., Jesus und der Menschensohn, ZThK 60 (1963) 133–177 = Aufsätze zum NT, 1965, 92–140 – H. Conzelmann, Jesus Christus, RGG$^{3}$ III, 629–633 – E. Schweizer, Der Menschensohn, ZNW 50 (1959) 185–209 = Neotestamentica, 1963, 56–84, – J. M. Robinson, Kerygma und historischer Jesus, 1960, $^{2}$1967 – H. E. Tödt, Der Menschensohn in der synoptischen Überlieferung, 1959, $^{4}$1978 – F. Hahn, Christologische Hoheitstitel, 1963, $^{4}$1974 – J. Jeremias, Die älteste Schicht der Menschensohn-Logien, ZNW 58 (1967) 159–172 – E. Lohse, »Ich aber sage euch«, in: Der Ruf Jesu und die Antwort der Gemeinde, Festschrift für J. Jeremias, 1970, 189–203 = Die Einheit des NT, 1973, 73–87 – K. Müller, Menschensohn und Messias, BZ NF (1972) 161–187; 17 (1973) 52–66 – W. G. Kümmel, Der persönliche Anspruch Jesu, ThR NF 45 (1980) 70–82.

*a.* Das *Problem*, ob Jesus von sich als dem *Messias* bzw. dem *Menschensohn* gesprochen hat, stellt eine *historische Frage* dar. Die christliche Gemeinde hat von Anfang an Jesus als den Christus, d. h. den Messias, den Gesalbten Gottes, bekannt und daher alle Hoheitstitel, die in der endzeitlichen Erwartung des Judentums ausgeprägt worden waren, auf den gekreuzigten und auferstandenen Christus bezogen, um anzuzeigen, daß alle Hoffnungen und alle Verheißungen in ihm in Erfüllung gegangen seien. Von diesem Bekenntnis der glaubenden Gemeinde ist jedoch die Frage zu unterscheiden, ob der historische Jesus selbst den einen oder anderen messianischen Hoheitstitel in seiner Verkündigung gebraucht und auf sich angewendet hat.

In der endzeitlichen Erwartung des Judentums und den Heilsvorstellungen der hellenistischen Welt standen verschiedene Ausprägungen der Hoffnung auf die eschatologische Wende nebeneinander, ohne zu einem einheitlichen System zusammengefaßt zu sein. Verbindlich war für alle Juden allein der Gehorsam gegen das Gesetz. Hinsichtlich der Erwartung, die sich auf das zukünftige Heil richtete, aber konnte sich eine Vielfalt von Vorstellungen ausbilden, die nicht notwendig miteinander in Einklang gebracht werden mußten. Bald wurde gesagt, Gott selbst werde die Äonenwende heraufführen; bald hieß es, er werde durch einen von ihm erwählten Heilbringer Not und Elend seines Volkes aufheben und es in die zukünftige Herrlichkeit führen. Die vorherrschende Ansicht, die vor allem von den Pharisäern vertreten wurde, bezeichnete den Gesalbten Gottes als den Sohn Davids, der nach dem Vorbild des großen Königs Israels auftreten, die Herrschaft der Heiden zerbrechen und die Heilszeit einleiten werde. Daneben aber gab es auch die Meinung, ein gesalbter Hoherpriester werde kommen, um die Reinheit der Heilsgemeinde herzustellen und die paradiesische Zeit anheben zu lassen. In der Gemeinde von Qumran sprach man davon, ein endzeitlicher Prophet werde auftreten und nach ihm würden der gesalbte König und der gesalbte Priester gemeinsam Israel in der Heilszeit regieren. Andere dachten, ein endzeitlicher Prophet nach dem Vorbild des Mose werde der Retter seines Volkes sein. Und in apokalyptischen Kreisen erwartete man, am Ende der Tage werde der Menschensohn auf den Wolken des Himmels herabkommen, um Gericht zu halten, die Gemeinde der Gerechten um sich zu sammeln und mit ihnen das endzeitliche Freudenmahl zu halten.

*b.* Die Evangelisten berichten übereinstimmend, daß Jesus *keinen* der *messianischen Hoheitstitel im Sinn der jüdischen Erwartung* verwendet hat. Jesus nennt sich niemals *Messias*, wohl aber wird dieser Titel gelegentlich im Munde anderer gebraucht. Jesus habe – so heißt es – sich zunächst bei seinen Jüngern erkundigt, was denn die Leute über ihn denken, dann aber an sie die Frage gerichtet, was sie denn von ihm sagten. Daraufhin habe Petrus als Sprecher des Jüngerkreises geantwortet: »Du bist der Christus.« (Mk. 8, 29 Par.) Mit dieser Szene wird jedoch nicht ein historischer Bericht gegeben, sondern in ihr spiegelt sich wider, daß Petrus als der erste Zeuge des Auferstandenen den gekreuzigten und aus dem Tode auferweckten Jesus als den Christus bekannte und verkündigte. Daß dieses Bekenntnis keinesfalls im Sinn der jüdischen Erwartung verstanden werden darf, hebt der Evangelist Markus hervor, indem er unmittelbar danach das erste Leidenswort anschließt: Der Messias, zu dem sich die Gemeinde bekennt, ist nicht ein König und Herrscher, sondern der leidende, sterbende und auferweckte Menschensohn (Mk. 8, 31 Par.).

Jesus hat auch nicht von sich selbst als dem *Davidssohn* gesprochen. In diesem Zusammenhang muß die kurze Perikope Mk 12, 35–37 Par. besonders beachtet werden. Jesus stellt die Frage, wie die Schriftgelehrten sagen könnten, der Christus/Messias sei Davids Sohn; David habe doch als Dichter des 110. Psalms im heiligen Geist – d. h. kraft göttlicher Inspiration – den Messias seinen Herrn genannt. Wie kann dann der Messias zugleich sein Sohn sein? Mit dieser Frage wird das Problem erörtert, wie sich die Hoheitstitel Davidssohn und Herr zueinander verhalten. Damit aber nimmt diese Perikope nicht auf eine Situation in der Wirksamkeit des historischen Jesus Bezug, sondern erweist sie sich vielmehr als Niederschlag von Überlegungen, die in der christlichen Gemeinde angestellt wurden. Wenn es einerseits heißt, der Messias sei Davids Sohn, er aber andererseits Herr genannt wird, so steht Aussage gegen Aussage. Beiden Sätzen, die jeweils auf Worte der Schrift gegründet sind, soll ihre Gültigkeit belassen werden. Das ist aber nur so möglich, daß die Bezeichnung Davidssohn wie in dem alten Bekenntnis von Röm. 1, 3f. (s. S. 16) auf die Wirksamkeit des irdischen Jesus, der Titel Herr aber auf den Erhöhten bezogen wird. Nicht Jesus, sondern erst die christliche Gemeinde hat also den Titel des Davidssohns verwendet.

Jesus hat sich weder als *Priester* noch als *Prophet* bezeichnet, obwohl andere gelegentlich von ihm als Propheten sprachen (Mk. 8, 28 Par.). Auch der Titel des *Gottessohnes*, der in der Christologie der Gemeinde so große Bedeutung erhielt, läßt sich nicht auf den historischen Jesus zurückführen. Das zeitgenössische Judentum hat nur mit größter Zurückhaltung vom Gottessohn gesprochen. Dieser Titel kommt zwar gelegentlich im AT vor (Ps. 2, 7; 2. Sam. 7, 14). Wenn dort aber der Herrscher als Sohn Gottes angeredet wird, so ist damit nicht eine natürliche Verwandtschaft gemeint, sondern die Einsetzung in das köngliche Amt. Da jedoch in der hellenistischen Umwelt vielfach von Göttersöhnen gesprochen wurde und man sowohl davon redete, daß Götter in Menschengestalt auf Erden erschienen, wie auch davon, daß hervorragende Menschen in die göttliche Welt hinaufgehoben wurden, war das Judentum streng darauf bedacht, die Einzigkeit Gottes zu wahren. Darum mied man den Titel Sohn Gottes und verwendete ihn nur da, wo ausdrücklich aus dem AT zitiert wurde. Sohn Gottes war daher kein geläufiger Messiastitel.

Die christliche Gemeinde hat im Rückgriff auf Ps. 2, 7 schon in sehr früher Zeit den auferstandenen Christus als Sohn Gottes bezeichnet (s. S. 16). In der hellenistischen Gemeinde ist dieser Titel dann überaus häufig genannt worden, um im Gegensatz zu den vielen Göttersöhnen, von denen die hellenistische Welt redete, Christus als den einzigen Sohn Gottes zu verkündigen. Der Evangelist Markus setzt an den Höhepunkten seiner Darstellung der Wirksamkeit Jesu jeweils den Titel Gottessohn ein (s. S. 116f.): Die Gottesstimme ruft vom Himmel »Du bist mein lieber Sohn« (Mk. 1, 11 Par.; 9, 7 Par.). Beim Verhör Jesu vor dem Synedrium richtet der Hohepriester an ihn die Frage, ob er der Christus, der Sohn des Hochgelobten sei. Jesus antwortet mit ἐγώ εἰμι und fährt fort: »Und ihr werdet den Menschensohn sitzen sehen zur Rechten der Kraft und kommen mit den Wolken des Himmels.« (Mk. 14, 61f. Par.) Daß jedoch der jüdische Hohepriester in einem Atemzug vom Christus und Gottessohn gesprochen haben sollte, muß angesichts der großen Zurückhaltung, die das Judentum gegenüber dem Titel Sohn Gottes wahrte, als ausgeschlossen gelten. Wohl aber wird die Formulierung der Frage des Hohenpriesters wie auch der Antwort Jesu, in der die beiden Schriftworte Ps. 110, 1 und Dan. 7, 13 miteinander verbunden werden, vom Bekenntnis der christlichen Gemeinde her vollauf verständlich. Da also Mk. 14, 61f. eine spätere Formulierung vorliegt, kann aus dieser Stelle nicht geschlossen werden, Jesus habe den Titel des Gottessohnes auf sich angewendet.

Nach Mt. 11, 25–27 par. Lk. 10, 21f. sprach Jesus ein Dankgebet, in dem es heißt: »Alle Dinge sind mir von meinem Vater übergeben. Und niemand erkennt den Sohn außer der Vater, noch erkennt jemand den Vater außer der Sohn, und wem es der Sohn offenbaren will.« (Mt. 11, 27 par. Lk. 10, 22) In diesem Spruch sind die Bezeichnungen Vater und Sohn nicht im Sinne titularer Aussagen gebraucht. Die Wendungen des Satzes stehen in auffallender Nähe zu vergleichbaren Stellen des Joh.-Ev. (s. S. 129f.), so daß der Spruch erst später entstanden sein muß und nicht auf den historischen Jesus zurückgeführt werden kann. Ohne nähere Kennzeichnung wird auch Mk. 13, 32 par. Mt. 24, 36 der Sohn erwähnt: „Aber über jenen Tag und die Stunde weiß niemand Bescheid, auch nicht die Engel im Himmel, auch nicht der Sohn, sondern nur der Vater.« Der Satz fehlt bei Lk. – vermutlich, weil vermieden werden sollte, vom Nicht-Wissen des Gottessohnes zu sprechen. Obwohl es sich um ein altes Logion handeln muß, kann es nicht ein Wort des historischen Jesus sein. Denn durch Gegenüberstellung von Vater und Sohn beschreibt die Gemeinde das einzigartige Verhältnis Jesu zu Gott und knüpft dabei an Jesu Rede von Gott als dem Vater an. Der absolute Ausdruck »der Sohn« gehört somit der Sprache der Gemeinde an, der historische Jesus aber hat sich selbst nicht als Gottessohn bezeichnet.

*c.* 69 mal ist in den synoptischen Evangelien vom *Menschensohn* die Rede, 12 mal im Joh.-Ev.; dabei begegnet die Bezeichnung Menschensohn stets in Jesuslogien. Der Menschensohn erscheint somit nach Darstellung der Evangelisten als die Selbstbezeichnung Jesu schlechthin. Die große Zahl der Menschensohnaussagen in den Synoptikern verringert sich freilich durch Abzug der synoptischen Parallelen und durch kritischen Vergleich. Denn verschiedentlich hat erst durch sekundäres Wachstum der Tradition der Titel Menschensohn Eingang in die synoptische Überlieferung gefunden (Jeremias). So heißt es nach Mk. 8, 27: τίνα με λέγουσιν οἱ ἄνθρωποι εἶναι; nach Mt. 16, 13 aber: τίνα λέγουσιν οἱ ἄνθρωποι τὸν υἱὸν τοῦ ἀνθρώπου εἶναι. Mk. 9, 1 wird gesagt, einige werden den Tod nicht schmecken, bis die βασιλεία τοῦ θεοῦ ἐν δυνάμει kommt. Mt. 16, 28 verändert: »bis sie den Menschensohn in seinem Reich kommen sehen.« Aber auch nach Abzug dieser und ähnlicher Stellen bleibt ein ansehnlicher Bestand an Aussagen über den Menschensohn in den synoptischen Evangelien, der eingehender Prüfung bedarf.

Der Hoheitstitel Menschensohn ist in der *jüdischen Apokalyptik* ausgebildet worden und findet sich zum ersten Mal Dan. 7, 13. In der Beschreibung des Endgerichts heißt es: »Und siehe, mit den Wolken des Himmels kam einer, der einem Menschensohn glich, und gelangte bis zu dem Hochbetagten (= Gott), und er wurde vor ihn geführt. Ihm wurde Macht verliehen und Ehre und Reich, daß die Völker aller Nationen und Zungen ihm dienten. Seine Macht ist eine ewige Macht, die niemals vergeht, und nimmer wird sein Reich zerstört.« Die Gestalt dieses Menschensohnes wird dann am Ende des Kapitels Dan. 7 in kollektivem Sinn gedeutet: Gemeint sind die Heiligen des Höchsten, die das Reich erhalten sollen. Als individuelle Einzelgestalt ist dagegen der Menschensohn in den sog. Bilderreden der äthiopischen Henochapokalypse (Kap. 37–71) beschrieben, indem er als Retter dem Volk der Endzeit gegenübergestellt wird. Der Menschensohn erscheint vor dem Hochbetagten, nimmt auf dem Thron Platz und hält das Weltgericht in Gottes Auftrag. Von ihm heißt es: »Dies ist der Menschensohn, der die Gerechtigkeit hat, bei dem die Gerechtigkeit wohnt, und der alle Schätze dessen, was verborgen ist, offenbart; denn der Herr der Geister hat ihn auserwählt, und sein Los hat vor dem Herrn der Geister alles durch Rechtschaffenheit in Ewigkeit übertroffen. Dieser Menschensohn, den du (= der Seher) gesehen hast, wird die Könige und Mächtigen von ihren Lagern und die Starken von ihren Thronen sich erheben machen; er wird die Zügel der Starken lösen und die Zähne der Sünder zermalmen.« (äth. Hen. 46, 3f.) Der Menschensohn wird die Gottlosen verdammen, die Gerechten aber zur Seligkeit führen, mit den Seinen das messianische Freudenmahl halten (62, 13–15) und als Paradieseskönig herrschen (69, 26–29). Die Parusie des Menschensohnes, der präexistent bei Gott weilt, bedeutet also das Ende des alten Äons und den Anbruch der neuen Welt.

Die *Menschensohn-Logien* in den synoptischen Evangelien lassen sich *in drei Gruppen* gliedern, die nicht untereinander verbunden sind: 1. Die Worte, die von der Parusie des Menschensohns handeln, entsprechen der apokalyptischen Erwartung des Judentums vom Kommen des Menschensohns: Mk. 8, 38 Par.; Mt. 10, 32f. par. Lk. 12, 8f.; Mk. 13, 26 Par.; 14, 62 Par.; Mt. 10, 32; Lk. 17, 22. 24; 18, 8. Auf Grund des religionsgeschichtlichen Vergleichs steht das hohe Alter dieser Gruppe von Menschensohnsprüchen außer Frage.

2. Die Worte, die vom leidenden, sterbenden und auferstehenden Menschensohn reden, stimmen mit dem urchristlichen Kerygma überein und finden sich nur bei Mk. Par., nicht aber in der Q-Überlieferung: Mk. 8, 31 Par.; 9, 31 Par.; 10, 33f. Par.; ferner Mk. 9, 9 Par.; 9, 12 Par.; 10, 45 Par.; 14, 21 Par.; 14,41 Par. Die Anlehnung an Wendungen des urchristlichen Kerygmas deutet darauf hin, daß diese Logien von der Gemeinde gebildet worden sind. Wie für Juden der

Gedanke unvorstellbar war, daß der Messias die Sünden der Welt auf sich nehmen und sterben sollte (s. S. 15), so wäre auch eine Verbindung des Menschensohns mit dem Leiden für die eschatologische Erwartung des Judentums ausgeschlossen. Wenn die Verknüpfung zwischen der Menschensohnvorstellung und der Gestalt des leidenden Gottesknechts von Jes. 53 auf Jesus selbst zurückgehen sollte, so müßte sich in der synoptischen Tradition ein fester Zusammenhang zwischen den Worten vom kommenden Menschensohn und den Sprüchen finden, die von seinem Leiden handeln. Das ist jedoch nicht der Fall, sondern beide Spruchgruppen stehen unverbunden nebeneinander. Somit müssen die Logien, die von Tod und Auferstehung des Menschensohns reden, in der Gemeinde entstanden sein.

3. Die Worte, die vom gegenwärtig wirkenden Menschensohn sprechen, sind mit keiner der beiden anderen Spruchgruppen verknüpft: Mk. 2, 10 Par.; 2, 28 Par.; Mt. 11, 19 par. Lk. 7, 34; Mt. 8, 20 par. Lk. 9, 58; Lk. 6, 22; 19, 10. Denkbar wäre, daß in diesen Sprüchen ursprünglich der Mensch schlechthin gemeint war und dann dem Menschensohn erst sekundär messianische Bedeutung beigelegt worden wäre. Doch bei Logien wie Mk. 2, 10 und 28 wird schwerlich jemals ein ursprünglich nichtmessianischer Charakter der Aussagen angenommen werden können. Dann aber muß die Gemeinde die Bedeutung des Titels Menschensohn ausgeweitet haben, indem sie ihn auch auf den irdischen Jesus und die Darstellung seiner Wirksamkeit anwandte: Er ist der Menschensohn, der in messianischer Vollmacht handelte und verkündigte.

E. Schweizer sieht dagegen die Worte vom gegenwärtigen Menschensohn als die älteste Schicht an. In Anknüpfung an die bei Ezechiel gebrauchte Bezeichnung »Menschenkind« = »Menschensohn« werde gesagt, Jesus sei der »Mensch«, der arm wie irgendeiner durch sein Leben geht und allen Angriffen wehrlos ausgesetzt ist. Zugleich aber sei er der »Mensch«, der zu Gottes Thron erhöht ist und einst im letzten Gericht seinen Zeugendienst tun wird. Diese Verbindung zwischen dem gegenwärtigen und dem zukünftigen Menschensohn ist jedoch in der synoptischen Tradition nirgendwo hergestellt worden. Daher müssen die Sprüche vom gegenwärtig wirkenden Menschensohn als spätere Erweiterung der Menschensohnchristologie beurteilt werden.

Zur Beantwortung der Frage, ob der historische Jesus sich als Menschensohn bezeichnet hat, müssen die Sprüche näher untersucht werden, die schon um des religionsgeschichtlichen Zusammenhangs mit der jüdischen Apokalyptik willen als die älteste Gruppe von Menschensohnsprüchen zu gelten haben: die Logien vom kommenden Menschensohn.

Einige Sprüche vom kommenden Menschensohn sind eindeutig als Gemeindebildungen zu erkennen. Das gilt ebenso von der Darstellung des Verhörs Jesu vor dem Hohen Rat (Mk. 14, 62 Par., s. S. 45) wie dem Abschluß der synoptischen Apokalypse, der in Aufnahme überkommenen Traditionsgutes von der Parusie des Menschensohns redet (Mk. 13, 26 Par.). Die Entscheidung der Frage, ob und in welchem Sinn der historische Jesus vom Menschensohn gesprochen hat, fällt in der Beurteilung des Logions Mk. 8, 38 Par., zu dem sich in der Q-Überlieferung eine entsprechende Parallele Mt. 10, 32f. par. Lk. 12, 8f. findet: »Wer sich meiner und meiner Worte schämt in diesem ehebrecherischen und sündigen Geschlecht, dessen wird sich auch der Menschensohn schämen, wenn er kommt in der Herrlichkeit seines Vaters mit seinen heiligen Engeln.« Auch in der Lk.-Fassung wird unterschieden zwischen dem »Ich« Jesu im Vordersatz und dem Menschensohn im Nachsatz: »Jeder, der sich zu mir bekennt vor den Menschen, zu dem wird sich auch der Menschensohn bekennen vor den Engeln Gottes.« (Lk. 12, 8) Mt. 10, 32 dagegen heißt es: »Jeder, der sich zu mir bekennt vor den Menschen, zu dem werde auch ich mich bekennen vor meinem Vater in den Himmeln.« Das Problem besteht darin, wie sich in Mk. 8, 38 par. Lk. 12, 8 das »Ich« des Vordersatzes zu dem im Nachsatz genannten Menschensohn verhält. Daß im Sinn der Evangelisten diese Identifikation vorzunehmen ist, unterliegt keinem Zweifel. Aber kann diese Gleichsetzung auch schon für die Verkündigung des historischen Jesus angenommen werden ?

Mit vielen Gelehrten (Otto u. a.) hat Schniewind (NTD zu Mk. 8, 38) die Auffassung vertreten, Jesus unterscheide sich hier zwar vom kommenden Menschensohn; daß er aber derselbe sei wie der Kommende, stehe außer Frage. Die Unterscheidung, die zwischen Jesus und dem Menschensohn gemacht werde, stelle eben das Messiasgeheimnis dar. Nur wer darauf merke, welche Bedeutung den Worten Jesu und darum ihm selbst zukomme, nur der verstehe das Messiasgeheimnis, daß Jesus der Weltenrichter ist. Damit ist das Logion zwar sicherlich in dem Sinn interpretiert, in dem es die Gemeinde und die Evangelisten aufgefaßt haben. Ob aber damit erwiesen ist, daß der historische Jesus sich wirklich mit dem kommenden Menschensohn identifiziert hat, bleibt fraglich. Denn man müßte annehmen, Jesus hätte die Erwartung seines Todes und seiner Auferstehung bzw. seiner Entrückung in den Himmel mit der Ankündigung seiner Wiederkunft zum Gericht verbunden. Da sich diese Verbindung aber in keinem einzigen Logion der synoptischen Tradition findet und statt dessen entweder von der Parusie des Menschensohns oder aber von seinem Leiden, Sterben und Auferstehen die Rede ist, ohne daß beide Motive an irgendeiner Stelle miteinander verbunden sind, kann die von Schniewind u. a. vorgetragene Erklärung nicht überzeugen.

Anders urteilen mit Bultmann viele Exegeten (Bornkamm, Tödt, Hahn u. a.). Zwar sehen auch sie das Logion Mk. 8, 38 par. Lk. 12, 8 als ein authentisches Jesuswort an, aber sie bestreiten, daß in diesem Jesus und der Menschensohn miteinander gleichzusetzen seien. Jesus habe zwar vom kommenden Menschensohn gesprochen, er habe sich aber nicht mit dem Menschensohn identifiziert. Doch diese Erklärung bleibt auch dann unbefriedigend, wenn man auf den soteriologischen Zusammenhang den Nachdruck legt und betont, daß sich an der Stellungnahme zu Jesu Wort ewiges Heil oder ewiges Verderben entscheide. Denn wie sollte überhaupt in der eschatologischen Verkündigung Jesu die Ankündigung eines Menschensohns, der ein anderer als Jesus wäre, Platz finden können? Hat doch Jesus schon das Auftreten Johannes des Täufers als Zeichen dafür verstanden, daß der Anbruch der Gottesherrschaft auf dem Wege sei (Mt. 11, 12f. par. Lk. 16, 16). Sollte dann auf Jesus, der den Anbruch der Gottesherrschaft verkündigt, noch ein später kommender Menschensohn folgen? In Auseinandersetzung mit dieser Interpretation ist daher mit gewichtigen Gründen bestritten worden (Käsemann, Vielhauer, Conzelmann), daß das Logion wirklich auf den historischen Jesus zurückgeht.

Der Spruch ist im Stil heiligen Rechts gehalten und daher vermutlich von urchristlichen Propheten formuliert worden, die innerhalb der in apokalyptischer Naherwartung stehenden Gemeinde das jus talionis aufrichteten. Mk. 8, 38 Par. ist die einzige Stelle, an der im Mk.-Ev. vom Bekennen die Rede ist; denn sich-Schämen (bzw. Verleugnen Lk. 12, 8) bedeutet die Verweigerung des Bekenntnisses. Da damit eine Situation vorausgesetzt ist, in der die Jünger sich zu Wort und Person Jesu bekennen sollen, muß der Spruch in die Zeit der nachösterlichen

Gemeinde angesetzt werden. Dann aber ergibt sich, daß der historische Jesus sich weder Menschensohn genannt noch von einem kommenden Menschensohn, mit dem er nicht identisch ist, gesprochen hat. Die Menschensohnchristologie ist vielmehr erst in der christlichen Gemeinde ausgebildet worden.
Vielfach ist freilich geltend gemacht worden, daß der Menschensohntitel sich in den Evangelien stets im Mund Jesu findet und aus diesem Grund auf ihn selbst zurückgehen müsse. Doch auch urchristliche Propheten bedienten sich häufig der Ich-Form und redeten unmittelbar im Namen des Herrn (z. B. in den Sendschreiben Apk. 2–3: »Ich weiß deine Werke« u. ä.). Der Menschensohntitel wird niemals in Bekenntnisaussagen verwendet (1. Kor. 15, 3–5; Röm. 1, 3f. u. a.); es handelt sich vielmehr um einen Ausdruck der Erwartung der Gemeinde. Daher befremdet es keineswegs, daß Jesus nicht als Menschensohn angeredet wird. Die Eschatologie der Gemeinde hat vielmehr unmittelbar an die Verkündigung Jesu angeknüpft und ihre auf die Zukunft gerichtete Hoffnung daran gebunden, indem sie von ihm als dem kommenden Menschensohn sprach. Wenn dabei Mt. 8, 38 par. Lk. 12, 8 zwischen dem Ich des Vordersatzes und dem Menschensohn des Nachsatzes unterschieden wird, so ist dabei nicht von zwei Personen die Rede, sondern werden die irdische Wirksamkeit Jesu (= Ich) und sein Kommen in messianischer Herrlichkeit (= Menschensohn) einander gegenübergestellt. Da sich nach diesem alten Prophetenspruch die Identität Jesu mit dem Menschensohn in der Zukunft offenbaren wird, war es durchaus folgerichtig, wenn Mt. 10, 32f. in Vorder- und Nachsatz vom Ich Jesu gesprochen wird.

*d.* Wenn der historische Jesus keinen der jüdischen Hoheitstitel auf sich angewandt hat, wie kam es dann zur *Bezeichnung Jesu als Messias?* Jesus wirkte nicht wie ein Rabbi, seine Verkündigung läßt sich auch nicht als die eines Propheten hinreichend charakterisieren. In den Auseinandersetzungen um das Sabbatgebot, in der Gemeinschaft mit Zöllnern und Sündern und in den Debatten mit Schriftgelehrten und Pharisäern sprach und handelte Jesus in einer unvergleichlichen Vollmacht, in der er gewaltig predigte und nicht wie die Schriftgelehrten (Mk. 1, 27 Par.; Mt. 7, 29). Schrift und Tradition stellte er sein »Ich aber sage euch« gegenüber (Mt. 5, 21–48). Dabei wird der Anspruch seiner Vollmacht nicht durch Schriftexegese oder durch einen Hoheitstitel begründet, sondern die Nähe des schenkenden und fordernden Gottes wird unmittelbar bezeugt und erfahren. Wo Jesu Vollmacht anerkannt wurde, da mußte, »die einzige Kategorie, die seinem Anspruch gerecht wird, völlig unabhängig davon, ob er sie selber benutzt und gefordert hat, diejenige« sein, »welche seine Jünger ihm denn auch beigemessen haben, die des Messias«. (Käsemann, EVB I, 206) Dabei erfuhr jedoch der Messiasbegriff eine tiefgreifende inhaltliche Umwandlung. Denn ein Messias, der der Zöllner und Sünder Geselle war, mußte dem Judentum unvorstellbar erscheinen. Jesu Predigt und sein Tun, durch die die Allverbindlichkeit des Gesetzes in Frage gestellt wurde, hatten ihn in scharfen Gegensatz zu den maßgebenden Vertretern des damaligen Judentums gebracht. Die Pharisäer und Schriftgelehrten, aber auch die Sadduzäer und Priester wurden daher einig in ihrer Ablehnung Jesu. Die Vollmacht, die er in Anspruch nahm, wurde entweder anerkannt oder rief entschlossene Gegnerschaft hervor, so daß Jesu Kreuz in unlöslichem Zusammenhang mit seiner Botschaft steht. Jesus wurde zum Tod verurteilt unter der Anklage, er habe βασιλεὺς τῶν Ἰουδαίων (Mk. 15, 26 Par.) sein wollen. Dabei ist seine Botschaft von der kommenden Gottesherrschaft offensichtlich dahin mißdeutet worden, er habe ein politischer Messiasprätendent sein wollen, um vom römischen Statthalter die Verurteilung zu erreichen.

Juden und Römer haben Jesus ans Kreuz gebracht, die christliche Gemeinde aber bekennt sich zum Gekreuzigten als dem Messias, den Gott vom Tod erweckte und zur Rechten erhöhte. Daß er, der als falscher Prophet und politisch verdächtiger Mann hingerichtet worden war, der Gesalbte Gottes war, wurde seinen Jüngern offenbar, als sich ihnen der Auferstandene als der Herr bezeugte, so daß sie nunmehr vor aller Welt bekannten, Gott habe eben diesen Jesus zum Herrn und Messias gemacht (Apg. 2, 36). Den gegen Jesus erhobenen Vorwurf wies die Gemeinde ab, indem sie gerade im Sterben und Auferstehen ihres Herrn seine messianische Würde begründet sah.

## II. Das Kerygma der ersten Christenheit

Vorbemerkung:

*a.* Die Verkündigung der ersten Christenheit ist durch *keine direkten Quellen* überliefert. Das älteste literarische Zeugnis bieten die paulinischen Briefe, aus denen deutlich hervorgeht, daß der Apostel bereits eine bestimmte urchristliche Theologie vorgefunden hat, an die er seinerseits anknüpfen und die er weiterführen konnte. Durch Rückschlüsse aus den paulinischen Briefen – vor allem aus Bekenntnisfragmenten, hymnischen Zitaten und geprägten Wendungen – lassen sich Grundzüge des urchristlichen Kerygmas rekonstruieren. Darüber hinaus können aus der synoptischen Tradition, die die Jesusüberlieferung festgehalten hat, einige Aussagen der frühen palästinischen Gemeinde gewonnen werden. Die Nachrichten, die in der Apostelgeschichte über die Entstehung und Ausbreitung der Urkirche gegeben werden, entsprechen dem Bild, das man sich gegen Ende des 1. Jahrh. von den Anfängen der Kirche machte. Daher dürfen ihre Angaben nur nach sorgfältiger Prüfung für die Darstellung des Kerygmas der ersten Christenheit verwendet werden.
*b.* Die älteste Kirche war von Anfang an *keine einheitliche Größe*. In ihr gab es verschiedene Gruppen – aramäisch und griechisch sprechende Christen (Apg. 6, 1), neben dem Zwölferkreis den der hellenistischen Sieben (Apg. 6, 3. 5), Judenchristen und Heidenchristen (Apg. 15, 1–5. 23–29 u. ö.) –, zwischen denen nur schwer Übereinstimmung erzielt werden konnte. Während die Jerusalemer Urgemeinde, die zunächst von den Zwölf, später vom Herrenbruder Jakobus geleitet wurde, mit ihrem Christusglauben die Beachtung des Gesetzes zu verbinden suchte, vertraten hellenistische Judenchristen eine freiere Auffassung gegenüber dem Gesetz (Apg. 6, 13) und trugen die Christusbotschaft nach Samaria (Apg. 8, 4–25) und dann in die hellenistische Welt hinaus, so daß nun auch Heiden sich zu Christus bekehrten. Die christliche Predigt wurde nicht nur in aramäischer, sondern von frühester Zeit an auch in griechischer Sprache ausgerichtet. Dabei wurden verschiedenartige Vorstellungen und Ausdrucksformen verwendet. Der Vielfalt, die sich infolgedessen alsbald in der christlichen Verkündigung und Lehre ausbildete, muß daher jeweils Rechnung getragen werden, wenn das Kerygma der ersten Christenheit dargestellt werden soll.

### § 10 Die Auferstehung Jesu Christi

*Die urchristliche Verkündigung bezeugt einhellig, daß Gott den gekreuzigten Christus aus dem Tod erweckt und zur Herrlichkeit erhöht hat. Die Osterbotschaft, die von den Zeugen des Auferstandenen ausgerichtet wurde, ist älter als die verschiedenen Ostergeschichten, in denen die Gewißheit zum Ausdruck gebracht wurde, daß Gott in der Auferstehung Christi seine Heilszusagen verwirklicht hat.*

H. Grass, Ostergeschehen und Osterberichte, 1956, [4]1970 – W. Nauck, Die Bedeutung des leeren Grabes für den Glauben an den Auferstandenen, ZNW 47 (1956) 243–267 – H. Conzelmann, Auferstehung Christi, RGG[3] I, 698–700 – H. v. Campenhausen, Der Ablauf der Osterereignisse und das leere Grab, 1958, [4]1977 – L. SCHENKE, Auferstehungsverkündigung und leeres Grab, 1968 – K. LEHMANN, Auferweckt am dritten Tage nach der Schrift, 1968, [2]1969 – H. MERKLEIN, Die Auferweckung Jesu und die Anfänge der Christologie, ZNW 72 (1981) 1–26.

*a.* Im *Mittelpunkt der urchristlichen Predigt* steht der Satz: Christus ist auferstanden, Gott hat ihn von den Toten auferweckt (Röm. 10, 9; Lk. 24, 34 u. ö.). Die zusammenfassende Formulierung des ältesten Kerygmas lautet, »daß Christus auferweckt wurde am dritten Tag nach den Schriften und daß er Kephas erschien, dann den Zwölf« (1. Kor. 15, 5; s. S. 15). Das Datum, Christus sei am dritten Tag auferstanden, ist sowohl in den synoptischen Leidensworten (Mk. 8, 31 Par.; 9, 31 Par.; 10, 34 Par.) als auch in der Darstellung vorausgesetzt, die alle vier Evangelisten von Jesu Passion geben. Obwohl hinsichtlich der Datierung des Todestages Jesu die Synoptiker und das Joh.-Ev. um einen Tag differieren – am Rüsttag (Joh. 18, 28; 19, 36) oder am Passafest (Mk. 14, 12–26 Par.) –, stimmt ihre Darstellung darin überein, daß Jesus an einem Freitag gekreuzigt wurde und dann in der Frühe des folgenden Sonntags das leere Grab entdeckt wurde. Von der gesamten urchristlichen Verkündigung wird hervorgehoben, daß Gott den gekreuzigten Christus nach kurzer Frist aus dem Tod zum Leben erweckt hat.
Die Auferstehung Christi läßt sich nicht mit einer Totenerweckung vergleichen, durch die ein Verstorbener in das Leben zurückgebracht und erneut dessen Bedingungen bis zum abermaligen Sterben unterworfen wird. Christi Auferwekkung wird vielmehr als Sieg über den Tod und Durchbruch in das Leben verkündigt, das kein Tod zu töten vermag. Dieses Geschehen kann weder als ein sog. historisches Ereignis gefaßt noch »objektiv« beschrieben, sondern nur in der Verkündigung ausgerufen werden. Ein zwingender Beweis für seine Wahrheit ist nicht zu erbringen, sondern allein der Glaube begreift, daß Christus der lebendige Herr ist. Es gibt daher niemanden, der von einer Erscheinung des Auferstandenen in kritischer Distanz berichtet hätte. Die Menschen, denen sich der Auferstandene als der Herr bezeugte, wurden ausnahmslos in seinen Dienst genommen: nicht nur Kephas und die Zwölf, sondern auch Jakobus, der zu Lebzeiten Jesu nicht zu seinem Jüngerkreis gehört hatte, und Paulus, der vorher die Kirche verfolgt hatte.
*b.* Die *Osterbotschaft*, die am Anfang aller christlichen Verkündigung steht, ist *älter als die Ostergeschichten.* 1. Kor. 15, 5–8 werden die Namen der Zeugen genannt, denen der auferstandene Herr erschienen ist. Es fehlen aber Angaben über Zeit und Ort der Erscheinungen. Daher läßt sich nicht mehr ausmachen, ob sie sich in Galiläa oder in Jerusalem ereignet haben. Man hat vermutet, den Zwölfen, die nach dem Tod Jesu nach Galiläa gezogen seien, sei Christus dort erschienen, die Erscheinung vor den 500 aber habe sich in Jerusalem zugetragen und sei möglicherweise mit dem Pfingstereignis identisch. Doch das bleiben ungewisse Erwägungen. In der späteren Fassung des apokryphen Hebräerevangeliums wird die Erscheinung vor dem Herrenbruder Jakobus als die erste Bezeugung des Auferstandenen beschrieben, um den besonderen Rang des Jakobus herauszustellen. Die 1. Kor. 15, 7 erwähnten Apostel dürfen nicht mit dem Zwölferkreis gleichgesetzt werden; sie werden vielmehr eine bestimmte Gruppe urchristlicher Missionare gewesen sein, die den auferstandenen Christus verkündigten. Der Apostel Paulus beschreibt nirgendwo die Erscheinung des Auferstandenen, die ihm selbst widerfuhr – im Unterschied zur legendären Ausgestaltung in Apg. 9; 22; 26 –, sondern erwähnt lediglich das Ereignis als solches: Gott habe ihm seinen Sohn offenbart (Gal. 1, 16), er habe den Herrn gesehen (1. Kor. 9, 1; s. S. 77).

Im Unterschied zu den knappen Aussagen der ältesten Verkündigung, die ausschließlich das »Daß« der Auferstehung Christi nennen, bieten die Ostergeschichten der vier Evangelien einen späteren Niederschlag der Osterpredigt, die sie beschreibend zu veranschaulichen suchen. Diese Erzählungen können nicht als historische Berichte gewertet werden, sondern sind auf die in ihnen enthaltene Botschaft hin zu befragen. Während Mk. und Mt. die galiläische Ostertradition voraussetzen (Mk. 14, 28 Par.; 16, 7 Par.), nach der der Auferstandene in Galiläa seinen Jüngern erschien und ihnen den Auftrag zur Predigt unter allen Völkern erteilte (Mt. 28, 16–20), sind im Lk.-Ev. die Ostergeschichten bei und in Jerusalem lokalisiert (Lk. 24, 13–53). Die heilige Stadt ist dabei betont herausgestellt als das durch die Heilsgeschichte bestimmte Bindeglied zwischen dem at.lichen Gottesvolk, der Geschichte Jesu und dem Weg der Kirche, der in Jerusalem seinen Anfang nahm. Im Joh.-Ev. sind beide Überlieferungsstränge miteinander verbunden: in Kap. 20 die Jerusalemer Ostertradition und im Nachtragskapitel 21 die galiläischen Erscheinungen. Die verschiedenen Überlieferungen sind schließlich im sekundären Schluß des Mk.-Ev. zu einer Art Evangelienharmonie zusammengefaßt worden. In der Vielfalt ihrer unterschiedlichen Ausprägungen stimmen die Ostergeschichten darin überein, daß sie alle das eine Zeugnis entfalten wollen: Gott hat Christus auferweckt, der Auferstandene aber bezeugte sich den Seinen als der lebendige Herr.

*c.* Eine besondere Stellung unter den Ostergeschichten nimmt die *Erzählung von der Entdeckung des leeren Grabes* ein (Mk. 16, 1–8 Par.), die gleichfalls nicht einen historischen Bericht darstellt (gegen v. CAMPENHAUSEN), sondern eine bestimmte Botschaft ausrichten will. Im ältesten Kerygma gehört die Erwähnung, Christus sei begraben worden, zur Aussage, die vom Tod – nicht von der Auferstehung – Christi handelt (1. Kor. 15, 4). Sie soll unterstreichen, daß er Leiden und Sterben bis zum Ende auf sich genommen hat (s. S. 15). In den Evangelien wird dagegen das Grab mit der Osterbotschaft in Verbindung gebracht.In der Frühe des Ostertages finden die Frauen das leere Grab Jesu und vernehmen aus Engelsmund die Botschaft, Jesus sei auferstanden. Die Evangelisten verzichten darauf, die Auferstehung selbst zu schildern. Erst im apokryphen Petrusevangelium wird der Versuch unternommen, sie zu beschreiben. Nur im Mt.-Ev. findet sich die knappe Andeutung, ein großes Erdbeben habe sich ereignet, ein Engel sei vom Himmel herabgekommen und habe den Stein abgewälzt (Mt. 28, 2f.). Auch nach Mt. richtet jedoch der Engel an die Frauen die Worte: »Ihr sucht Jesus den Gekreuzigten; er ist nicht hier, er wurde auferweckt.« (28, 6) Zwar sind sich auch die Evangelisten darüber im klaren, daß das leere Grab keinen schlüssigen Beweis bieten kann; denn man könnte auch behaupten, die Jünger Jesu hätten seinen Leichnam gestohlen (Mt. 28, 11–15). Gleichwohl möchten sie die Entdeckung der leeren Grabes als einen Hinweis auf die Auferstehung Christi verstanden wissen.

## § 11 Die Christologie

*In Bekenntnis und Predigt sagt die erste Christenheit die universale Bedeutung des Christusgeschehens aus: Jesus ist der Messias, der Davidssohn, der Menschensohn, der Gottessohn, der Kyrios, der Heiland, in dem allein Heil ist. Der präexistente Gottessohn ist auf wunderbare Weise Mensch geworden, er hat das Werk der Erlösung vollbracht und wurde zur Herrlichkeit erhöht.*

W. Bousset, Kyrios Christos, 1913, [6]1967 – O. Cullmann, Die ersten christlichen Glaubensbekenntnisse, [3]1954 – ders., Die Christologie des NT, [5]1975 – S. Schulz, Maranatha und Kyrios Jesus, ZNW 53 (1962) 125–144 – W. Kramer, Christos, Kyrios, Gottessohn, 1963 – F. Hahn, Christologische Hoheitstitel, 1963, [4]1974 – H. R. Balz, Methodische Probleme der nt.lichen Christologie, 1967 – W. Thüsing, Erhöhungsvorstellung und Parusieerwartung in der ältesten nachösterlichen Christologie, 1969 – M. Hengel, Der Sohn Gottes, [2]1977.

*a.* Die erste Christenheit deutet im Glauben an den Auferstandenen den *Kreuzestod Christi.* In kurz gefaßten Sätzen der ältesten Verkündigung und des Bekenntnisses (s. E. 18–27) heißt es: Er starb »für unsere Sünden« (1. Kor. 15, 3–5), er wurde »um unserer Übertretungen willen dahingegeben und auferweckt um unserer Rechtfertigung willen« (Röm. 4, 25). Wenn auch in der ältesten christlichen Überlieferung Jes. 53 nicht häufig in ausdrücklichen Zitaten angeführt wird, so sind doch tatsächlich das Lied vom leidenden Gottesknecht und die Leidenspsalmen von größter Bedeutung für die Ausbildung der Christologie gewesen. Denn in ihnen fand man die sprachlichen Wendungen, die allein den angemessenen Ausdruck darboten, um vom Tod Christi reden und seine Bedeutung aufzeigen zu können. Auf Jes. 53 wird unverkennbar Bezug genommen, wenn es heißt, Christus sei gestorben ὑπὲρ τῶν ἁμαρτιῶν ἡμῶν (1. Kor. 15, 3), sein Blut sei vergossen worden ἀντὶ πολλῶν, d.h. für die vielen = alle (Mk. 14, 24 Par.), und der Menschensohn sei gekommen, um sein Leben zu geben als λύτρον ἀντὶ πολλῶν (Mk. 10, 45 Par.). Während nach jüdischem Verständnis dem Tod der Gerechten nur für Israel bestimmte und zeitlich begrenzte Sühnkraft zukommen konnte, hebt das urchristliche Bekenntnis die weltweite Bedeutung des Kreuzestodes Christi hervor. Das in der palästinischen Gemeinde geprägte Wort vom Lösegeld wurde von der hellenistischen Gemeinde aufgenommen und so umgeformt, daß sein Sinn auch für griechisch sprechende Hörer verständlich wurde: ἄνθρωπος Ἰησοῦς Χριστὸς ὁ δοὺς ἑαυτὸν ἀντίλυτρον ὑπὲρ πάντων (1. Tim. 2, 6). Dabei ist der Titel Menschensohn durch ἄνθρωπος, »sein Leben« durch ἑαυτόν, λύτρον durch ἀντίλυτρον, ἀντί durch ὑπέρ und schließlich πολλῶν sachlich zutreffend durch πάντων wiedergegeben. Der Ton dieser bekenntnisartigen Formulierung liegt bei der Aussage von der universalen Gültigkeit des Todes Christi. Für alle Menschen, die ausnahmslos nicht imstande waren, selbst die Freiheit zu gewinnen, gab Christus das Lösegeld, um sie frei zu machen.

Die Heilsbedeutung des Sterbens Christi wird auch in der vorpaulinischen Wendung ausgesagt, die Röm. 3, 25f. zugrunde liegt (s. E 24f.): »Gott stellte ihn öffentlich auf als Sühnopfer in seinem Blut zum Erweis seiner Gerechtigkeit, indem er die zur Zeit der Geduld Gottes begangenen Sünden erließ.« Der Begriff ἱλαστήριον ist nicht auf den Deckel der Bundeslade zu beziehen, zumal diese an verborgenem Platz stand und überdies im nachexilischen Tempel eine Bundeslade gar nicht mehr vorhanden war. Gemeint ist vielmehr das sühnende Opfer, das mit seinem Blut sein Leben verlor. Gott selbst hat das Opfer dargebracht, um seine Gerechtigkeit zu erweisen und darum die Sünden zu vergeben. Wie in diesem Satz das Bild des Opfers verwendet wurde, so auch in den Aussagen, die Christus als das Passalamm bezeichnen, das für uns geschlachtet wurde (1. Kor. 5, 7; 1. Pt. 1, 18f. u. ö.), bzw. als das Lamm Gottes, das die Schuld der Welt trägt, d.h. wegträgt (Joh. 1, 29. 36).

Mit der Auferweckung von den Toten ist Christus zum Sohn Gottes in Kraft eingesetzt (Röm. 1, 3f.), ist er zum Erstling unter den Entschlafenen geworden (1. Kor. 15, 20). Das bedeutet, daß die Auferstehung der Toten bereits begonnen hat. Wie die Erstlingsgabe, die zum Tempel getragen wurde, als Angeld auf die ganze Ernte dargebracht wurde, die Gott gebührt, so verbürgt die Auferstehung Christi als ἀπαρχή, daß die Toten auferweckt werden. Die Auferweckung Christi bedeutet nicht die Aufhebung des Kreuzes, sondern vielmehr die Einsetzung des Gekreuzigten zum Herrn und Gottessohn.

Die Zusammengehörigkeit von Kreuz und Auferstehung Christi ist auch in den Reden der Apostelgeschichte festgehalten (Apg. 2, 14–39; 3, 12–26; 4, 9–12; 5, 30–32; 10, 34–43; 13, 16–41; 14, 15–17; 17, 22–31). Diese Reden geben zwar nicht das urchristliche Kerygma wieder, sondern sind vom Verfasser der Apg. nach einem festen Schema gestaltet worden. Aber stets werden wie in den Sätzen des ältesten Bekenntnisses Kreuz und Auferstehung Christi in den Mittelpunkt der Predigt gerückt. Daran wird dann der Hinweis auf die at.lichen Schriften und die Zeugen angeschlossen, die für die Wahrheit ihres Zeugnisses sich verbürgen. Am Ende dieser Reden wird immer ein dringender Appell an die Hörer gerichtet, um sie zur Umkehr und Annahme der Botschaft aufzurufen.

*b.* Auf den gekreuzigten und auferstandenen Christus, zu dem sich die glaubende Gemeinde bekennt, übertrug sie alle *Hoheitstitel*, die die Umwelt bereithielt, so daß die Entwicklung der Christologie von verschiedenen Ansätzen bestimmt ist.

Das christliche Bekenntnis findet seinen kürzesten Ausdruck in dem Satz: Jesus ist der *Messias*, der Christus (Mk. 8, 29 Par.). Der Gesalbte Gottes heißt er freilich nicht im Sinn der jüdischen Vorstellungen, die sich auf den kommenden Messiaskönig und sein herrscherliches Regiment richteten, das er als der wiederkehrende David bzw. Sohn Davids führen wird. Sondern der Gekreuzigte wird der Christus genannt (1. Kor. 15, 3). Auf dem Boden der hellenistischen Gemeinde ist Χριστός dann nicht mehr als Titel verstanden, sondern weithin mit Ἰησοῦς zum Doppelnamen Jesus Christus verbunden worden.

Vom *Menschensohn* ist ausschließlich im Zusammenhang von Herrenworten der Evangelientradition die Rede (s. S. 45–49): Jesus ist der Menschensohn, der auf den Wolken des Himmels erscheinen wird, um als der von Gott beauftragte und bevollmächtigte Richter das Urteil über die Lebenden und die Toten zu sprechen. Daß die Bezeichnung als υἱός τοῦ ἀνθρώπου einen Hoheitstitel darstellt, war für die hellenistische Gemeinde nicht mehr verständlich. Daher wurde der Ausdruck zwar in der Überlieferung der Evangelien bewahrt, trat im übrigen aber schon bald in den Hintergrund.

Die Bezeichnung *Sohn Gottes* hat bereits die palästinische Gemeinde verwendet, wenn sie davon sprach, daß Gott den Auferstandenen in sein königliches Amt eingesetzt und damit zum Sohn Gottes gemacht habe (Röm. 1, 3f.; s. S. 16). Die Bedeutung dieses Titels wurde in der hellenistischen Gemeinde alsbald ausgeweitet, indem er auch dem irdischen (Mk. 1, 11 Par.; 9, 7 Par. u. a.) und dem präexistenten Christus beigelegt wurde. Die Übertragung des Titels Gottessohn auf den Präexistenten muß schon in der vorpaulinischen Christenheit erfolgt sein. Denn Paulus setzt dieses Verständnis bereits voraus, wenn er sagt, als die Zeit erfüllt war, habe Gott seinen Sohn gesandt (Gal. 4, 4; Röm. 8, 3 u. ö.). Doch während die hellenistische Welt von einer Vielzahl von Göttersöhnen sprach, die sich durch wunderbare Taten auszeichneten, hebt das christliche Bekenntnis hervor, daß allein Jesus und kein anderer der Sohn Gottes ist (Joh. 1, 18).

Zur Ausbildung der Gottessohnchristologie hat wahrscheinlich auch der Titel *Knecht Gottes* beigetragen, der schon in der palästinischen Urchristenheit Jesus beigelegt worden war. Im Anschluß an die at.liche Bezeichnung des von Gott Erwählten wurde Jesus παῖς (θεοῦ) genannt (Apg. 3, 13. 26; 4, 27. 30). Damit ist keineswegs nur an den leidenen Gottesknecht von Jes. 53 gedacht, sondern im AT heißen diejenigen Knechte Gottes, die er zu seinem Dienst berufen hat. Das griechische Wort παῖς bedeutet jedoch nicht nur »Knecht«, sondern auch »Sohn« und wurde als christologischer Titel in der hellenistischen Gemeinde alsbald in diesem Sinn verstanden, so daß man dann kaum noch vom παῖς θεοῦ, sondern allgemein vom υἱὸς θεοῦ sprach.

Neben der Bezeichnung Jesu als υἱὸς θεοῦ verwendete die hellenistische Gemeinde vor allem den Titel *Kyrios* als Ausdruck ihres christologischen Bekenntnisses. Bousset hatte einst versucht, die Entstehung dieses Titels auf dem Hintergrund der hellenistischen Kyrioi-Kulte zu erklären. In den Mysteriengemeinschaften riefen die Gläubigen ihren Kultgott Serapis, Osiris, Attis u. a. jeweils als Kyrios an und bekannten sich dadurch als seine Verehrer. Die christliche Gemeinde dagegen sprach im Gottesdienst aus, daß Christus ihr Herr ist (1. Kor. 12, 3). Dieser religionsgeschichtlichen Ableitung steht jedoch der 1. Kor. 16, 22 überlieferte Ruf »Maranatha« entgegen. Der aramäische Ausdruck ist nach Apk. 22, 20 als ἔρχου κύριε (Ἰησοῦ) aufzulösen. Indem die Gemeinde ruft »Unser Herr, komm«, nimmt sie auf Ps. 110, 1 Bezug, wo der Beter sagt: »Es sprach der Herr (d.h. Gott) zu meinem Herrn (d.h. dem Messiaskönig): Setze dich zu meiner Rechten, bis ich deine Feinde zum Schemel deiner Füße lege.« Der zur Rechten Gottes erhöhte Herr möge zur baldigen Parusie erscheinen. Diese Bitte ist von der apokalyptischen Erwartung her bestimmt, die sich auf den Menschensohn bezieht, der zum Weltgericht und zur Erlösung der Seinen kommen wird. Daher wird schon die palästinische Gemeinde die Bezeichnung Jesu als Herr gekannt und verwendet haben. Vom Gebetsruf »Maranatha« ist jedoch die kultische Akklamation »Herr ist Christus Jesus« (1. Kor. 12, 3; Phil. 2, 11) nicht unmittelbar herzuleiten. Sie wird vielmehr in der Tat von hellenistischen Voraussetzungen her verständlich. Denn im Unterschied zu den vielen κύριοι der hellenistischen Welt kennt die christliche Gemeinde nur den einen Herrn, neben dem es keine anderen Herren geben kann: »Mag es auch sogenannte Götter geben, sei es im Himmel, sei es auf Erden – es sind ja der Götter viele und der Herren viele –, so gibt es doch für uns nur einen Gott, den Vater, von dem alle Dinge sind und wir zu ihm, und einen Herrn Jesus Christus, durch welchen alle Dinge sind und wir durch ihn.« (1. Kor. 8, 5f.)

In dem Bekenntnis εἷς κύριος (Eph. 4, 5), wie es die hellenistische Gemeinde spricht, laufen somit verschiedene Linien zusammen: der von apokalyptischen Vorstellungen geprägte Ruf »Maranatha«, die in der hellenistischen Gemeinde ausgebildete kultische Akklamation sowie der Rückgriff auf das AT. Zwar ist in den ältesten Handschriften der griechischen Übersetzung des AT zumeist das Tetragramm *JHWH* unverändert beibehalten und erst in Handschriften aus christlicher Zeit durch κύριος ersetzt worden, aber die at.liche Gottesbezeichnung wurde in der hellenistischen Synagoge beim mündlichen Vortrag des AT durch κύριος wiedergegeben. Weil Gott κύριος genannt wurde, konnten at.liche Aussagen, die den Kyriostitel enthielten, nun von der christlichen Gemeinde unmittelbar mit dem christologischen Bekenntnis in Zusammenhang gebracht werden. Wenn es z.B. Jes. 45, 23 heißt: »Mir (d.h. Gott) sollen sich alle Knie beugen und alle Zungen schwören und sagen: Im Herrn habe ich Gerechtigkeit und Stärke«, so wird schon im urchristlichen Hymnus Phil. 2, 10f. dieser Satz auf den Kyrios Christus bezogen: »daß sich im Namen Jesu beugen sollen alle Knie derer, die im Himmel und auf Erden und unter der Erde sind, und alle Zungen bekennen: Kyrios Jesus Christus – zur Ehre Gottes des Vaters.« Und die at.liche Wendung »den Namen des Herrn anrufen« (Joël 3, 5 u. ö.) wurde nun so verstanden, daß sie besagt »Christus als den Kyrios bekennen« (Röm. 10, 13; 1. Kor. 1, 2; Apg. 2, 39).

Die verschiedenen Motive, die zur Ausbildung der Kyrioschristologie geführt haben, sind schon in der vorpaulinischen Christenheit miteinander verschmolzen. Paulus führt das Bekenntnis der Gemeinde mit den Worten an ὅτι ἐὰν ὁμολογήσῃς ἐν τῷ στόματί σου κύριον Ἰησοῦν καὶ πιστεύσῃς ἐν τῇ καρδίᾳ σου ὅτι ὁ θεὸς αὐτὸν ἤγειρεν ἐκ τῶν νεκρῶν, σωθήσῃ (Röm. 10, 9). Aus dem parallelismus membrorum, in dem dieser Satz formuliert ist, geht hervor, daß die beiden Glieder einander entsprechen: »Jesus ist der Herr«, »Gott hat ihn von den Toten auferweckt«. Damit ist der Inhalt des Glaubens angegeben, der in der öffentlichen, verbindlichen Aussage des Bekenntnisses genannt wird. Der auferstandene und erhöhte Herr wird in naher Zukunft zur Parusie erscheinen (1. Thess. 4, 15–17). Nicht nur der erhöhte und der kommende Herr, sondern auch der irdische Jesus wurde als Kyrios bezeichnet. Paulus führt daher Jesusworte als Worte des Kyrios ein (1. Thess. 4, 15; 1. Kor. 7, 10. 12; 9, 14; 11, 23).

Ende des 1. Jahrh. n. Chr. wurde von allen Einwohnern des Römischen Reiches gefordert, am Kaiserkult teilzunehmen, um dem Herrscher göttliche Verehrung darzubringen. Domitian (81–96 n. Chr.) verlangte, als »dominus ac deus noster« angeredet zu werden (Suëton, Domitian 13). In Auseinandersetzung mit dieser Forderung mußte die christliche Gemeinde ihr Bekenntnis zu Christus als dem κύριος bewähren, indem sie daran festhielt, daß er allein βασιλεὺς βασιλέων und κύριος κυρίων ist (Apk. 19, 16).

Neben den Titeln Gottessohn und Kyrios wurde in der hellenistischen Christenheit gelegentlich auch die Bezeichnung σωτήρ gebraucht: Vom Himmel wird der σωτήρ erscheinen (Phil. 3, 20); in Bethlehem ist der σωτήρ geboren, welcher ist χριστὸς κύριος (Lk. 2, 10). Dieser Titel hat sowohl at.liche (Helfer oder Erlöser heißen σωτήρ) als auch hellenistische Voraussetzungen (Göttersöhne oder Herrscher als σωτῆρες). Diese verschiedenen Linien sind im christlichen Bekenntnis zu Jesus als σωτὴρ τοῦ κόσμου (Joh. 4, 42) zusammengefaßt.

Die erste Christenheit bekannte sich zu Jesus als dem *Sohn Gottes*, nannte ihn aber *nicht Gott*. An keiner Stelle der paulinischen Briefe wird Christus als θεός bezeichnet, auch nicht Röm. 9, 5. Denn die Benediktion, die auf die Wendung ἐξ ὧν ὁ Χριστὸς τὸ κατὰ σάρκα folgt, ist durch ein Kolon vom Vorhergehenden getrennt und preist den allmächtigen Gott: ὁ ὢν ἐπὶ πάντων θεὸς εὐλογητὸς εἰς τοὺς αἰῶνας τῶν αἰώνων. Seit Ende des 1. Jahrh. wurde dann auch die Bezeichnung θεός in der Christologie verwendet. Im Logoshymnus, der dem Joh.-Ev. vorangestellt ist, heißt es vom präexistenten Christus, der als der Logos vor aller Zeit war: καὶ ὁ λόγος ἦν πρὸς τὸν θεόν, καὶ θεὸς ἦν ὁ λόγος (1, 1). Und am Schluß des vierten Evangeliums bekennt Thomas in der Begegnung mit dem Auferstandenen: ὁ κύριός μου καὶ ὁ θεός μου (Joh. 20, 28). Durch die Bezeichnung Christi als θεός brachte die frühe Christenheit zum Ausdruck, daß in dem Gekreuzigten und Auferstandenen Gott selbst sich der Welt ein für allemal bezeugt und offenbart hat.

Indem die erste Christenheit alle Hoheitstitel, die es in der Umwelt gab, auf den gekreuzigten und auferstandenen Christus übertrug, gewannen diese Prädikate eine neue Bedeutung. Denn nicht mehr die unterschiedliche religionsgeschichtliche Herkunft, sondern ihr Bezug auf das Christusgeschehen bestimmten nun den Gehalt ihrer Aussage. Die verschiedenen Titel wurden infolgedessen so weit aneinander angeglichen, daß die Unterschiede ihrer Bedeutung abgeschliffen wurden und sie ausnahmslos dazu dienten, die einzigartige Hoheit Christi auszusagen.

*c.* Für die *Ausgestaltung der Christologie*, wie sie alsbald vor allem in der hellenistischen Gemeinde erfolgte, sind drei Gedankenkreise von besonderer Bedeutung:
1. Die Hoheit Christi wurde nicht nur vom auferstandenen und erhöhten, sondern auch vom *irdischen Herrn* ausgesagt. In seinen Taten leuchtete seine Herrlichkeit auf. Die verbreitete Vorstellung, daß ein begnadeter, göttlicher Mensch (θεῖος ἀνήρ) durch Wunder die göttliche Epiphanie sichtbar mache, wurde auf Christus übertragen. In den Exorzismen, Krankenheilungen und Totenerweckungen offenbarte sich Jesus als der Gottessohn. Die Summarien der Apg. heben daher nicht nur Kreuz und Auferstehung Christi als die Mitte der Predigt hervor, sondern weisen ausdrücklich auch auf Jesu Wundertaten hin (Apg. 2, 22; 10, 38f). Im Mk.-Ev. ist die vom Motiv des θεῖος ἀνήρ bestimmte Christologie, die in den Wundergeschichten zum Ausdruck kommt, mit der Kreuzestheologie verbunden und von ihr her kritisch interpretiert worden (s. S. 116f.).
2. In den Kindheitsgeschichten Jesu, die Mt. und Lk. über das Mk.-Ev. hinaus bieten, ist von der *Jungfrauengeburt* die Rede (s. M. DIBELIUS, Jungfrauensohn und Krippenkind, SAH 1932 = Botschaft und Geschichte I, 1953, 1–78; H. v. CAMPENHAUSEN, Die Jungfrauengeburt in der Theologie der alten Kirche, 1962). Während das palästinische Judentum den Gedanken einer jungfräulichen Geburt nicht kannte, nahm man im hellenistischen Judentum Vorstellungen der hellenistischen Umwelt auf und sprach von der wunderbaren Abkunft hervorragender Gottesmänner – wie z. B. des Mose. Hatte der Prophet Jesaja einst angekündigt »Siehe, eine junge Frau wird schwanger werden und wird einen Sohn gebären, den wird sie Immanuel nennen« (Jes. 7, 14), so wurde in der Übersetzung der LXX die junge Frau als παρθένος bezeichnet. Diese at.liche Stelle bot daher der christlichen Gemeinde einen Schriftbeleg für das Theologumenon von der jungfräulichen Geburt Jesu. Indem man von der Jungfrauengeburt Jesu redete, wollte man aussagen, daß Jesus der Gottessohn ist, der vom πνεῦμα ἅγιον (Mt. 1, 20) bzw. der δύναμις ὑψίστου (Lk. 1, 35) erzeugt wurde. Im Unterschied zu hellenistischen Erzählungen von der heiligen Vereinigung einer Gottheit mit einem Menschen (ἱερὸς γάμος) sind die Geschichten des Mt.- und des Lk.-Ev. überaus behutsam und zurückhaltend gestaltet. Ihr Interesse liegt ausschließlich bei der Hervorhebung des Auftrags, den der Sohn Gottes erfüllen wird. Darum heißt es Mt. 1, 21, das Kind solle den Namen Jesus erhalten; »denn er wird sein Volk erretten von ihren Sünden«. Und nach Lk. 1, 32f. läuft die Botschaft, die Maria vom Engel überbracht wird, auf den Satz hinaus: »Er wird groß sein und ein Sohn des Höchsten genannt werden, und Gott der Herr wird ihm geben den Thron seines Vaters David, und er wird König sein über das Haus Jakob in Ewigkeit, und seine Königsherrschaft wird kein Ende haben.«
3. Die Vorstellung der *Präexistenz Christi* ist schon sehr früh in der hellenistischen Gemeinde verteten worden. So beginnt der vorpaulinische Christushymnus Phil. 2, 6–11 mit der Aussage, Christus sei ἐν μορφῇ θεοῦ gewesen, habe sich dann aber erniedrigt und sei Mensch geworden. Weder bei Paulus noch im Prolog des Joh.-Ev. sind die Aussagen über die Menschwerdung des Präexistenten mit der Vorstellung einer jungfräulichen Geburt Christi verbunden. Vielmehr wird allein das Ereignis der Sendung des Gottessohnes betont. Der ewige Logos wurde σάρξ, Gott wurde Mensch (Joh. 1, 14). Das Motiv der Präexistenz war der alten Welt in verschiedenen Formen bekannt: Die at.lich-jüdische Überlieferung sprach von der Weisheit, die vor aller Zeit bei Gott war; in der Apokalyptik war vom Menschensohn die Rede, der im Himmel bereit steht; und in der hellenistischen Welt erzählte man von göttlichen Erlösergestalten, die auf die Erde her-

abkommen. Wie es von der Weisheit hieß, sie sei schon bei der Schöpfung zugegen gewesen und habe bei ihr mitgewirkt (Prov. 8, 22–31), so wurde die Vorstellung der Schöpfungsmittlung auch in der Christologie verwendet, um die universale Bedeutung des Christusgeschehens hervorzuheben (Kol. 1, 15f.; Hebr. 1, 3; Joh. 1, 3). Paulus setzt auch diese Vorstellung bereits voraus, wenn er von dem einen Kyrios spricht, δι' οὗ τὰ πάντα καὶ ἡμεῖς δι' αὐτοῦ (1. Kor. 8, 6).

## § 12 Die Eschatologie

*Die erste Christenheit ist überzeugt, daß der Herr nahe ist und seine Ankunft bald bevorsteht. Als das Ende sich hinauszog, suchte man die Parusie als den Abschluß einer noch ausstehenden apokalyptischen Ereignisfolge zu erklären. Entscheidend aber blieb für Glauben und Hoffen der Gemeinde die Gewißheit, daß Christus bereits jetzt der Herr ist und daß mit der Gabe des Geistes das Unterpfand zukünftiger Vollendung schon verliehen ist.*

O. Cullmann, Christus und die Zeit, 1946, [3]1962 – E. Grässer, Das Problem der Parusieverzögerung in den synopt. Evangelien und in der Apg., 1957, [3]1977 – ders., Die Naherwartung Jesu, 1973 – H. Conzelmann, Auferstehung im NT, RGG[3] I, 695 f. – ders., Eschatologie im Urchristentum, RGG[3] II, 665–672 – ders., Parusie, RGG[3] V, 130–132 – ders., Geschichte und Eschaton nach Mc 13, ZNW 50 (1959) 210–221 = Theologie als Schriftauslegung, 1974, 62–73 – A. Vögtle, Das Neue Testament und die Zukunft des Kosmos, 1970 – E. Lohse, Apokalyptik und Christologie, ZNW 62 (1971) 48–67 = Die Einheit des NT, 1973, 125–144.

*a.* Wie Jesus steht die erste Christenheit in der *Erwartung des nahenden Endes*. Hatte Jesus die Gegenwart im Zeichen der anhebenden Gottesherrschaft gesehen und darum zur Umkehr aufgerufen (s. S. 25–30), so erfuhr die eschatologische Erwartung der Gemeinde von der Christologie her eine entscheidende Umgestaltung: Die Herrschaft Gottes wird mit der Parusie Christi anheben. Der gekreuzigte und auferstandene Herr wird in naher Zukunft sichtbar erscheinen. Die Gemeinde ruft: Maranatha – unser Herr, komm (1. Kor. 16, 22). Jesus wird uns vom kommenden Zorngericht erretten – so heißt es in der urchristlichen Missionspredigt (1. Thess. 1, 10). Der Kyrios ist nahe (Phil. 4, 5), er wird bald als der Retter vom Himmel her erscheinen (Phil. 3, 20). Seine Parusie wird 1. Thess. 4, 15–17 mit einem als Herrenwort überlieferten Bild beschrieben: Der Kyrios wird vom Himmel herabkommen, wenn der mächtige Befehlsruf laut wird, die Stimme des Erzengels erschallt und die Gottesdrommete ertönt: »Dann werden zuerst die Toten, die in Christus gestorben sind, auferstehen; danach werden wir, die wir leben und übrigbleiben, zusammen mit ihnen auf Wolken in die Luft entrückt werden zur Einholung des Herrn.« Aus diesen Worten geht hervor, daß Paulus sich selbst zu denen rechnete, die bei der baldigen Parusie noch am Leben sein würden. Sie werden daher nicht auferstehen, sondern verwandelt werden, weil niemand so, wie er ist, an der zukünftigen Herrlichkeit teilhaben kann (1. Kor. 15, 52).
Der Begriff παρουσία kommt aus der hellenistischen Welt. Er bezeichnet die Ankunft eines Herrschers oder einer hochgestellten Persönlichkeit, die feierlich begrüßt und eingeholt wird. Zur Beschreibung der Parusie aber werden apokalyptische Züge verwendet: Gott setzt die Zeit, Trompetenschall wird laut, der Erzengel ruft, die Toten werden auferweckt, mit dem vom Himmel herabkommenden Herrn werden die Seinen vereinigt. Diese apokalyptischen Züge werden je-

doch sparsam verwendet und dienen gleichsam nur als Illustrationsmaterial für den entscheidenden Satz: Der Herr ist nahe; er kommt, und wir gehören zu ihm.

*b.* Da die erwartete Parusie ausblieb, stellte sich das Problem der *Parusieverzögerung*. Während Paulus Phil. 4, 5 sagt, der Herr sei nahe, rechnet er nach Phil. 1, 21–23 mit der Möglichkeit seines baldigen Todes. Hatte der Apostel sich nach 1. Thess. 4 und 1. Kor. 15 zu denen gezählt, zu deren Lebzeiten sich die Parusie ereignen werde, so kann er nun sagen, er habe Lust, abzuscheiden und bei Christus zu sein (Phil. 1, 23). Gleichwohl wird diese Spannung noch nicht als Problem empfunden. Denn unabhängig von der Frage, ob sich die Parusie zu Lebzeiten des Paulus ereignen oder aber der Tod des Apostels vorher eintreten werde, bleibt die Naherwartung bestehen (s. S. 109f.).

Die unmittelbare Naherwartung konnte jedoch mit fortschreitender Zeit nicht festgehalten werden. 2. Thess. 2 liest sich wie ein Kommentar zu 1. Thess., der erklären soll, warum die Ankunft Christi sich hinauszieht. Nun heißt es, ehe der Tag des Herrn anbreche, müsse zunächst eine bestimmte Folge von Endereignissen abrollen. Der große Abfall werde kommen, der Mann der ἀνομία, der Sohn des Verderbens werde offenbar werden (V. 3). Zwar sei das Mysterium der ἀνομία schon am Werk, aber noch nicht enthüllt, da der κατέχων noch da sei (V. 7). Erst wenn er beseitigt sei, werde die Offenbarung des ἄνομος erfolgen (V. 8), den der Herr Jesus mit dem Hauch seines Mundes töten werde. Mit dem κατέχων bzw. κατέχον wird ein gewaltiger Engel gemeint sein, wie auch in der Apk. verschiedentlich große Engelgestalten genannt werden, die mit ungeheurer Kraft die Mächte und Gewalten bändigen und festhalten, bis der Augenblick eintritt, an dem sie losgelassen werden (z. B. Apk. 7, 1–3). Die apokalyptischen Vorstellungen, die in diesem Zusammenhang verwendet werden, sollen somit zur Erklärung des Rätsels dienen, warum das Eschaton noch nicht da ist. Anders als in der Naherwartung, wie sie von der ersten Christenheit vertreten wurde, gewinnen nun die apokalyptischen Aussagen erhöhtes Gewicht. Denn nur wenn man den Zusammenhang der Endereignisse recht betrachtet, wird man begreifen, daß das Ende zwar kommen wird, aber nicht so bald, wie man zunächst gedacht hatte.

In der sog. synoptischen Apokalypse (Mk. 13, 1–27 Par.) wird eine bestimmte Abfolge der letzten Geschehnisse aufgestellt, die auf der einen Seite erklären soll, warum das Ende noch nicht da ist, auf der anderen Seite aber dazu aufrufen, wach zu bleiben und sich nicht wie die törichten Jungfrauen zu verhalten, denen das Öl ausging, so daß sie nicht bereit waren, als der Bräutigam kam (Mt. 25, 1–13). Zunächst werden Verführer auftreten, Kriege werden ausbrechen, ein Volk wird gegen das andere aufstehen. Das aber ist noch nicht das Ende, sondern nur der Anfang der Wehen (Mk. 13, 8 Par.). Wie die Wehen die Geburt ankündigen, so sind diese Ereignisse als Vorzeichen der messianischen Wende zu begreifen. Die Gläubigen werden verfolgt werden; ehe das Ende kommt, muß zunächst das Evangelium bei allen Völkern verkündigt werden (Mk. 13, 10 Par.). Die Familienbande werden zerreißen, die heilige Stätte wird entweiht werden (Mk. 13, 14 Par.), die Gläubigen werden auf die Berge fliehen, die Bedrängnis wird auf das äußerste steigen. Schließlich wird die kosmische Ordnung erschüttert werden. Die Sonne wird sich verfinstern, der Mond keinen Schein mehr geben, und die Sterne werden vom Himmel fallen (Mk. 13, 24f.). Dann wird der Menschensohn kommen auf den Wolken des Himmels mit großer Macht und Herrlichkeit, und er wird die Engel aussenden und die Auserwählten versammeln von den vier Winden, vom Ende der Erde bis zum Ende des Himmels (Mk. 13, 26f. Par.).

In dieser Komposition sind Herrenworte, Gemeindebildungen und jüdisch-apokalyptische Sätze zu einem geschlossenen Zusammenhang miteinander verbunden, deren Aufriß dem Schema apokalyptischer Vorstellungen entspricht. Die eschatologische Erwartung wird festgehalten, aber hinzugefügt, das Ende werde nicht alsbald, sondern erst in einiger Zukunft eintreten. Darum gilt es, zu wachen und sich nicht verführen zu lassen. Denn nur wer bis zum Ende ausharrt, wird das Heil erlangen.

In den nt.lichen Schriften findet sich kein Anzeichen, daß das Hinausziehen des Endes größere Beunruhigung der Gemeinden hervorgerufen hätte. Eine wirkliche Krise trat durch die notwendige Veränderung der eschatologischen Erwartung nicht ein, weil die Gemeinde vom Glauben erfüllt war, daß schon jetzt Christus der Herr ist und die Seinen durch den Geist mit ihm verbunden sind.

*c.* Die Gemeinde ist der *Gegenwart des Heils* gewiß. Nicht erst am Ende der Zeit, sondern bereits mit seiner Erhöhung hat Christus über die Mächte und Gewalten triumphiert und sein Regiment angetreten – so wird jubelnd in den Liedern der ersten Christenheit gesungen (Phil. 2, 6–11; Kol. 1, 15–20; 1. Tim. 3, 16). Darum ist in der Schar der von Gott erwählten Gemeinde bereits der Friede Gottes angebrochen (Lk. 2, 14).

*d.* Dieser Jubel ist eingegeben vom *Geist Gottes*, den die Gemeinde empfangen hat. Im Judentum wurde der Geist Gottes als Gabe der Endzeit erwartet. Die Gemeinde von Qumran, die sich als Schar der Endzeit verstand, wußte sich vom Geist der Wahrheit geleitet. Die christliche Gemeinde ist dessen gewiß, den göttlichen Geist erhalten zu haben und sein Wirken ständig zu erfahren. Der Geist kann sich in wunderbaren Erscheinungen, ekstatischen Wirkungen, Zungenreden u. a. äußern. Doch nicht so sehr diese außerordentlichen Erfahrungen, sondern vielmehr die Überzeugung, daß der Geist Gottes eschatologische Gabe ist, durch die er gegenwärtig an ihr handelt, bestimmte den Glauben der Gemeinde, daß die endzeitliche Verheißung Gottes in Erfüllung gegangen ist. Der Geist ist ihr als gewisses Unterpfand (ἀρραβών, 2. Kor. 1, 22; 5, 5) dafür verliehen, daß das künftige Heil schon angehoben hat und sich vollenden wird. Als ἀπαρχή (s. S. 54 f.) verbürgt das πνεῦμα die kommende Erlösung (Röm. 8, 23). Der Geist Gottes, der den Glaubenden in der Taufe verliehen ist (1. Kor. 6, 11 u. ö.), bestimmt nun ihre Existenz als Glieder des eschatologischen Gottesvolkes. Die Gewißheit, daß Christi Herrschaft schon angehoben hat und der Geist Gottes gegenwärtig wirkt, läßt die Frage, wann denn die Parusie sich ereignen werde, an Bedeutung verlieren. Sie hebt jedoch nicht die auf die Zukunft gerichtete Hoffnung auf, sondern verleiht ihr Festigkeit und Grund.

## § 13 Die Kirche

*Die erste Christenheit versteht sich als das Israel Gottes, das heilige Gottesvolk der Endzeit, dem die Verheißungen der Schrift gelten und der Wille Gottes gesagt ist. Der Gottesdienst und das Leben der Gemeinde sind von der Gewißheit erfüllt, daß Gott sie erwählt und ihr den Geist verliehen hat.*

W. G. Kümmel, Kirchenbegriff und Geschichtsbewußtsein in der Urgemeinde und bei Jesus, 1943, ²1968 – K. Stendahl, Kirche im Urchristentum, RGG³ III, 1297–1304 – E. Schweizer, Gemeinde und Gemeindeordnung im NT, 1959, ²1962 – W. Schrage, Ekklesia und Synagoge, Zum Ursprung des urchristlichen Kirchenbegriffs, ZThK 60 (1963) 178–202.

*a.* Die erste Christenheit versteht sich nicht als eine Gemeinschaft oder Gruppe, sondern als das *heilige Volk Gottes* der Endzeit. Indem die Urgemeinde sich nicht in Galiläa, sondern in Jerusalem versammelt, gibt sie zu erkennen, daß sie nicht ein abgeschiedenes Dasein führen, sondern Israel sein und Israel rufen will. Dieses Selbstverständnis wird auch durch die Bezeichnungen ausgedrückt, die sie sich beilegt: Sie sind die ἅγιοι (1. Kor. 6, 2; 16, 1 u. ö.). »Heilig« ist, was dem profanen Gebrauch entzogen und Gott übereignet ist. Daher ist ἅγιος nicht ein Prädikat, das für rechtes moralisches Verhalten verliehen wird, wohl aber sind die Heiligen gehalten, Gottes Willen zu tun. Sie sind die Auserwählten (ἐκλεκτοί Röm. 8, 33; 1. Petr. 1, 1 u. ö.) und Berufenen (κλητοί Röm. 1, 6; 1. Kor. 1, 24 u. ö. bzw. κεκλημένοι Hebr. 9, 15). Vielleicht ist auch πτωχοί zu diesen Selbstbezeichnungen der Urgemeinde zu rechnen, zumal sich auch die Gemeinde von Qumran die Armen nannte (1 QpHab XII, 3. 6. 10). Paulus hat in den heidenchristlichen Gemeinden freilich später eine Kollekte gesammelt, die für die πτωχοὶ τῶν ἁγίων (Röm. 15, 26) bestimmt war. Dabei ist an die Armen unter den Heiligen gedacht, denen nicht etwa eine Art Kirchensteuer entrichtet, sondern die Hilfe der heidenchristlichen Gemeinden als Ausdruck ihrer Verbundenheit mit der Urgemeinde zuteil werden soll. Χριστιανοί wurden die Glieder der Gemeinde in Antiochia zunächst von Außenstehenden genannt, die ihnen nach dem Christusbekenntnis diesen Namen zulegten (Apg. 11, 26).
Die Gemeinde bezieht eine Reihe at.licher Prädikate auf sich und hebt dadurch hervor, daß sie das Israel Gottes ist (Gal. 6, 16), die zwölf Stämme in der Zerstreuung (Jak. 1, 1; 1. Petr. 1, 1), das auserwählte Volk des Eigentums, die königliche Priesterschar, das heilige Volk, das Volk des Eigentums (1. Petr. 2, 9). Was Ex. 19, 6 von Israel am Sinai gesagt war, gilt nun der christlichen Gemeinde, der ἐκκλησία. Mit dieser Bezeichnung wird nicht an den hellenistischen Gebrauch des Wortes angeknüpft, das die Versammlung der stimmberechtigten Bürger meint, die auf der Agora zusammenkommt und über die Belange der Stadt zu beraten und zu beschließen hat (Apg. 19, 32.39f.). Vielmehr nimmt der urchristliche Sprachgebrauch den des AT auf. In der griechischen Übersetzung des AT gibt ἐκκλησία *qahal* wieder, jedoch kann auch συναγωγή für *qahal* stehen. Wenn sich die christliche Gemeinde niemals συναγωγή, sondern stets ἐκκλησία nennt, so ist offensichtlich der Begriff συναγωγή vermieden worden, weil er im damaligen Judentum bereits auf die Synagogengemeinde angewendet und damit in seiner Bedeutung festgelegt war (SCHRAGE). Im Unterschied zur Synagoge, in der aus der Thora vorgetragen und gelehrt wird, versteht die christliche Gemeinde das AT als Zeugnis von Christus und deutet die Schrift von der Christusbotschaft her. Dieses Selbstverständnis der Gemeinde ist nicht erst in der hellenistischen, sondern schon in der palästinischen Christenheit ausgebildet worden. Denn sie begreift sich als die auf den Felsen gegründete ἐκκλησία (Mt. 16, 18; s. S. 42f.).
Der urchristliche Sprachgebrauch macht keinen Unterschied zwischen der Gesamtkirche und der einzelnen Ortsgemeinde. Beide werden in gleicher Weise als ἐκκλησία bezeichnet; denn in der jeweils versammelten Ortsgemeinde ist das heilige Volk Gottes beisammen. Die Gemeinde repräsentiert somit das Gottesvolk, so daß der Begriff ἐκκλησία ohne Bedeutungsunterschied im Singular und im Plural verwendet wird: τῇ ἐκκλησίᾳ τοῦ θεοῦ τῇ οὔσῃ ἐν Κορίνθῳ, ἡγιασμένοις ἐν Χριστῷ Ἰησοῦ, κλητοῖς ἁγίοις (1. Kor. 1, 2); ταῖς ἐκκλησίαις τοῦ θεοῦ (Gal. 1, 2); von Paulus heißt es, daß er τὴν ἐκκλησίαν verfolgt habe (Gal. 1, 13), daß er aber als Christ persönlich unbekannt gewesen sei ταῖς ἐκκλησίαις τῆς Ἰουδαίας ταῖς ἐν Χριστῷ (Gal. 1, 22). Die Heiligen »*sind* die Kirche, sie sind nicht *in* der Kirche«. (STENDAHL)

*b.* Die Jerusalemer *Urgemeinde* war zunächst noch nicht vom *Judentum* geschieden. Nach Apg. 2, 46 kam man weiterhin im Tempel zusammen und nahm offenbar auch am Tempelkultus teil (s. auch Mt. 5, 23f.). Die von jedem Juden zu zahlende Tempelsteuer wurde auch von den Christen entrichtet (Mt. 17, 24–27). Daß man sich zu Jesus als dem Messias bekannte, mußte nicht notwendig zur Folge haben, daß man mit dem Judentum brach. So blieb auch R. ʿAqiba, der den Führer der jüdischen Aufständischen, Bar Kochba (132–135 n. Chr.), als den Sternensohn begrüßt hatte, trotz des Scheiterns dieser messianischen Bewegung ein angesehener Lehrer Israels. Denn entscheidend für die Zugehörigkeit zum Judentum ist allein die Anerkennung der Verbindlichkeit des Gesetzes. Wo man sich weiterhin an das Gesetz gebunden wußte, brauchte man sich daher nicht vom Judentum zu trennen.

Das Problem, wie sich die christliche Gemeinde zum Judentum verhalten sollte, stellte sich zum ersten Mal beim Auftreten der hellenistisch-judenchristlichen Gruppe unter Stephanus, die an Tempel und Gesetz Kritik übte (Apg. 6, 13). Die Verfolgung des Stephanuskreises führte dazu, daß diese Gruppe Jerusalem verlassen mußte. Der palästinisch-judenchristliche Teil der Urgemeinde, der unter Führung der Zwölf stand, konnte dagegen in der Stadt bleiben (Apg. 8, 1). Daran zeigt sich, daß die Trennung der Kirche vom Judentum sich an der Frage des Gesetzes vollziehen mußte. Diese Frage, die zuerst vom Stephanuskreis gestellt wurde, ist dann in der paulinischen Theologie in ihrer grundsätzlichen Tragweite erkannt und durchdacht worden. Da die Alternative Gesetz oder Christus, wie sie in der paulinischen Theologie herausgearbeitet wurde, keine Vermittlung duldete, mußte nun die Auseinandersetzung mit der Synagoge zur endgültigen Trennung von ihr führen. Sie wurde von seiten des Judentums Ende des 1. Jahrh. n. Chr. vollzogen, indem in das Achtzehngebet die Verfluchung der Häretiker und Judenchristen aufgenommen wurde. Damit war es für Christen unmöglich geworden, noch an Gottesdiensten der Synagoge teilnehmen zu können.

*c.* Zu keiner Zeit ist es jedoch für die erste Christenheit fraglich gewesen, daß das *AT* für sie *heilige Schrift* ist, aus der die Verheißungen und der Wille Gottes unmittelbar zur Gemeinde sprechen. Die christliche Gemeinde beruft sich daher zur Begründung ihres Kerygmas auf die Schriften (1. Kor. 15, 3–5). Zur Auslegung des AT bediente man sich der Methoden, die die jüdischen Schriftgelehrten entwickelt hatten. Da kein Jota und kein Häkchen ohne Grund in der Schrift stehen (Mt. 5, 18), kann man auch aus verborgenen Hinweisen exegetische Schlüsse ziehen. Wenn es z. B. heißt, die göttlichen Verheißungen seien Abraham und seinem Samen gegeben, so kann aus dem Singular von σπέρμα darauf geschlossen werden, daß an einen einzelnen als den Erben der Verheißung zu denken ist und dieser kein anderer sein kann als Christus (Gal. 3, 16). Und wird Gott der Gott Abrahams, Isaaks und Jakobs genannt, so wird aus dieser Wendung der Thora bewiesen, daß die Toten auferweckt werden. Denn Gott ist nicht ein Gott der Toten, sondern der Lebendigen (Mk. 12, 26f. Par.). Mit Hilfe der allegorischen Auslegungsmethode konnte aus der Anweisung »Du sollst dem Ochsen, der da drischt, nicht das Maul verbinden« (Dtn. 25, 4) gefolgert werden, daß dem Boten des Evangeliums von der Gemeinde Unterhalt zu gewähren sei. Denn kümmert sich Gott etwa um die Ochsen? Ist nicht vielmehr alles um unseretwillen geschrieben? (1. Kor. 9, 9) Die Auslegung des einzelnen Schriftwortes wird von der unbestrittenen Überzeugung her vollzogen, daß die ganze Schrift als Botschaft von und für Christus zu lesen sei (Lk. 24, 27). Erst Marcion hat diese Beurteilung grundsätzlich bestritten, indem er den Gott des AT als Demiurgen bezeichnete,

vom Vater Jesu Christi unterschied und nicht mehr das AT, sondern nur das Lk.-Ev. und 10 Paulusbriefe als heilige Schrift der Christen gelten ließ.
Die erste Christenheit begreift sich als Gemeinde des neuen Bundes, der jedoch nicht wie in der Gemeinde von Qumran als der wiederhergestellte Mosebund verstanden wird, sondern als der eschatologische Bund, den Gott im Sterben und Auferstehen Jesu Christi gestiftet hat (1. Kor. 11, 25; 2. Kor. 3, 6). Dadurch hat Gott, dessen Wille im Doppelgebot der Liebe zusammengefaßt ist (Röm. 13, 8–10 u. ö.), die prophetische Verheißung des neuen Bundes wahr gemacht (Jer. 31, 31–34).

*d. Gottesdienst und Gemeindeleben* waren in der ersten Zeit noch nicht durch eine feste Ordnung geregelt. Die Gottesdienste der Gemeinden waren vom Jubel erfüllt, daß Gott sie erlöst, berufen und mit der Gabe des Geistes beschenkt hat. Während in judenchristlichen Gemeinden der Gottesdienst weithin nach dem Vorbild der Synagogen als Wortgottesdienst gestaltet wurde, vollzog sich die Zusammenkunft der hellenistischen Gemeinden in freieren Formen. Apg. 2, 42 ist von Lehre der Apostel (διδαχή = Unterweisung der Gemeinde), κοινωνία (= Kollekte, Gaben für die Mahlfeier), Brotbrechen (= Eröffnung der Mahlfeier) und Gebet die Rede. Psalmen, Lehre, Offenbarung, Zungenrede und Auslegung werden 1. Kor. 14, 26 für den Gottesdienst der Gemeinde in Korinth erwähnt. Neben at.lichen Psalmen wurden christliche Lieder und Hymnen gesungen (Kol. 3, 16; Eph. 5, 19). Der Gottesdienst war sicherlich häufig mit einer Mahlfeier verbunden. So läßt der 1. Kor. erkennen, daß sich an die Verlesung des Apostelbriefes, die in der Gemeindeversammlung erfolgt, die Feier des Herrenmahls anschließen soll. Denn der Briefschluß enthält Wendungen, die in den Beginn der Abendmahlsliturgie hineingehören: der heilige Kuß als Zeichen der gegenseitigen Vergebung, Ausschluß der Ungläubigen und der Ruf »Maranatha« (1. Kor. 16, 20–22).
Die Apg. berichtet, die Urgemeinde habe in Gütergemeinschaft zusammengelebt (Apg. 2, 45; 4, 34–37). Diese Lebensordnung kann nicht als kommunistische bezeichnet werden, da es sich nicht darum handelt, daß Produktionsmittel in die Hand der Gesellschaft gelegt werden. Vielmehr heißt es, jeder habe – ohne daß dieses zum Gesetz erhoben worden sei – seinen persönlichen Besitz in das Eigentum der Gemeinde eingebracht. Da es auch in der Gemeinde von Qumran keinen Privatbesitz, sondern Gütergemeinschaft gab, kann der Darstellung, wie sie in der Apg. entworfen wird, durchaus ein historischer Kern zugrunde liegen (Apg. 5, 1–11). Zweifellos aber ist die lukanische Beschreibung der Urgemeinde von der Absicht geleitet, sie als eine Gemeinschaft zu schildern, in der das der hellenistischen Welt vertraute Ideal vollkommener Zusammengehörigkeit aller Glieder verwirklicht ist.
An der Spitze der Urgemeinde stand zunächst der Zwölferkreis, in dem Petrus die führende Stellung einnahm (1. Kor. 15, 5; s. S. 42). Aber schon nach einiger Zeit muß der Zwölferkreis, der nach dem Tod eines seiner Glieder (Apg. 12, 2) nicht wieder ergänzt wurde, in den Hintergrund getreten und die Leitung auf die στῦλοι – Jakobus, Petrus und Johannes – übergegangen sein (Gal. 2, 9). In diesem Kreis nahm der Herrenbruder Jakobus den ersten Platz ein (Gal. 2, 11f.). Wie es jüdischer Gemeindeverfassung entsprach, stand ihm ein Kollegium von Ältesten zur Seite (Apg. 11, 30; 21, 18 u. ö.).
In den hellenistischen Gemeinden gab es zunächst noch keine deutlich ausgebildete Verfassung. Apostel und Propheten zogen als Boten des Evangeliums von Ort zu Ort, Lehrer dagegen wirkten in einer bestimmten Gemeinde (1. Kor. 12, 28). Es entfalteten sich mancherlei Charismen und Dienste, die nicht nach einer

festen Regel geordnet waren. Wenn Phil. 1, 1 ἐπίσκοποι und διάκονοι genannt werden, so werden dabei zwei in der Umwelt geläufige Begriffe aufgenommen: Der ἐπίσκοπος ist ein Aufseher, der z. B. über Waren die Aufsicht führt, ein διάκονος ist ein Diener, der z. B. bei Tisch aufwartet. Vermutlich ist an Männer gedacht, die in der Gemeinde für die Verwaltung des Geldes und den Tischdienst bei der Mahlgemeinschaft verantwortlich waren. Zu fest umschriebenen Ämtern wurden diese Dienste erst in nachpaulinischer Zeit ausgebildet (Past.; s. S. 154).

## § 14 Taufe und Abendmahl

*In Taufe und Abendmahl erfährt die Gemeinde ihre Verbundenheit mit dem erhöhten Herrn. Die auf den Namen des Kyrios Getauften empfangen den Geist als Gottes gegenwärtiges Handeln und werden mit dem Sterben und Auferstehen Jesu Christi verbunden. In der Feier des Herrenmahls ist die Gemeinde der gegenwärtigen Gültigkeit des im Tod Christi gestifteten Bundes gewiß, bekommt sie unter Brot und Wein Anteil am Sühntod Christi und blickt sie als sein Volk dem Tag entgegen, an dem sie mit ihrem Herrn vereint sein und mit ihm das messianische Freudenmahl feiern wird.*

Zur Taufe: E. DINKLER, Taufe im Urchristentum, RGG[3] VI, 627–637 – G. WAGNER, Das religionsgeschichtliche Problem von Röm. 6, 1–11, 1962, – G. DELLING, Die Taufe im NT, 1963 – G. BARTH, Zwei vernachlässigte Gesichtspunkte zum Verständnis der Taufe im NT, ZThK 70 (1973) 137–161 – DERS., Die Taufe in frühchristlicher Zeit, 1981; zum Problem der Kindertaufe: J. JEREMIAS, Die Kindertaufe in den ersten vier Jahrhunderten, 1958 – K. ALAND, Die Säuglingstaufe im NT und in der alten Kirche, 1961, [2]1963 – J. JEREMIAS, Nochmals: Die Anfänge der Kindertaufe, 1962 – K. ALAND, Die Stellung der Kinder in den frühen christlichen Gemeinden – und ihre Taufe, 1967 – DERS., Taufe und Kindertaufe, 1971; zum Abendmahl: J. JEREMIAS, Die Abendmahlsworte Jesu, 1935, [4]1967 – E. SCHWEIZER, Abendmahl im NT, RGG[3] I, 10–21 – G. BORNKAMM, Herrenmahl und Kirche bei Paulus, ZThK 53 (1956) 312–347 = Ges. Aufsätze II, [3]1970, 138–176 – E. LOHSE, Die Geschichte des Leidens und Sterbens Jesu Christi, 1964, [3]1979, 41–57: Die Einsetzung des Abendmahls.

*a.* Die erste Christenheit hat *von Anfang an* die *Taufe* geübt. Paulus erwähnt als selbstverständlich, daß alle Glieder der Gemeinde getauft sind, wenn er sagt: »Wir alle, die wir getauft sind« (Röm. 6, 3) bzw. »Wir alle sind in einen Leib hineingetauft worden« (1. Kor. 12, 13). Wie kam die erste Christenheit dazu zu taufen? Die urchristliche Taufe setzt die Johannestaufe voraus und führt sie in christlichem Verständnis fort. Dieser historische Zusammenhang steht außer Zweifel: 1. Jesus ist durch Johannes getauft worden (Mk. 1, 9–11 Par.; s. S. 24). Der Anfang seiner öffentlichen Wirksamkeit war also mit dem Auftreten des Täufers und der von ihm vollzogenen Taufe verknüpft. 2. Darauf deutet auch der Bericht Joh. 3, 22; 4, 1f. hin, nach dem Jesus bzw. seine Jünger eine Zeitlang neben Johannes gewirkt und getauft haben (s. S. 24). 3. Die Täuferbewegung hat auch nach dem Tode des Johannes noch neben der christlichen Gemeinde fortbestanden (Apg. 18, 24–19, 7). 4. Der sachliche Zusammenhang der christlichen Taufe mit der des Johannes wird daran erkennbar, daß beide εἰς ἄφεσιν ἁμαρτιῶν gespendet werden (Mk. 1, 4 Par.; Apg. 2, 38), wenngleich die Sündenvergebung jeweils in unterschiedlicher Bedeutung verstanden wurde (s. u.).
Welchen Sinn die frühe christliche Gemeinde mit ihrer Taufpraxis verband, geht aus Apg. 2, 38 hervor: »Kehrt um, und es lasse sich ein jeder von euch taufen im Namen Jesu Christi zur Vergebung der Sünden, und ihr werdet die Gabe des

heiligen Geistes empfangen.« Dabei ist zu beachten: 1. Wie in der Predigt des Täufers (s. S. 23f.) und der Verkündigung Jesu (s. S. 25f.) wird zur Umkehr aufgerufen. 2. Die Taufe wird mit Wasser vollzogen; freilich ist nicht sicher, ob aus dem Verbum βαπτίζειν gefolgert werden kann, daß sie durch Untertauchen vorgenommen wurde. 3. Der christliche Charakter geht aus der Nennung des Namens Jesu Christi hervor. Bei der Proselytentaufe wurde die rabbinische Wendung *l^eschem* gebraucht, die die Intention einer Handlung anzeigt: *l^eschem ger* taufen = die Proselytentaufe mit der Absicht vollziehen, daß ein Heide Proselyt wird. Während jedoch in dem Ausdruck *l^eschem* das Wort *schem* nur zur Verstärkung der Präposition *l^e* dient, hat in der christlichen Formel ἐπὶ τῷ ὀνόματι Ἰησοῦ Χριστοῦ bzw. εἰς τὸ ὄνομα Ἰησοῦ u. ä. das Wort ὄνομα prägnante Bedeutung. Der Name des Kyrios Jesus Christus wird über dem Täufling ausgerufen. Dadurch wird er dem Herrn übereignet und gehört fortan zu ihm. 4. Die Johannestaufe wurde im Blick auf das kommende Endgericht gespendet, in dem die Vergebung der Sünden gewährt werden soll (s. S. 22f.). Die christliche Gemeinde aber ist dessen gewiß, daß im Christusgeschehen das Heil bereits Gegenwart geworden ist. Daher wird εἰς ἄφεσιν ἁμαρτιῶν auf die durch die Taufe bewirkte Zueignung des Heils bezogen. 5. Diese Gewißheit wird durch die Gabe des Geistes verliehen, der dem Täufling zuteil wird. Der Ruf zur Umkehr, die Wassertaufe und die Wendung εἰς ἄφεσιν ἁμαρτιῶν sind also der Johannestaufe und der urchristlichen Taufe gemeinsam. Durch das Ausrufen des Namens Jesu, die gegenwärtige Zueignung der Sündenvergebung und die Gabe des Geistes aber unterscheidet sich die christliche Taufe von der des Johannes.
Der sog. Taufbefehl (Mt. 28, 19f.; Mk. 16, 15f.) kann keine Auskunft über den historischen Ursprung der christlichen Taufe geben; er besagt vielmehr, daß die Gemeinde sich für ihr Handeln auf den auferstandenen Herrn beruft, in dessen Namen sie sich zu Verkündigung und Taufe beauftragt weiß. Die Formulierungen am Ende des Mt.-Ev. gehen teilweise auf liturgische Wendungen der frühen Gemeinde, teilweise aber auf die Hand des Evangelisten zurück, der noch einmal die Bedeutung der Lehre Jesu für seine Jünger hervorheben möchte. Wenn dabei von der Taufe auf den Namen des Vaters, des Sohnes und des heiligen Geistes die Rede ist, so darf diese Dreierformel nicht im Sinn der erst später ausgebildeten Trinitätslehre verstanden werden. Vielmehr ist der kurze Ausdruck »auf den Namen Christi (bzw. des Sohnes)« erweitert worden, so daß einerseits gegenüber der hellenistischen Umwelt festgestellt wird, daß das Bekenntnis zum Kyrios den Glauben an den einen Gott und Vater einschließt, und andererseits durch die Nennung des Geistes darauf hingewiesen wird, daß die Formel in der Taufe ihren Sitz im Leben der Gemeinde hat.

*b.* Die *hellenistische Christenheit* hat die Taufe ebenso selbstverständlich wie die palästinische Urgemeinde praktiziert, mit Wasser getauft und den Namen des Kyrios ausgerufen, damit die Täuflinge geheiligt und gerechtfertigt werden und den Geist empfangen (1. Kor. 6, 11). Die Wirkung der Taufe wird in den geprägten Wendungen von 2. Kor. 1, 21f. mit rechtlichen Begriffen beschrieben, indem von der Salbung, der gültigen Versiegelung und dem Geist als Unterpfand gesprochen wird, das dafür bürgt, daß Gott zu seiner in der Taufe verbindlich gegebenen Zusage steht. Von der Sündenvergebung, die in der Taufe gespendet wird, reden auch die liturgisch geprägten Wendungen Kol. 1, 12–14, die dem folgenden Christushymnus als eine Art Introitus vorangestellt sind: Durch die Taufe hat »Gott der Vater Anteil geschenkt am Erbteil der Heiligen im Licht und uns herausgerissen aus der Gewalt der Finsternis und in die βασιλεία seines lieben Sohnes versetzt, in dem wir die Erlösung haben, die Vergebung der Sünden«. Die dabei verwendeten Begriffe – der Gegensatz von Licht und Finsternis, der Empfang des Erbteils sowie die Versetzung in den neuen Herrschaftsbereich – müssen auf palästinische Tradition zurückgehen, da sie auffallende Parallelen in den Qumrantexten haben. Diese Terminologie, die von dem in der Taufe vollzogenen Herrschaftswechsel redet, ist von der hellenistischen Gemeinde aufgenommen und weitergeführt worden. So wird nach Apg. 26, 18 Paulus bei seiner Bekehrung der Auftrag erteilt, den Heiden die Augen zu öffnen, »daß sie sich von der Finsternis zum Licht bekehren und von der Gewalt des Satans zu Gott, daß sie Vergebung der Sünden empfangen und ein Los unter den Heiden im Glauben an mich« (d. h. Christus).

Über das in der palästinischen Gemeinde ausgebildete Taufverständnis geht die hellenistische Christenheit hinaus, wenn sie das Getauft-Werden als Teilhabe an Christi Sterben und Auferstehen deutet. Diese Auffassung ist Röm. 6, 3–11 als bekannt vorausgesetzt, wenn mit der Frage ἢ ἀγνοεῖτε auf das in den hellenistischen Gemeinden vorhandene Wissen über die Taufe angespielt wird. In der synkretistischen Umwelt war die Vorstellung weit verbreitet, daß der Verehrer einer Gottheit durch die Weihe mit deren Schicksal verbunden wird und dadurch Heil empfängt. In den Mysteriengemeinschaften war der Gedanke geläufig, daß der Myste durch die Weihe am Geschick der sterbenden und auferstehenden Kultgottheit Anteil gewinnt. Mit Hilfe dieser Anschauung wurde nun in den hellenistischen Gemeinden auch der Sinn der Taufe dahin gedeutet, daß sie den Täufling mit Tod und Auferweckung Christi verbindet, so daß er das Sterben und Auferstehen des Herrn an sich erfährt. (Zu Unrecht bestritten von Wagner.) Aus dieser Vorstellung (s. auch Kol. 2, 12) konnte dann die Meinung erwachsen, durch das Sakrament werde unverlierbare Lebenskraft übereignet. In der korinthischen Gemeinde wurde offensichtlich ein Verständnis der Taufe vertreten, nach dem sie gegen einen möglichen Verlust des verliehenen Heils schütze (1. Kor. 10, 1–13). Darum vollzog man die Taufe sogar noch an Verstorbenen, indem man an ihrer Stelle und zu ihren Gunsten andere taufte, damit den Toten die Heilsqualität des Sakraments zugute kommen könne (1. Kor. 15, 29). Diese magische Praxis ist später auch in gnostischen Gemeinschaften geübt worden, um die unverlierbare Kraft der Taufe über den Tod hinaus zur Wirkung zu bringen. Nicht 1. Kor. 15, wo Paulus von der Auferstehung der Toten spricht und diesen seltsamen Brauch nur beiläufig erwähnt, wohl aber Röm. 6 vollzieht der Apostel die Auseinandersetzung mit diesem magischen Sakramentsverständnis und den Folgerungen, die man aus ihm für die Ethik der Christen ableitete (s. S. 105).

*c.* Von der *Taufpraxis* sind nur wenige Nachrichten überliefert. Bei der Taufe wurde vom Täufling das Bekenntnis zum Kyrios gesprochen (Röm. 10, 9). Spätere Handschriften ergänzen zu Apg. 8, 36 das Taufbekenntnis: πιστεύω τὸν υἱὸν τοῦ θεοῦ εἶναι τὸν Ἰησοῦν Χριστόν. Schon in früher Zeit wurde bei der Taufe die Handauflegung vollzogen (Apg. 8, 17; 19, 6), damit dem Täufling der Geist übereignet werde. Ein förmlicher Unterricht wurde den Taufbewerbern offenbar in der ältesten Zeit noch nicht erteilt, aber bald müssen bestimmte Formen der Taufunterweisung ausgebildet worden sein. Hebr. 6, 1 f. werden als Hauptstücke eines urchristlichen Katechismus, wie er in der Taufunterweisung verwendet wurde, aufgezählt: Umkehr von toten Werken, Glaube an Gott, Lehre von Taufen, Handauflegung, Auferstehung der Toten und ewigem Gericht. Bestimmte Überlieferungen wie z. B. die Tugend- und Lasterkataloge (s. E 27) werden bereits in früher Zeit ihren Platz in der Belehrung gehabt haben, die der Taufe vorausging (1. Kor. 6, 9–11: Die Einleitung ἢ οὐκ οἴδατε führt ein Zitat gemeinchristlicher Unterweisung ein).

Ob in der ersten Christenheit *Kinder getauft* worden sind, ist unbekannt. Wenn gelegentlich von der Taufe ganzer Häuser die Rede ist (1. Kor. 1, 16; Apg. 16, 15; 18, 8), so könnte dabei auch an Kinder gedacht werden. Ein eindeutiger Hinweis fehlt jedoch. Die Frage, ob unmündige Kinder getauft werden sollten, stellte sich in der ersten Zeit noch nicht. Das Problem der Kindertaufe kann daher nicht durch historische Rückfrage gelöst werden; es verlangt vielmehr systematisch-theologische Überlegung, die davon auszugehen hat, daß die urchristliche Taufe als ein Handeln Gottes beschrieben wird, das dem Täufling widerfährt (vgl. die passiven Wendungen ἡγιάσθητε und ἐδικαιώθητε 1. Kor. 6, 11). Ein Taufverständnis, das die Spendung der Taufe von einem bestimmten Alter oder Grad des Verstehens abhängig machen will, könnte in die Gefahr geraten, die Gabe Gottes an diese oder jene menschliche Voraussetzung zu knüpfen. Umgekehrt aber könnte die Auffassung, die die Kindertaufe als alleinige Form christlicher Taufe vertritt, magischen Vorstellungen unterliegen. Taufe und Glaube gehören zusammen: In der Taufe wird durch Gottes Tat der Anfang des Christ-Seins gelegt, das in der gesamten christlichen Existenz im Glauben durchgehalten sein will. Insofern ist es gerechtfertigt, in der christlichen Gemeinde, in der das Wort verkündigt und den getauften Christen zugesprochen wird, die Kindertaufe zu vollziehen.

*d.* Das *Herrenmahl*, das die Gemeinde feiert, wird auf die Einsetzung durch Jesus selbst zurückgeführt. Die Überlieferung vom letzten Mahl, das er vor seinem Tod mit den Jüngern gehalten hat, ist in der ältesten Zeit noch nicht im Zusammenhang der ganzen Passionsgeschichte (Mk. 14, 12–26 Par.), sondern als selbständige Tradition weitergegeben worden (1. Kor. 11, 23–25). Die Synoptiker haben dieses Überlieferungsstück mit der Feier des Passafestes in Verbindung gebracht, bei Paulus dagegen liegt diese Verknüpfung nicht vor. Er sagt lediglich, daß der Herr in der Nacht, in der er verraten wurde, das Mahl gehalten habe. Aber an der einzigen Stelle, an der Paulus vom Passafest redet (1. Kor. 5, 7: »Unser Passalamm ist schon geopfert – Christus«), erwähnt er nicht das Abendmahl.

Um die Frage zu beantworten, ob Jesu letztes Mahl tatsächlich im Zusammenhang mit einem Passafest stattgefunden hat, kann nicht vom Rahmen ausgegangen werden, wie die Synoptiker ihn hergestellt haben, sondern muß allein die Abendmahlsüberlieferung selbst befragt werden. Ist in ihr (mit JEREMIAS) ein Bezug auf das Passamahl zu erkennen? Drei Fragen sind zur Klärung des Problems von besonderer Bedeutung:

1. Jesus feierte bei Nacht das letzte Mahl mit seinen Jüngern; auch das Passafest wurde nach Untergang der Sonne gehalten. Doch an jedem anderen Tag konnte gleichfalls zu Beginn der Nacht eine Mahlzeit veranstaltet werden. Daher kann aus der Erwähnung des späten Abends kein Hinweis gewonnen werden, der notwendig auf das Passafest deuten müßte.
2. Beim Abendmahl wird Wein getrunken; im Verlauf der Passafeier wurden jedem der Mahlgenossen im ganzen vier Becher gereicht. Nun wird aber berichtet, daß sich Jesus im Unterschied zu Johannes dem Täufer nicht an eine asketische Lebensführung hielt, sondern bei dieser und jener Gelegenheit Wein trank. Darum wurde er Fresser und Weinsäufer gescholten (Mt. 11, 19 par. Lk. 7, 34). Daher könnten Jesus und seine Jünger wohl beim Passamahl, ebenso aber auch aus anderem Anlaß Wein getrunken haben.
3. Am ehesten könnte in den Worten der Deutung, die zu Brot und Wein gesprochen werden, eine Parallele zum Passamahl vermutet werden. Denn innerhalb

der im Haus gehaltenen Passaliturgie erklärte der Hausvater die besonderen Bräuche, die an diesem Tage zu beachten sind. Die Kinder fragen, warum man denn heute Bitterkräuter und Mazzen (d. h. ungesäuerte Brote) esse. Und der Vater antwortet ihnen, daß einst die Ägypter den Israeliten die Gefangenschaft bitter gemacht haben und die Israeliten bei ihrem eiligen Aufbruch nur Brot, das nicht durchsäuert war, mitnehmen und genießen konnten. Die Deuteworte, die bei der Passafeier gesprochen werden, beziehen sich also auf die Besonderheiten des Mahls, durch die es von allen anderen Mahlzeiten des Jahres unterschieden ist. Sie haben ihren Platz innerhalb der Liturgie, die vor Beginn des Mahls den Sinn des Festes der versammelten Gemeinschaft der Familie und Freunde deutlich machen bzw. in Erinnerung rufen soll. Die Abendmahlsworte unterscheiden sich von den Deuteworten der Passaliturgie in zweierlei Hinsicht: Sie werden nicht innerhalb einer Liturgie, die der Mahlzeit vorangeht, gesprochen, sondern in dem Augenblick, in dem das Brot ausgeteilt und der Kelch herumgereicht wird. Noch stärker aber fällt ins Gewicht, daß die Abendmahlsworte nicht etwa Abweichungen begründen, die dieses Mahl gegenüber allen anderen aufweist; sie betreffen weder Bitterkräuter noch Mazzen, sondern Brot und Wein, also Speise und Trank, die man auch sonst zu sich nimmt. Daher wird aus den Abendmahlsworten keine Beziehung zum Passafest erkennbar und hat ihre Erklärung nicht die Passasituation, sondern nur allgemein die jüdische Mahlsitte vorauszusetzen.

Der eschatologische Bezug des Abendmahls wird übereinstimmend hervorgehoben: bei Paulus durch die Anweisung, den Tod des Herrn feierlich anzusagen, »bis daß er kommt« (1. Kor. 11, 26), bei den Synoptikern durch den selbständigen Spruch Mk. 14, 25 Par., der die Situation des Abschieds Jesu von seinen Jüngern voraussetzt: »Amen, ich sage euch, ich werde nicht mehr trinken vom Gewächs des Weinstocks bis auf den Tag, da ich es neu trinken werde in der Herrschaft Gottes.« Im Unterschied zu diesem Logion, das ganz im Zeichen der Naherwartung steht, die sich auf den baldigen Anbruch der Gottesherrschaft richtet, sind die Abendmahlsworte selbst liturgisch geformt und zur ständigen Wiederholung im Gottesdienst der Gemeinde bestimmt. In ihrer Feier setzt die Gemeinde die Tischgemeinschaft fort, die der historische Jesus mit seinen Jüngern, aber auch mit Zöllnern und Sündern gehalten hat. Diese Gemeinschaft konnte nach Karfreitag und Ostern nicht unverändert weitergeführt werden, sondern wurde nun bestimmt vom Bekenntnis zum gekreuzigten und auferstandenen Herrn, dem die Abendmahlsworte Ausdruck geben.

Die Abendmahlsworte sind in zwei Fassungen überliefert: Mk./Mt. und Paulus/Lk. Keiner dieser voneinander unabhängigen Fassungen kann von vornherein ein höheres Alter zugesprochen werden. Zwar ist Paulus der älteste literarische Zeuge im NT, die Mk.formel aber ist in höherem Grad von semitischen Sprachvoraussetzungen bestimmt. Daher müssen die beiden Fassungen Zug um Zug einander gegenübergestellt werden, um sie im Einzelvergleich abzuwägen.

Daß die Abendmahlsfeier nicht etwa erst in der hellenistischen Gemeinde entstanden sein kann, ist aus dem palästinischen Charakter der vorausgesetzten Tischsitte deutlich zu erkennen: Über Brot und Wein wird jeweils der Tischsegen gesprochen, alle Mahlgenossen empfangen daran Anteil und sind zur Tischgemeinschaft zusammengeschlossen. Zunächst wird ein Wort gesagt, das das dargereichte Brot bezeichnet: τοῦτό (nämlich: das gebrochene Brot) ἐστιν τὸ σῶμά μου. Die paulinische Formel fügt zu σῶμα noch τὸ ὑπὲρ ὑμῶν hinzu und verleiht dadurch dem Begriff σῶμα besonderen Nachdruck (s. S. 108). Die kurze Mk.fassung wird als die älteste gelten dürfen. Sie hebt hervor, daß alle, die am Mahl teilnehmen, an dem in den Tod gegebenen Leib Christi und damit an der sühnenden Kraft seines Sterbens Anteil empfangen.

Nach dem bei Paulus/Lk. überlieferten Text wird ein Wiederholungsbefehl angefügt. Wenn dieser bei Mk./Mt. fehlt, so liegt darin kein Widerspruch. Denn dem Wesen liturgischer Sätze entspricht es, daß sie grundsätzlich zur Wiederholung bestimmt sind, auch wenn es nicht ausdrücklich erwähnt wird. Darüber hinaus aber findet sich bei Paulus/Lk. eine zweite Wendung, die Mk./Mt. nicht bieten. Vor dem Kelchwort steht die Bemerkung »nach dem Essen«. Diese Angabe gibt sicher die älteste Tradition wieder und zeigt, daß ursprünglich die Feier im Zusammenhang mit einer wirklichen Mahlzeit begangen wurde. Schon bald muß freilich eine Trennung von der Mahlzeit erfolgt und das Herrenmahl zu einer liturgischen Handlung geworden sein, in der die Darreichung des Brotes und des Weines zu einem einzigen gottesdienstlichen Akt zusammengefaßt wurden, wie ihn die Mk./Mt.fassung beschreibt.

Nach Mk./Mt. lautet das Kelchwort: »Das ist mein Blut des Bundes, das für viele vergossen wird.« Mit dem Vergießen des Blutes wird auf die Hingabe des Lebens, den Sühnetod Jesu hingewiesen, der vielen, d.h. allen zugute kommen soll (vgl. Mk. 10, 45 Par.). Wie im urchristlichen Bekenntnis (s. S. 15) wird auch in den Abendmahlsworten auf Jes. 53 Bezug genommen, um den Sinn des Sterbens Jesu aufzuzeigen: Er ist für alle Menschen eingetreten, indem er den Preis entrichtete, den sie nicht zu zahlen vermochten, und ihnen die Last fortnahm, damit sie ihrer ledig sein sollten. Diese Aussage erfährt durch den Begriff des Bundes noch eine nähere Bestimmung, die die neue, in Christi Tod gestiftete Heilsordnung charakterisieren soll. Während den Opfern, die man einst am Sinai zur Bekräftigung des Bundesschlusses darbrachte, keine sühnende, die Sünden tilgende Kraft eignete (Ex. 24, 3–8), ist der stellvertretende Tod Christi allen Opfern des alten Bundes ungleich überlegen. Sein Sterben begründet die Heilsordnung der Endzeit, in der es Vergebung der Sünden gibt. Mt. fügt daher sachlich durchaus zutreffend am Ende der Abendmahlsworte hinzu: »zur Vergebung der Sünden« (Mt. 26, 28).

Hinsichtlich der abweichenden paulinischen Fassung (s. S. 108 f.), die in den hellenistischen Gemeinden des paulinischen Missionsgebiets verbreitet wurde (s. Lk. 22, 19 f.), ist hier nur zu bemerken, daß es zwar nicht möglich ist, durch Vergleich mit der Mk./Mt.fassung den Wortlaut einer Urgestalt der Abendmahlsworte zu rekonstruieren, daß aber der gemeinsame Grundgedanke deutlich zu erkennen ist: In der Feier des Herrenmahls erfährt die Schar der versammelten Gemeinde die gegenwärtige Gültigkeit des im Tod Christi gestifteten Bundes und empfängt von ihrem Herrn die Vergebung der Sünden. Indem die Gemeinde dabei dem Kommen des Herrn entgegenblickt, bleibt sie sich dessen bewußt, daß sie sich auf der Wanderschaft befindet bis zu dem Tag, an dem sie mit ihrem Herrn vereint sein und mit ihm das messianische Freudenmahl feiern wird.

*e.* Die *hellenistische Christenheit* zog zur Interpretation der Abendmahlsworte Begriffe der Opferterminologie heran, so daß aus den einander gegenübergestellten Worten vom σῶμα und αἷμα Christi das Begriffspaar σάρξ/αἷμα (Joh. 6, 53–56) wurde und in der Zwölfapostellehre das Abendmahl geradezu als θυσία bezeichnet werden konnte (Did. 14, 1). Wie das Beispiel der korinthischen Gemeinde zeigt, wurden in manchen Kreisen Vorstellungen aus den hellenistischen Mysterienreligionen zur Deutung des Herrenmahls verwendet. Dadurch entstand der Gedanke, das Sakrament vermittle unverlierbare Heilsqualität (s. S. 67).

Die Abendmahlsworte wurden in der liturgischen Tradition immer stärker aneinander angeglichen und schließlich auf völlige Parallelität gebracht: τοῦτό ἐστιν τὸ σῶμά μου – τοῦτό ἐστιν τὸ αἷμά μου (Justin, Apol. 66, 3). In dieser Fassung ist nicht etwa die Urform der Abendmahlsworte zu sehen (so BULTMANN 148), sondern sie stellt das Ergebnis einer im Lauf der Zeit erfolgten liturgischen Angleichung der beiden Sätze dar.

## § 15 Die Anfänge der Mission

*Nach anfänglichem Zögern der Urgemeinde wurde die christliche Verkündigung durch hellenistische Kreise der Christenheit über Jerusalem und Judäa hinausgetragen, so daß bald auch Heiden gewonnen wurden. Der urchristlichen Missionspredigt, die an die Missionspropaganda der hellenistischen Synagoge anknüpfen konnte, wurde die Aufgabe gestellt, in der Sprache und den Vorstellungen der synkretistischen Welt der Spätantike das Kerygma auszusagen, ohne es dem Synkretismus preiszugeben.*

F. HAHN, Das Verständnis der Mission im NT, 1963 – H. KASTING, Die Anfänge der urchristlichen Mission, 1969.

*a.* Die *Ausbreitung des Evangeliums unter den Völkern* setzte nicht sofort ein, sondern die Jerusalemer Urgemeinde sah zunächst ihren Auftrag allein darauf gerichtet, den gekreuzigten und auferstandenen Christus als den Messias Israels zu verkündigen (Mt. 10, 5f.). Dabei rechnete man in der unmittelbaren Naherwartung damit, mit den Städten Israels nicht fertig zu sein, bis der Menschensohn kommt (Mt. 10, 23). Zwar sonderte sich die Urgemeinde nicht wie andere fromme Gemeinschaften der damaligen Zeit vom übrigen Volk ab (s. S. 62), aber zunächst dachte man noch nicht daran, das Evangelium über die Grenzen Israels hinauszutragen. Petrus war offenbar der erste aus dem Kreis der Zwölf, der mit Heiden in Berührung kam und die überraschende Erfahrung machte, daß der Geist einem Heiden verliehen wurde (Apg. 10, 1–11, 18). Gelegentliche Begegnungen mit Heiden führten aber noch nicht zu einer grundsätzlichen Entscheidung für eine Mission unter den Völkern.
Der erste Anstoß zur Mission ging vermutlich vom hellenistischen Kreis der Urgemeinde aus, der sich um Stephanus gesammelt hatte. Seine Kritik an Tempel und Gesetz führte dazu, daß die Hellenisten Jerusalem verlassen mußten (s. S. 63) und nun die Botschaft in Samaria und Syrien bis nach Antiochia ausbreiteten (Apg. 8, 4–40; 11, 19–30). So entstanden Gemeinden in Antiochia und Damaskus, wenig später in Rom und vielleicht auch bald in Alexandria, obwohl keine Nachrichten darüber erhalten sind, wann die ersten Gemeinden auf dem Boden des hellenistischen Judentums in Ägypten gegründet wurden. Um die Synagogen, die es in nahezu allen Städten der hellenistisch-römischen Welt gab, war ein größerer Kreis von sog. Gottesfürchtigen versammelt. Da der Übertritt zum Judentum mit der Beschneidung vollzogen werden mußte, scheuten die meisten von ihnen die weitreichenden Folgen dieses Schrittes. Aber sie standen doch in Verbindung mit der Synagoge und hörten vor allem auf die sittlichen Weisungen der Thora. Viele dieser »Gottesfürchtigen« wandten sich der christlichen Botschaft zu.
Eine theologische Begründung für die Mission unter den Völkern wurde durch den Befehl des auferstandenen Herrn gegeben: Als der Erhöhte ist er Herr über alle Welt und sendet die Seinen zu allen Völkern (Mt. 28, 16–20). War der Auftrag

des irdischen Herrn nur auf Israel begrenzt, so erteilt der erhöhte Christus den Jüngern die Weisung, in alle Welt hinauszuziehen. Dieses Verständnis der Mission stand noch nicht am Anfang, sondern entspricht der Einsicht, die von hellenistisch-judenchristlichen Gruppen gewonnen und zur Anerkennung gebracht wurde.

*b.* Das Zusammenleben von *Juden und Heiden* in den christlichen Gemeinden verlangte nach einer Regelung, die es den Judenchristen möglich machte, mit Heidenchristen Gemeinschaft zu haben. Die Kreise der judenchristlichen Urgemeinde, die weiterhin am Gesetz festhielten, konnten sich die Bekehrung von Heiden nur so vorstellen, daß sie nicht nur die Christusbotschaft annahmen, sondern sich auch Israel eingliederten, indem sie sich beschneiden ließen und das Gesetz übernahmen. Die Erfahrung, daß einzelne Heiden den Geist empfingen, ohne sich auf das Gesetz verpflichtet zu haben, ließ sich jedoch mit dieser Bedingung nicht in Einklang bringen (Apg. 10, 1–11, 18). Wie aber sollte dann innerhalb der christlichen Gemeinde Gemeinschaft zwischen Juden- und Heidenchristen hergestellt werden? Eine Lösung suchte man in einem Beschluß zu finden, der in der lukanischen Darstellung des Apostelkonvents überliefert ist (Apg. 15, 20.29). Ursprünglich gehört dieses sog. Aposteldekret jedoch sicherlich nicht in diesen Zusammenhang hinein, da Paulus von einer derartigen Entscheidung nichts weiß (Gal. 2, 1–10) und überdies der Wortlaut des zitierten Dokuments selbst angibt, daß die getroffene Regelung nur für einige Gebiete Gültigkeit besaß: in Antiochia, Syrien und Kilikien (Apg. 15, 23). Die Bestimmungen besagen, daß die Heidenchristen sich gesetzlichen Mindestforderungen unterwerfen müssen, um dadurch das Zusammenleben mit den Judenchristen zu ermöglichen: kein Götzenopfer zu vollziehen, keine Hurerei zu begehen (s. Lev. 17) und weder Ersticktes (d. h. nicht vorschriftsmäßig geschlachtetes Fleisch, s. Lev. 17, 10–16) noch Blut zu genießen.

Als später das Judenchristentum erheblich an Bedeutung verlor, hat man den Sinn dieser Bestimmungen nicht mehr verstanden, so daß in manchen Handschriften – vor allem des sog. westlichen Textes (s. E 102) – aus den rituellen Geboten moralische Weisungen gemacht wurden. Von Ersticktem war dann nicht mehr die Rede und die Erwähnung des Blutes wurde so verstanden, daß Mord ausdrücklich verboten wurde: Götzendienst, Hurerei und Mord seien demnach untersagt worden. Die in Apg. 15, 20.29 erwähnte Regelung des Zusammenlebens zwischen Juden- und Heidenchristen hat somit keine endgültige Lösung des Problems bringen können. Eine dauerhafte Klärung der Frage, wie Juden und Heiden in dem einen eschatologischen Gottesvolk zusammengehören, wurde dagegen in der paulinischen Theologie gefunden (s. S. 77f.).

*c.* Die *Missionspredigt* der ersten Christenheit konnte an das Vorbild der hellenistischen Synagoge anknüpfen. Das Judentum hatte in der hellenistischen Welt eine aktive Missionspropaganda entfaltet. Darin wurde gegen den heidnischen Götzendienst polemisiert, aus dem auch ihr unsittliches Verhalten folge, und der eine Gott verkündigt, zu dem sich alle bekehren sollen. Mit denselben Worten rief die urchristliche Missionsverkündigung zur Abwendung von den Götzen und den toten Werken sowie zur Umkehr zu Gott dem Schöpfer auf. 1. Thess. 1, 9f. wird in knapper Formulierung der Inhalt der urchristlichen Verkündigung wiedergegeben (s. E 19): »wie ihr euch zu Gott von den Götzen bekehrtet, um dem lebendigen und wahrhaftigen Gott zu dienen« – so weit könnte dieser Satz gleichlautend in einer jüdischen Missionspredigt gestanden haben – »und seinen Sohn vom Himmel zu erwarten, den er von den Toten auferweckt hat, Jesus, der uns von dem künftigen Zorn errettet«. Durch den Hinweis auf die nahe bevorstehende Parusie des Gottessohnes, das Gericht und die durch Christus bewirkte Rettung wird die Dringlichkeit des Rufs zur Bekehrung unterstrichen. Wie in der hellenistischen Synagoge werden auch in der Areopagrede stoische Gedanken aufgenommen, um Gott als den Herrn aller Welt zu preisen, die Einheit des Menschengeschlechts und die natürliche Verwandtschaft der Menschen mit Gott darzustellen (Apg. 17, 22–31). Am Ende aber wird dann mit der Aufforderung zur Umkehr zum unbekannten und nun offenbaren Gott und dem Hinweis auf das kommende Gericht und den auferstandenen Christus als den Weltenrichter die spezifisch christliche Aussage formuliert (Apg. 17, 30f.). Indem in der hellenistischen Welt zur Bekehrung zu Gott, der Jesus von den Toten auferweckt hat, aufgerufen wurde, wurde in Abgrenzung gegen den Polytheismus der Umwelt der eine Gott als Schöpfer und Regierer der Welt verkündigt.

*d.* Durch die urchristliche Mission wurde das Evangelium in die *synkretistische Welt der Spätantike* hineingetragen. War die Christusbotschaft zuerst auf dem Boden des palästinischen Judentums laut geworden, das neben dem einen Gott keine anderen Götter dulden konnte, so stieß sie nun auf die vielfältigen und vielschichtigen religiösen Vorstellungen der hellenistischen Umgebung. Das hellenistische Judentum hatte manche Gedanken der griechischen Philosophie aufgenommen, um auch Griechen die Wahrheit des Glaubens an den einen Gott und des Gehorsams gegen das Gesetz einsichtig zu machen. In der hellenistischen Welt aber verstand man religiöse Überlieferungen und Anschauungen keineswegs in exklusivem Sinn. Vielmehr herrschte die Ansicht vor, daß in allen Religionen letztlich ein und dieselbe Gottheit verehrt werde. Man suchte daher die Gottheiten der verschiedenen Religionen nicht nur in Beziehung miteinander zu bringen, sondern auch einander gleichzusetzen, so daß Zeus mit Jupiter und ägyptische Götter mit solchen der hellenistisch-römischen Religion identifiziert wurden. Man hielt es durchaus für zulässig, daß man nach Wunsch in mehrere Mysterien eingeweiht werden konnte, um sowohl in der Verehrung des Attis als auch des Osiris, Serapis und der Isis u. a. die σωτηρία zu erhalten. Die gnostische Bewegung verstärkte die überall lebendige Frage nach dem Heil. Der Mensch befindet sich nach gnostischer Vorstellung in dieser Welt in der Fremde. Er wird in einem Gefängnis festgehalten und kann nur durch die Befreiung des göttlichen Lichtkerns aus den Banden der Materie erlöst werden. Den Gnostiker, der zur wahren Erkenntnis gelangt ist, geht infolgedessen weder die Welt noch sein Leib mehr etwas an; entscheidend ist für ihn allein das Wissen, daß sein Selbst der himmlischen Welt zugehört und mit ihr wieder verbunden wird.

Die christliche Predigt mußte sich in der hellenistischen Welt der in ihr ausgebildeten und geläufigen Sprache und Vorstellungen bedienen, um auszusagen, daß in Christus allein das Heil für alle Welt liegt. Hellenistische Hoheitstitel wie υἱὸς θεοῦ und κύριος, anthropologische Begriffe, Anschauungen der Mysterienreligionen über Verehrung der Gottheit und Erlösung zum Heil sowie gnostische Gedanken über Erkenntnis und Rettung wurden aufgenommen, um mit ihrer Hilfe die christliche Botschaft als Antwort auf das Suchen und Fragen der alten Welt verständlich zu machen. Dabei lag durchaus die Gefahr nahe, daß das Christentum in der synkretistischen Welt des Hellenismus hätte aufgehen können. Indem man jedoch synkretistische Ausdrücke und Aussagen verwendete, um das Kerygma vom gekreuzigten und auferstandenen Christus als Heilsbotschaft auszurichten, wurden die aufgenommenen Vorstellungen vom Kerygma her umgeprägt und mit neuem Inhalt gefüllt, so daß sie nun der Entfaltung des λόγος ὁ τοῦ σταυροῦ dienstbar gemacht wurden.

# III. Die Theologie des Apostels Paulus

M. Dibelius – W. G. Kümmel, Paulus, 1951, ⁴1970, – G. Bornkamm, Das Ende des Gesetzes. Paulusstudien, 1952, ⁵1966 – ders., Paulus, RGG³ V, 166–190 – ders., Paulus, 1969, ⁵1983 – H.-J. Schoeps, Die Theologie des Apostels Paulus im Lichte der jüdischen Religionsgeschichte, 1959 – B. Rigaux, Paulus und seine Briefe, 1964 – E. Käsemann, Paulinische Perspektiven, 1969, ²1972 – O. Kuss, Paulus, Die Rolle des Apostels in der theologischen Entwicklung der Urkirche, 1971 – G. Eichholz, Die Theologie des Paulus im Umriß, 1972, ³1981 – J. C. Beker, Paul the Apostle, 1980 – K. H. Schelkle, Paulus, 1981.

Vorbemerkung:

*a.* Als *Quellen* für die paulinische Theologie kommen nur die authentischen Briefe des Apostels in Betracht: 1. Thess., Gal., 1./2. Kor., Phil., Phm., Röm. (s. E 34–52). 2. Thess., Kol., Eph. und Past. hingegen sind als Deuteropaulinen zu beurteilen (s. E 53–65). Sie sind zu berücksichtigen, wenn von den Nachwirkungen der paulinischen Theologie zu handeln ist, nicht aber zur Beschreibung der Theologie des Apostels selbst.
*b.* Von der Beantwortung der Frage nach dem Ansatz der paulinischen Theologie hängt es ab, wie der *Aufriß* ihrer Darstellung zu gestalten ist. Diese Frage ist vor allem von Bultmann gestellt worden: »Die paulinische Theologie ist ... kein spekulatives System. Sie handelt von Gott nicht in seinem Wesen an sich, sondern nur so, wie er für den Menschen, seine Verantwortung und sein Heil bedeutsam ist. Entsprechend handelt sie nicht von der Welt und vom Menschen, wie sie an sich sind, sondern sie sieht Welt und Mensch stets in der Beziehung zu Gott. Jeder Satz über Gott ist zugleich ein Satz über den Menschen und umgekehrt. Deshalb und in diesem Sinne ist die paulinische Theologie zugleich Anthropologie.« (191f.) Aus dieser Bestimmung folgt für Bultmann, daß die paulinische Theologie als Lehre vom Menschen zu beschreiben ist, indem zunächst vom Menschen vor der Offenbarung der πίστις und dann vom Menschen unter der πίστις gehandelt wird. Zwar ist im Röm., in dem der Apostel sein Evangelium von der Gerechtigkeit Gottes in geschlossenem Zusammenhang darlegt, zunächst vom Menschen unter dem Zorngericht Gottes die Rede (1, 18–3, 20), dann vom Menschen unter Gottes Gnadenerweis (3, 21–8, 39). Aber Paulus setzt nicht mit anthropologischen Ausführungen ein, sondern stellt an den Anfang das Evangelium von Christus, in dem Gottes Gerechtigkeit offenbar wird aus Glauben zum Glauben (Röm. 1, 1–5, 16f.). Erst unter diesem Vorzeichen wird deutlich, daß Gottes Gericht Heiden und Juden trifft und allein durch das Kreuz Christi jedem, der glaubt, Rettung widerfährt. Die Theologie des Apostels ist daher von dieser Mitte seines Denkens her darzustellen: dem Evangelium von der Offenbarung der Gerechtigkeit Gottes am Kreuz Christi. Nur in der Anerkennung dieses Geschehens vollzieht sich die entscheidende Korrektur des Selbstverständnisses des Menschen: der Verzicht, sich zu rühmen und mit Hilfe des Gesetzes selbst behaupten zu wollen, um fortan im Glauben an Christus zu leben. Daraus folgt, daß die Darstellung der paulinischen Theologie nicht mit einer Analyse der ontologischen Struktur des Menschseins zu beginnen hat, wie sie anhand der anthropologischen Begriffe von Bultmann entworfen wird. Sondern es ist dem Gefälle der paulinischen Theologie zu folgen, indem mit der Christologie und deren Auslegung in der Theologie der Rechtfertigung eingesetzt wird. Paulus denkt nicht spekulativ

und spricht nicht von Gott an sich. Er redet vielmehr von dem Gott, der in Christus die Welt und damit uns mit sich versöhnte. Daher entfaltet er seine Theologie in Auslegung des ihm vorgegebenen urchristlichen Kerygmas, das er als Wort von der Versöhnung begreift. Wird diese Botschaft im Glauben angenommen, so ereignet sich neue Schöpfung in Christus. Wo aber die Situation des Menschen vor der Offenbarung der πίστις in den Blick gefaßt wird, geschieht das unter dem Vorzeichen der bereits ergangenen Offenbarung, von der aus die Verlorenheit des auf sich selbst gestellten Menschen erhellt wird.

## § 16 Der Apostel der Völker

*Paulus ist nicht aus innerem Ungenügen gegenüber dem Gesetz zum Glauben an Christus gekommen, sondern er weiß sich allein durch Gottes Tat zur Erkenntnis gebracht, daß um Christi willen alles, was bis dahin als Gewinn galt, als Verlust anzusehen ist. Mit seiner Bekehrung ist er zum Apostel der Völker berufen, um in aller Welt das eine Evangelium zu verkündigen und dessen Konsequenzen in Auslegung des urchristlichen Kerygmas zu entfalten.*

W. G. Kümmel, Römer 7 und die Bekehrung des Paulus, 1929 – U. Wilckens, Die Bekehrung des Paulus als religionsgeschichtliches Problem, ZThK 56 (1959) 273–293 – W. Schmithals, Das Kirchliche Apostelamt 1961 – K. Wegenast, Das Verständnis der Tradition bei Paulus und in den Deuteropaulinen, 1962 – T. Holtz, Zum Selbstverständnis des Apostels Paulus, ThLZ 91 (1966) 321–330 – P. Stuhlmacher, »Das Ende des Gesetzes«. Über Ursprung und Ansatz der paulinischen Theologie, ZThK 67 (1970) 14–39 – J. Jeremias, Der Schlüssel zur Theologie des Apostels Paulus, 1971 – F. Hahn, Der Apostolat im Urchristentum, KuD 20 (1974) 54–77.

*a.* Paulus stammte aus dem *hellenistischen Judentum*. Die Apg. gibt Tarsus in Kilikien als seinen Geburtsort an (9, 11; 21, 39; 22, 3). In Kleinasien lebte eine starke Judenschaft, die sich der griechischen Sprache bediente und die griechische Bibel las. Die Familie des Paulus war streng jüdisch und führte sich auf den Stamm Benjamin zurück. Acht Tage nach seiner Geburt wurde der Knabe beschnitten. Paulus hebt seine israelitische Herkunft nicht ohne Stolz hervor, indem er sich Hebräer von Hebräern nennt, und berichtet, er sei ein streng nach dem Gesetz lebender Pharisäer gewesen (Phil. 3, 5). Daraus ist zu schließen, daß er zwar in der Diaspora aufgewachsen ist, dann aber nach Palästina gegangen sein muß, um sich der Gemeinschaft der Pharisäer anzuschließen. Denn daß es pharisäische Gruppen auch in der Diaspora gegeben hätte, ist nicht überliefert. Darum muß angenommen werden, daß der Jude Paulus in Palästina Mitglied dieser streng nach dem Gesetz lebenden Gemeinschaft geworden ist. Nach Apg. 22, 3 ist er dort Schüler des berühmten Schriftgelehrten Gamaliel gewesen, Paulus selbst aber erwähnt niemals seinen Namen. Wenn daher auch ungewiß bleiben muß, bei wem der Jude Paulus studiert hat, so lassen doch seine Briefe erkennen, daß er sowohl mit der in der hellenistischen Welt üblichen Form des Argumentierens im mündlichen Lehrvortrag, der sog. Diatribe, als auch mit den Regeln rabbinischer Schriftexegese und Gesetzesinterpretation gründlich vertraut war. Wie viele Juden der damaligen Zeit führte er einen Doppelnamen, indem er seinen jüdischen Namen Saul in der hellenistisch-römischen Umgebung durch den ähnlich klingenden Namen Paulus ersetzte.

Im Rückblick auf seinen Weg erwähnt Paulus später, er habe vor vielen Altersgenossen in seinem Volk Fortschritte im Jude-Sein gemacht und sei ein Eiferer um die väterlichen Überlieferungen gewesen (Gal. 1, 14). Dabei ist das Wort ζηλωτής nicht mit der politisch-messianischen Bewegung der Zeloten in Zusammenhang zu bringen, sondern seiner ursprünglichen Bedeutung nach gebraucht: Paulus mühte sich um die von den Vätern überkommenen Traditionen und setzte sich dafür ein, daß sie im Leben und Handeln befolgt wurden. Diese Haltung entspricht der pharisäischen Anschauung, nach der das göttliche Gesetz Israel in Schrift und Tradition anvertraut ist. Die Überlieferungen wurden jeweils durch Interpretation der Thora in ihrem sachlichen Recht geprüft und galten als verpflichtende Formulierung des göttlichen Gesetzes. Mit seinen jüdischen Zeitgenossen teilte Paulus die Auffassung, daß man die im Gesetz enthaltenen Gebote tatsächlich halten könne. Denn Gott hat Israel die Thora gegeben, damit man sich im Leben nach dem Gesetz als gerecht erweisen soll. Paulus hat also keineswegs als Jude darunter gelitten, daß etwa die Forderungen des Gesetzes unerfüllbar seien. Vielmehr war er stolz auf das Gesetz und fühlte sich als einer, der »hinsichtlich der Gerechtigkeit unter dem Gesetz untadelig« war (Phil. 3, 6).

Wenn Paulus von seiner jüdischen Vergangenheit spricht, nennt er nicht nur den Eifer um das Gesetz als besonderes Kennzeichen seines Jude-Seins, sondern fügt hinzu, er sei ein Verfolger der ἐκκλησία gewesen (Gal. 1, 13f.; Phil. 3, 5f.; 1. Kor. 15, 9). Zwischen diesen beiden Angaben besteht offensichtlich ein sachlicher Zusammenhang. Dann aber wird die Ursache für seine Feindschaft gegen die Gemeinde nicht in erster Linie darin gelegen haben, daß sie den gekreuzigten und auferstandenen Jesus von Nazareth als den Christus bekannte. Denn dieser Messiasglaube hätte als eine Sondermeinung innerhalb des Judentums allenfalls noch hingenommen werden können (s. S. 63). Vielmehr wird der Grund für die Gegnerschaft gegen die Christen vornehmlich darin zu suchen sein, daß sie dem Gesetz gegenüber eine kritische Stellung bezogen hatten, die sich für sie aus ihrem Messiasglauben ergab. Solche Haltung wurde von den hellenistischen Judenchristen des Stephanuskreises eingenommen (s. S. 63). Gegen diese Kreise richtete sich der Jude Paulus, um ihre Lehre zu bekämpfen, und wandte sich daher gegen die hellenistischen Gemeinden. Deshalb machte sich Paulus auf den Weg nach Damaskus und konnte er später sagen, er sei den christlichen Gemeinden in Judäa persönlich unbekannt (Gal. 1, 22); denn mit ihnen war er gar nicht in Berührung gekommen. Dieser Mann, der die Gemeinde verfolgte, weil er ein Eiferer um das Gesetz war, wurde plötzlich zum Glauben an den gekreuzigten Christus bekehrt.

*b.* Die *Bekehrung des Paulus* wurde lange Zeit zu Unrecht von Röm. 7 her gedeutet: Paulus habe unter der Last des Gesetzes geseufzt, voller Verzweiflung nach Erlösung und Befreiung gerufen und dann die Erneuerung durch Chrisus erlebt. Aber Röm. 7 ist nicht von Paulus die Rede, sondern wird in der Ich-Form die Situation des unerlösten Menschen beschrieben, wie sie erst im Glauben an Christus erkannt werden kann (Kümmel) (s. S. 95). Wo der Apostel von der Zeit spricht, als er Jude war, sagt er, daß er stolz auf das Gesetz gewesen sei und als Gerechter gelebt habe (s. o.). Daher darf die Bekehrung des Paulus nicht in Analogie zu Luthers Weg gedeutet werden, der vom Gesetz, das ihm den fordernden Gott vor Augen rückte, niedergedrückt wurde, bis er die Entdeckung der iustitia Dei passiva machte.

Im Unterschied zu der breit ausgestalteten Beschreibung, die die Apg. von der Bekehrung des Paulus gibt (9, 1–29; 22, 3–21; 26, 9–20), spricht Paulus selbst von dieser entscheidenden Stunde seines Lebens nur mit wenigen Worten: »Als es dem, der mich von Mutterleib an ausgesondert und durch seine Gnade berufen hatte, wohlgefiel, mir seinen Sohn zu offenbaren, ... (da beriet ich mich nicht mit Fleisch und Blut).« (Gal. 1, 15f.) Das Ereignis, durch das er Christ wurde, erwähnt Paulus nur in einem – allerdings gewichtigen – Nebensatz. Er versteht es als Gottes Tat, die auf seinen Gnadenratschluß zurückzuführen ist, und begreift den ihm erteilten Auftrag nach dem Vorbild der Propheten. Denn seine Berufung beschreibt er in deutlicher Anlehnung an das Gotteswort, das einst an den Propheten Jeremia ergangen war: »Ich kannte dich, ehe ich dich im Mutterleib bereitete, und sonderte dich aus, ehe du von der Mutter geboren wurdest, und bestellte dich zum Propheten für die Völker.« (Jer. 1, 5) Gottes Ruf traf Paulus durch die Offenbarung seines Sohnes. Das bedeutet: »Ich habe den Herrn gesehen« (1. Kor. 9, 1), »er ist auch mir erschienen« (1. Kor. 15, 8). Diese Erscheinung des Herrn, die Paulus nicht psychologisierend näher beschreibt, wandelte sein Leben von Grund auf: »Was mir Gewinn war, das habe ich um Christi willen für Schaden (= Verlust) geachtet; vielmehr, ich achte alles für Schaden gegen die überwältigende Größe der Erkenntnis Christi Jesu, meines Herrn, um dessentwillen ich alles preisgegeben habe, und achte es alles für Dreck, auf daß ich Christus gewinne und werde in ihm erfunden, nicht mit meiner Gerechtigkeit aus dem Gesetz, sondern mit der durch Glauben an Christus, mit der Gerechtigkeit aus Gott auf Grund des Glaubens.« (Phil. 3, 7–9) Auf der Seite des Verlustes ist fortan auch die Gerechtigkeit aus dem Gesetz zu buchen, auf die der Jude Paulus stolz gewesen war; und als Gewinn kann allein die rettende Barmherzigkeit Gottes gelten, die in Christus offenbar geworden ist.

Die Bekehrung des Paulus widerfuhr ihm zugleich als Beauftragung zum Apostel. Gott hat ihn berufen – so sagt er –, ἵνα εὐαγγελίζωμαι αὐτὸν (seinen Sohn) ἐν τοῖς ἔθνεσιν (Gal. 1, 16). Paulus weiß sich daher zum Apostel der Völker bestellt, der als κλητὸς ἀπόστολος (Röm. 1, 1) ein Schuldner der Griechen und Barbaren, der Weisen und Ungebildeten ist (Röm. 1, 14), weil er ihnen allen die Predigt des Evangeliums zu bringen hat. Darum wird er »den Juden ein Jude, um Juden zu gewinnen« (1. Kor. 9, 20). Ihnen wendet sich Paulus zu, indem er um der Liebe Christi willen nicht etwa wieder das Gesetz als Heilsweg anerkennt, sondern bereit ist, mit ihnen als Jude zu leben, um sie zum Glauben an Christus zu führen. Umgekehrt aber lebt er mit den Heiden als Heide, um auch ihnen das Evanglium zu bringen. »Allen bin ich alles geworden, um allenthalben welche zu retten.« (1. Kor. 9, 21f.) Paulus ist sich dessen bewußt, daß sein Verhalten mißverstanden werden kann: von den Juden, als beugte er sich wieder unter den Dienst des Gesetzes, von den Heiden, als habe er sich von Gottes Gebot abgewandt. Gleichwohl aber tut er das alles »um des Evangeliums willen, um an ihm Anteil zu bekommen« (1. Kor. 9, 23).

Von seinem Auftrag her begreift Paulus seine ἀποστολή als Gottes χάρις, die ihm zuteil geworden ist (Röm. 1, 5). Apostel, die als Zeugen des Auferstandenen Christus verkündigten, gab es schon vor ihm (1. Kor. 9, 5; 15, 7). Paulus versteht sich als den letzten in der Reihe derer, denen der Auferstandene erschienen ist; als ἀπόστολος Χριστοῦ Ἰησοῦ hat er in aller Welt das Evangelium zu verkündigen. Im Rückblick auf sein Wirken sagt er, von Jerusalem und Umgebung aus habe er bis nach Illyrien die Verkündigung des Evangeliums von Christus erfüllt (Röm. 15, 19). Dabei fällt auf, daß Paulus Jerusalem nennt, obwohl er dort nicht als Apostel gewirkt hat, und von Illyrien spricht, wo er nicht tätig gewesen ist. Indem er zuerst Jerusalem erwähnt, weist er auf den Ort hin, an dem die Verkündigung des Evangeliums ihren Anfang genommen hat, und mit dem Hinweis auf Illyrien gibt er die ihm erreichbaren Grenzen von Menschen bewohnter Länder an, bis zu denen die Christusbotschaft hinausgetragen werden soll. Dieser Auftrag zur weltweiten Verkündigung ist ihm nicht von Menschen, auch nicht durch Vermittlung eines Menschen übertragen worden, sondern durch Gott den Vater und den Kyrios Jesus Christus (Gal. 1, 3). Darum kann es für diese Berufung keine menschliche Bestätigung geben – auch nicht von den Leitern der Urgemeinde in Jerusalem (Gal. 1, 15–24) –, sondern indem die Wahrheit des Evangeliums, das Paulus bezeugt, im Glauben angenommen wird, wird auch begriffen, daß Christus durch seinen Apostel zu den Völkern spricht.

Der Auftrag, der Paulus erteilt wurde, steht nicht zurück hinter dem des Petrus, der mit der ἀποστολὴ τῆς περιτομῆς betraut wurde. »Denn der sich mächtig erwiesen hat an Petrus zum Apostelamt unter der Beschneidung, der erwies sich mächtig an mir unter den Völkern.« (Gal. 2, 8) Die Leiter der Urgemeinde in Jerusalem erkannten ausdrücklich an, daß Paulus Gottes Auftrag zur Predigt des Evangeliums unter den Völkern erteilt worden war (Gal. 2, 9). Wenn Paulus diese Botschaft gelegentlich als »mein Evangelium« bezeichnet (Röm. 2, 16; 2. Kor. 4, 3), so meint er damit das Evangelium, »das von mir verkündigt wird« (Gal. 1, 11), »das ich predige« (Gal. 2, 2); das ist das gesetzesfreie Evangelium, das seine sachgerechte Auslegung in der Predigt von der Rechtfertigung des Gottlosen allein aus Gnade, allein aus Glauben findet. Die Heiden empfangen darum das Heil ohne das Gesetz – ausschließlich im Glauben an die frohe Botschaft von der Barmherzigkeit Gottes in Christus.

*c.* Wie verhält sich Paulus zur *Urgemeinde* und der ihm vorgegebenen urchristlichen Verkündigung? Auf der einen Seite betont er, daß er ohne jede Vermittlung von Menschen zum Apostel berufen wurde (Gal. 1, 1) und daß das Evangelium, das er verkündigt, nicht κατὰ ἄνθρωπον sei (Gal. 1, 11). »Denn ich habe es von keinem Menschen empfangen oder gelernt, sondern durch Offenbarung Jesu Christi.« (Gal. 1, 12) Auf der anderen Seite aber kann Paulus überlieferte Sätze übernehmen und an die Gemeinden weitergeben. Mit den Worten »Ich habe es vom Herrn empfangen (παρέλαβον), was ich euch auch überliefert (παρέδωκα) habe« leitet er die Tradition der Abendmahlsworte ein (1. Kor. 11, 23). Und an die erste Predigt in Korinth erinnert er mit dem Satz: »Ich habe es euch unter den Hauptstücken überliefert (παρέδωκα), was ich auch empfangen habe (παρέλαβον)« (1. Kor. 15, 3) und fügt dann das Zitat des urchristlichen Kerygmas an (1. Kor. 15, 3–5). Die Begriffe »empfangen« (hebr.: *qibbel*) und »überliefern« (hebr.: *masar*) = παραλαμβάνειν/παραδιδόναι waren termini technici für die Übernahme und Weitergabe rabbinischer Tradition. So heißt es in der Mischna: »Mose empfing das Gesetz vom Sinai und überlieferte es Josua, und Josua den Ältesten, und die Ältesten den Propheten, und die Propheten überlieferten es den Männern der Großen Synagoge (zur Zeit Esras).« (Pirqe Abot I, 1) Die Kette verbindet alle Glieder miteinander, so daß der mündlich überlieferte Traditionsstoff in lückenloser Folge bis auf die Übergabe des Gesetzes am Sinai zurückgeführt wird.

Wenn Paulus mit den Begriffen παραλαμβάνειν/παραδιδόναι von der Übernahme und Weitergabe von Tradition spricht, so ist damit vorausgesetzt, daß auch in der christlichen Kirche mündliche Überlieferung in fester Folge weitergereicht wird. Aber diese Überlieferung wird nicht mit den Namen berühmter Schriftgelehrter verknüpft; erst recht wird sie nicht mit der Übergabe des Gesetzes am Sinai in Zusammenhang gebracht. Sondern Paulus nennt den Anfang aller Tradition, von dem her jedes Wort christlicher Lehre und Verkündigung seine Gültigkeit empfängt: »vom Herrn.« Das bedeutet nicht nur, daß beim Kyrios der Ursprung der Überlieferung liegt, sondern besagt vielmehr, daß in den überkommenen Sätzen der Kyrios als der lebendige und gegenwärtige Herr selbst das Wort nimmt und es hier und jetzt der Gemeinde zuspricht.

## § 17 Die Christologie

*Paulus überliefert nicht eine Lehre Jesu, sondern interpretiert das Kerygma vom gekreuzigten und auferstandenen Christus im Zusammenhang seiner Theologie. Die universale Bedeutung des Heilsgeschehens wird aufgezeigt, indem durch die Gegenüberstellung von Adam und Christus die Unvergleichlichkeit des eschatologischen Gnadenerweises Gottes hervorgehoben und im gepredigten Wort aller Welt das Angebot der Versöhnung zugerufen wird.*

Lit. s. zu § 11, ferner: N. A. DAHL, Die Messianität Jesu bei Paulus, in: Studia Paulina, Festschrift für J. DE ZWAAN, 1953, 83–95 – E. LOHSE, Märtyrer und Gottesknecht, 1955, [2]1963 – E. BRANDENBURGER, Adam und Christus, 1962 – E. JÜNGEL, Paulus und Jesus, 1962, [5]1979 – W. KRAMER, Christos, Kyrios, Gottessohn, 1963 – W. G. KÜMMEL, Jesus und Paulus, NTS 10 (1963/64) 163–181 = Heilsgeschehen und Geschichte. Gesammelte Aufsätze 1933–1964, 1965, 439–456 – J. BLANK, Paulus und Jesus, 1968 – H.-W. KUHN, Der irdische Jesus bei Paulus als traditionsgeschichtliches Problem, ZThK 67 (1970) 295–320 – P. STUHLMACHER, Zur paulinischen Christologie, ZThK 74 (1977) 449–463 – H. WEDER, Das Kreuz Jesu bei Paulus, 1981.

*a.* Das Problem *Jesus und Paulus* ist immer wieder verhandelt und unterschiedlich beurteilt worden. Wiederholt wurde der Versuch unternommen, Jesus und Paulus auseinanderzureißen, indem Jesu Verkündigung bejaht, Paulus aber vorgeworfen wurde, ein christologisches Dogma entwickelt und damit Jesu Lehre verfälscht zu haben. Solche Vorwürfe sind unbegründet. Denn schon die vorpaulinische Christenheit hat eine Christologie ausgebildet (s. § 11). Paulus nimmt das ihm vorgegebene Kerygma auf und interpretiert es in seiner Verkündigung. Hatte Jesus das Erbarmen Gottes mit den Verlorenen bezeugt und in den Auseinandersetzungen mit Pharisäern und Schriftgelehrten die Allverbindlichkeit des Gesetzes bestritten (s. S. 36–38), so führt Paulus in seiner Theologie aus, was Gottes Gnade für die Verschuldeten bedeutet, die ihnen nicht nach gesetzlichem Verdienst, sondern allein aus Gottes Barmherzigkeit zuteil wird. Diese Botschaft aber konnte nicht so ausgerichtet werden, daß Jesu Predigt unverändert weitergegeben und wiederholt worden wäre. Sondern nach Karfreitag und Ostern mußte die christliche Predigt so ausgesagt werden, daß Kreuz und Auferstehung Christi als Gottes Tat gepredigt wurden und alles, was von Jesus überliefert ist, im Licht dieses Geschehens gedeutet und betrachtet wurde.
Es liegt kein Anhaltspunkt für die Annahme vor, daß Paulus Jesus jemals begegnet sei. Paulus selbst würde auch grundsätzlich bestreiten, daß eine etwaige persönliche Begegnung jetzt noch irgendwie von Gewicht sein könnte: »So kennen wir von jetzt an niemanden mehr nach dem Fleisch. Haben wir auch Christus nach dem Fleisch gekannt, so kennen wir ihn nun nicht mehr.« (2. Kor. 5, 16) Aber auch mit der palästinischen Urgemeinde, die Jesu Worte tradierte, hat Paulus kaum Berührung gehabt. Er versichert ausdrücklich, daß er erst drei Jahre nach seiner Bekehrung für 14 Tage Jerusalem besucht habe, um Kephas kennenzulernen (Gal. 1, 18). Danach ist er erst nach weiteren 14 Jahren wieder zur Urgemeinde gereist, um am Apostelkonvent teilzunehmen (Gal. 2, 1). Paulus ist also nicht in engere Verbindung mit Kreisen gekommen, durch die ihm eine

genauere Kenntnis der Verkündigung des historischen Jesus hätte vermittelt werden können.

In seinen Briefen nimmt Paulus kaum Bezug auf Jesu Leben und Wirksamkeit – abgesehen von dem ständigen Hinweis auf sein Kreuz. Wenn es 2. Kor. 8, 9 heißt, Christus sei um euret- bzw. unseretwillen arm geworden, so ist dabei nicht an den Erdenweg Jesu gedacht, sondern an die Erniedrigung des Präexistenten. Nur wenige Herrenworte hat der Apostel aus der Gemeindetradition übernommen und zitiert. Das Verbot der Ehescheidung wird mit einem Herrenwort begründet (1. Kor. 7, 10f.). Mit einem Wort Jesu macht Paulus den Anspruch geltend, daß diejenigen, die das Evangelium verkündigen, auch vom Evangelium leben sollen, d.h. daß die Gemeinden für den Unterhalt der Prediger aufkommen sollen (1. Kor. 9, 14). Die Abendmahlsüberlieferung wird als überkommene Tradition ausdrücklich kenntlich gemacht (1. Kor. 11, 23–25). Und die Frage der Gemeinde von Thessalonich, was aus denen werde, die vor der Parusie gestorben sind, beantwortet der Apostel mit einem apokalyptischen Herrenwort (1. Thess. 4,15–17). Dabei werden diese Logien der jeweiligen Situation entsprechend durch Ergänzungen oder Neuformulierungen interpretiert. 1. Thess. 4 wird von den νεκροὶ ἐν Χριστῷ und der feierlichen Einholung des Kyrios bei seiner Parusie gesprochen, also in Wendungen geredet, die so in der Verkündigung des historischen Jesus unmöglich gebraucht worden sein können. 1. Kor. 9, 14 wird der urchristliche Begriff des Evangeliums genannt. Und das 1. Kor. 7, 10 zitierte Verbot der Ehescheidung wird nicht als starres Gesetz verstanden. Denn Paulus gesteht zu, daß es Fälle geben kann, in denen es unvermeidlich ist, eine Ehe aufzulösen; wenn nämlich in einer Mischehe der heidnische Partner die Gemeinschaft mit dem christlichen Ehegatten nicht fortführen will (1. Kor. 7, 15). (Zu den Abendmahlsworten bei Paulus s. S. 108f.)

Da in der urchristlichen Paränese bisweilen auch Sprüche Jesu verwendet wurden, ohne daß sie ausdrücklich als solche gekennzeichnet wurden, könnten auch einigen Sätzen der paulinischen Paränese Herrenworte zugrundeliegen. Wenn Paulus schreibt, niemandem Böses mit Bösem zu vergelten (Röm. 12, 17) und die Verfolger zu segnen (Röm. 12, 14), so klingen diese Mahnungen an Jesu Wort an, die Feinde zu lieben und für die Verfolger zu beten (Mt. 5, 44f.). Und heißt es, man solle den Nächsten lieben wie sich selbst und die Liebe sei des Gesetzes Erfüllung (Röm. 13, 8–10), so ist offenbar das Doppelgebot der Liebe als bekannt vorausgesetzt. In ähnlicher Weise sind auch in der Paränese des Jak. zahlreiche Berührungen mit Jesusworten zu erkennen, die ihren Sitz im Leben in den an die Gemeinde gerichteten Ermahnungen hatten. (s. E 128f.) Aus solchen Anklängen innerhalb der paränetischen Abschnitte der paulinischen Briefe lassen sich daher keine Folgerungen für das Verhältnis des Apostels Paulus zur Verkündigung des historischen Jesus ziehen. Paulus wiederholt also nicht eine Lehre Jesu, sondern legt in seiner Theologie das urchristliche Kerygma aus.

*b.* Das *urchristliche Kerygma* wird von Paulus in verschiedenen Formulierungen urchristlicher Bekenntnissätze zitiert: 1. Kor. 15, 3–5 und Röm. 1, 3f. werden überlieferte Sätze angeführt, die den Inhalt des Evangeliums aussagen (s. S. 15f.). Röm. 3, 25f. und 4, 25 werden geprägte Wendungen aufgenommen, die vom stellvertretenden Tod Christi handeln (s. S. 54). Und Phil. 2, 6–11 werden mit einem urchristlichen Hymnus Erniedrigung und Erhöhung Christi besungen. Paulus behandelt die zitierten Traditionen nicht als heilige Texte, deren Wortlaut in scheuer Ehrfurcht unverändert weitergegeben werden müßte. Sondern er setzt jeweils in die Zitate Ergänzungen und Interpretamente ein oder erweitert sie um erklärende Zusätze (s. S. 86). So wird von ihm im Anschluß an 1. Kor. 15, 3–5 die Reihe der Zeugen des Auferstandenen bis zu seiner Berufung zum Apostel fortgeführt. In den Hymnus Phil. 2, 6–11 fügt er die Bemerkung ein, Christus sei gehorsam gewesen bis zum Tod am Kreuz (s. E 22). Den Röm. 3, 25f. zitierten Satz (s. E 24f.) verändert Paulus, indem er zwischen ἱλαστήριον und ἐν τῷ αὐτοῦ αἵματι die Worte διὰ πίστεως stellt, dadurch dem Hinweis auf den Glauben starken Nachdruck verleiht und ergänzend hinzufügt, daß Gott im eschatologischen Kairos seine Gerechtigkeit darin erweist, daß er denjenigen rechtfertigt, der aus dem Glauben an Jesus lebt. Sprach die Röm. 1, 3f. angeführte Bekenntnisformel davon, daß die Einsetzung Jesu als Gottessohn bei seiner Auferstehung und Erhöhung geschah, so beginnt Paulus mit den Worten: περὶ τοῦ υἱοῦ αὐτοῦ und schließt mit der Wendung Ἰησοῦ Χριστοῦ τοῦ κυρίου ἡμῶν ab (s. E 21).

Als christologische Titel verwendet Paulus vornehmlich die Bezeichnungen Gottessohn und Kyrios. Dabei verbindet er wie die hellenistische Gemeinde mit dem Titel υἱὸς θεοῦ den Gedanken an die Präexistenz und Sendung Christi (Röm. 1, 3; 8, 31; Gal. 4, 4 u. ö.), während als Kyrios der gegenwärtige und der kommende Herr bezeichnet wird, zu dem die Glaubenden rufen (Röm. 1, 4; 1. Kor. 12, 3) und der in naher Zukunft zum Gericht erscheinen wird (1. Thess. 4, 15–17). Die universale Gültigkeit des Christusgeschehens kann nicht anders als im Glauben erkannt werden, der begreift, daß am Kreuz Christi Gottes Liebe offenbar geworden ist.

*c. Kreuz und Auferstehung Christi* stehen im Mittelpunkt der paulinischen Christologie. Nennt Paulus mit der ersten Christenheit den Gekreuzigten den Christus, so tritt doch für ihn die titulare Bedeutung in den Hintergrund und ist Χριστός wie ein Eigenname eng mit Ἰησοῦς verbunden (s. S. 55). Umgekehrt aber kann auch die Auferstehung Christi nicht ohne das Kreuz verstanden werden. Durch seine Auferweckung ist Christi Kreuz nicht aufgehoben, sondern vielmehr erst in seiner Bedeutung offenbar geworden. Zwar erscheint das Wort vom Kreuz denen, die verlorengehen, als Unsinn, »uns aber, die wir gerettet werden, ist es δύναμις θεοῦ« (1. Kor. 1, 18). Der Erweis göttlicher Kraft ist an einer Stelle erfolgt, an der niemand es erwartet hätte. Denn Christus »wurde aus Schwachheit gekreuzigt« (2. Kor. 13, 4). Darum »verkündigen wir Christus, den Gekreuzigten, den Juden ein σκάνδαλον, den Heiden μωρία, denen aber, die berufen sind, Juden und Griechen, Christus als Gottes Kraft und Gottes Weisheit« (1. Kor. 1, 23f.). »Christus verkündigen« ist für Paulus gleichbedeutend mit »den Gekreuzigten verkündigen«. »Denn ich beschloß, nichts anderes unter euch zu wissen als Jesus Christus, den Gekreuzigten.« (1. Kor. 2, 2) Den Galatern hat Paulus Jesus Christus, den Gekreuzigten, vor die Augen gemalt (Gal. 3, 1). Dabei ist nicht daran gedacht, daß im Sinne einer Blut- und Wunden-Mystik von seiner Passion gesprochen wurde. Sondern Paulus meint die Proklamation des Gekreuzigten, der allein Grund des Heils ist (Gal. 3, 1–5). Gott hat seine Liebe gegen uns erwiesen, daß, als wir noch Sünder waren, Christus für uns gestorben ist (Röm. 5, 8). Ihn hat Gott aus dem Tod erweckt und zu seiner Rechten erhöht (Röm. 8, 34). »Denn dazu ist Christus gestorben und auferstanden, daß er über Tote und Lebende Herr sei.« (Röm. 14, 9)

Um das Heilsgeschehen zu verdeutlichen, bedient Paulus sich verschiedentlich bildlicher Redeweise:

1. Im Anschluß an vorgegebene urchristliche Sätze kann Paulus den Tod Christi als *Opfer* beschreiben (Röm. 3, 25: Sühnopfer; 1. Kor. 5, 7: Passaopfer).

Dabei wird das Bild des Opfers mit neuem Sinn gefüllt. Denn um die Sündenmacht zu besiegen, brachte Gott selbst das Opfer dar, indem er seinen Sohn sandte (Röm. 8, 3) und ihn für uns alle dahingab (Röm. 8, 32).

2. Mehrfach spricht Paulus von Christi Kreuzestod mit Wendungen, die aus dem *Strafrecht* genommen sind. Auf ihn ist die Strafe gelegt worden, die uns hätte treffen sollen (2. Kor. 5, 21). Christus »ist für uns zum Fluch geworden« (Gal. 3, 13). Denn in seinem Sterben hat sich erfüllt, was Dtn. 21, 23 gesagt ist: »Verflucht ist jeder, der am Holz hängt.« Möglicherweise ist dieser Satz aus der Thora zunächst in der jüdischen Polemik gegen das Kreuz des Messias der Christen verwendet worden: er sei ein Verfluchter und könne darum nicht der Gesalbte Gottes sein (s. G. Jeremias, Der Lehrer der Gerechtigkeit, 1963, 133–135). Paulus nimmt den Satz aus Dtn. 21 auf und verschärft seine Aussage, indem er nicht von einem Verfluchten spricht, sondern sagt, Christus sei für uns zum Fluch schlechthin geworden. Er war so sehr vom Fluch bedeckt, der uns hätte treffen sollen, daß an ihm nichts anderes mehr sichtbar war. Dadurch aber hat er uns vom Fluch (des Gesetzes) befreit. »Einer ist für alle gestorben; also sind alle gestorben; und für alle ist er gestorben, damit die Lebenden nicht mehr sich selbst leben, sondern dem, der für sie gestorben und auferstanden ist.« (2. Kor. 5, 14f.)

3. Mit dem Bild des *Loskaufs* hebt Paulus die unvergleichliche Größe der Erlösung hervor, die Christus bewirkt hat (1. Kor. 6, 20; 7, 23; Gal. 3, 13; 4, 5). Dieses Bild darf nicht auf die antike Einrichtung der sog. sakralen Sklavenbefreiung eingeengt werden (so: A. Deissmann, Licht vom Osten, $^{4}$1923, 270–287). Danach mußte der Sklave selbst den Kaufpreis zusammensparen und dann im Tempel hinterlegen, damit sein Loskauf durch die Gottheit fingiert wurde und er die Freiheit erlangte. Paulus redet in anderer Weise vom Loskauf: Gott bzw. Christus hat selbst den Preis entrichtet. Dabei wird die Frage, wem denn die Summe gezahlt wird, nicht gestellt; an den Satan oder dämonische Mächte ist nicht gedacht. Vielmehr kommt es Paulus darauf an, mit Hilfe dieses Bildes auf die Heilswirkung des stellvertretenden Todes Christi hinzuweisen: Christus hat sich selbst für uns als Kaufpreis dahingegeben; »ihr seid teuer erkauft, darum werdet nicht der Menschen Knechte« (1. Kor. 7, 23).

4. Das Heilsgeschehen kann Paulus schließlich auch als *Versöhnung* bezeichnen. Das Verbum καταλλάσσειν zeigt an, daß zwei Menschen, die einander entfremdet waren, wieder zusammenfinden. So können sich Ehepartner, die sich getrennt hatten, wieder miteinander versöhnen (1. Kor. 7, 11). Auf das Christusgeschehen wendet Paulus diesen Ausdruck an, indem er sagt: θεὸς ἦν ἐν Χριστῷ κόσμον καταλλάσσων ἑαυτῷ (2. Kor. 5, 19). Subjekt der Versöhnung ist also Gott. Dadurch ist die paulinische Redeweise von der Versöhnung sowohl von allen antiken Opfervorstellungen unterschieden als auch von der Satisfaktionstheorie der Scholastik, wie sie vor allem Anselm von Canterbury entwickelt hat. Nach dieser Lehre mußte Gott durch ein allgenugsames Opfer versöhnt werden, das allein Christus darbringen konnte. Paulus bezieht den Gedanken der καταλλαγή auf Gottes Tat, die er in Christus getan hat. Gott ist nicht Empfänger der Versöhnung, sondern er hat uns durch Christus (2. Kor. 5, 18), bzw. in Christus die Welt (d.h. die Menschen) mit sich versöhnt (2. Kor. 5, 19). Darum ergeht an alle Welt die Aufforderung: καταλλάγητε τῷ θεῷ (2. Kor. 5, 20).

*d.* Daß das Christusereignis alle Welt betrifft, hebt Paulus durch die Gegenüberstellung von *Adam und Christus* hervor. Dabei knüpft er an den apokalyptischen Gedanken an, daß durch Adams Tat das Todesverhängnis über alle Menschen gekommen sei. Adams Tat ist von schicksalhafter Bedeutung für alle Menschen

(s. S. 92). Doch ungleich größer als die Wirkung der Tat Adams, in dem sie all sterben (1. Kor. 15, 22), ist die Tat Christi; denn die Gnade überwiegt bei weitem das Strafurteil. »Wie es durch eine Übertretung (nämlich: den Ungehorsam Adams) für alle Menschen zur Verurteilung kam, so kommt es auch durch eine Rechttat (nämlich: die Gehorsamstat Christi) für alle Menschen zur lebenschaffenden Gerechtmachung.« (Röm. 5, 18) »Denn wie durch den Ungehorsam des einen Menschen die Vielen zu Sündern gemacht wurden, so werden auch durch den Gehorsam des Einen die Vielen zu Gerechten gemacht werden.« (Röm. 5, 19) Während aber der Tod alle Menschen ereilt, ohne daß sie ihm entrinnen können, geht von Christi Tat keine naturhafte, unwiderstehliche Wirkung aus. Sondern das Christusgeschehen muß verkündigt und als gepredigtes Wort den Menschen zugerufen werden. Wo es im Glauben angenommen wird, da ereignet sich die eschatologische Neuschöpfung (2. Kor. 5, 17), daß die, die in Christus sind, nicht mehr auf der Seite Adams stehen, sondern auf der Christi (1. Kor. 15, 22), d.h. nicht des Todes, sondern des Lebens, nicht der Verurteilung, sondern der Gerechtigkeit.

## § 18 Die Gerechtigkeit Gottes

*Paulus legt das Evangelium als Offenbarung der Gerechtigkeit Gottes aus. Sie gilt aller Welt – den Juden zuerst und auch den Griechen – und wird als seine eschatologische Gabe im Glauben empfangen, indem der Mensch auf den Versuch verzichtet, die eigene Gerechtigkeit aufzurichten, dem Urteil Gottes recht gibt und Christus allein seine Gerechtigkeit sein läßt.*

G. Klein, Rechtfertigung im NT, RGG³ V, 825–828 – ders., Gottes Gerechtigkeit als Thema der neuesten Paulusforschung, VF 12 (1967) 1–11 = Rekonstruktion und Interpretation, 1969, 225–236 – E. Käsemann, Gottesgerechtigkeit bei Paulus, ZThK 58 (1961) 367–377 = EVB II, 181–193 – R. Bultmann, ΔΙΚΑΙΟΣΥΝΗ ΘΕΟΥ, JBL 83 (1964) 12–16 = Exegetica, 1967, 470–475 – C. Müller, Gottes Gerechtigkeit und Gottes Volk, 1964 – P. Stuhlmacher, Gerechtigkeit Gottes bei Paulus, 1965, ²1966 – K. Kertelge, Rechtfertigung bei Paulus, 1967, ²1971 – H. Conzelmann, Die Rechtfertigungslehre des Paulus. Theologie oder Anthropologie? EvTh 28 (1968) 389–404 = Theologie als Schriftauslegung, 1974, 191–206 – E. Lohse, Die Gerechtigkeit Gottes in der paulinischen Theologie, in: Die Einheit des NT, 1973, 209–227.

*a.* Der paulinische Begriff der *Gerechtigkeit Gottes* muß von seinen *at.lich-jüdischen Voraussetzungen* her verstanden werden. Zur Begründung seiner Rede von der δικαιοσύνη θεοῦ weist Paulus auf das AT hin. Schriftbeleg ist für ihn in der Thora vornehmlich die Abrahamsgeschichte, in den Propheten das Wort aus Hab. 2, 4, der Gerechte werde aus Glauben leben. Dabei bezieht sich der Apostel aber nicht auf einen terminus technicus »Gerechtigkeit Gottes«, der als solcher bereits in der Schrift vorgegeben wäre. Tatsächlich ist im AT nur Dtn. 33, 21 von der *ṣidqat JHWH* die Rede, die Gad ins Werk setzte: »Er vollstreckte die Gerechtigkeit Jahwes und seine Gerichte vereint mit Israel.« Damit ist die Bundestreue des Gottes Israels gemeint, der entsprechend sich der Stamm Gad verhalten hat. Es liegt auf der Hand, daß diese einzige Stelle, die innerhalb des AT den Ausdruck »Gerechtigkeit Gottes« bezeugt, nicht der Ursprung jener von Paulus so betont herausgestellten Aussage gewesen sein kann, zumal er selbst sich niemals auf Dtn. 33, 21 beruft und die LXX abweichend vom hebrä-

ischen Text mit δικαιοσύνην κύριος ἐποίησεν übersetzt, im übrigen aber nirgendwo die Begriffsverbindung δικαιοσύνη θεοῦ verwendet.
Von entscheidender Bedeutung ist jedoch für Paulus die at.liche Rede von Gott, der sich als der gerechte erweist. Deshalb bezieht er sich auf den Satz: »Abraham glaubte an Gott, und das wurde ihm zur Gerechtigkeit angerechnet.« (Gen. 15, 6; Gal. 3, 6; Röm. 4, 3) Der Glaube Abrahams bedeutete, daß er entgegen allem Augenschein sich auf die Zusage Gottes verließ und damit dem Walten Gottes Raum gab. Abraham hatte die Zusage seines Gotttes für wirklicher gehalten als alles andere, das er vor Augen sah, und sich eben dadurch in das einzig rechte Verhältnis zu Gott gesetzt, das als Gerechtigkeit bestimmt wird, als die von Gott gnädig anerkannte Gemeinschaft mit dem Menschen, der ihm vertraut.
Die spätere jüdische Exegese – vornehmlich die rabbinische Interpretation – hat den Glauben Abrahams dann als Verdienst gewertet, das neben anderen Taten des Gehorsams gegen das Gesetz dem Vater Abraham als gerechtes Werk gebucht wird, so daß für die Rabbinen kein Zweifel darüber besteht, daß Abraham ausschließlich aus Werken gerechtfertigt wurde. Diese Deutung der Abrahamsgeschichte weiß kaum etwas von dem gerechten Gott als dem barmherzigen zu sagen. Von ihm ist jedoch in den Texten von Qumran die Rede.
Auf der einen Seite wird in der Lehre der Gemeinde von Qumran ein Gesetzesradikalismus vertreten, der von den Söhnen des Lichtes fordert, alle Gebote und Satzungen der Thora zu halten und durch diesen totalen Gehorsam, der keine Erleichterung und keine Ausnahme kennt, die Umkehr zum Gesetz des Mose zu verwirklichen. Auf der anderen Seite aber bekennen die Beter, deren Stimme in den Lobliedern am Ende der Gemeinderegel (1 QS) und vor allem in den Hodajot (1 QH) zu Gehör kommt, daß sie als Sünder vor Gott stehen, die sich ihrer Verfehlungen und ihrer Verlorenheit zutiefst bewußt sind: »Sein Urteil will ich gerecht heißen entsprechend meiner Verkehrtheit, und meine Sünde sei mir vor Augen wie ein eingegrabenes Gesetz. Aber zu Gott will ich sprechen: Gründer meines Gutes, Quelle meines Wissens und Quelle der Heiligkeit, Höhe der Majestät und Allmacht zu ewiger Verherrlichung.« (1 QS X, 11f.) »Was mich betrifft, so steht das Urteil über mich bei Gott, und in seiner Hand liegt die Vollkommenheit meines Wandels mitsamt der Geradheit meines Herzens, und durch seine Gerechtigkeit wird meine Sünde getilgt.« (1 QS XI, 2f.) In diesen Gebeten wird klar ausgesprochen, daß Gottes Gerechtigkeit sich als seine Barmherzigkeit dem verlorenen Menschen zugewandt hat. Allein durch dieses gnädige Handeln wird er gerettet, so daß der Erweis der göttlichen Gerechtigkeit seine Gerechtigkeit begründet, kraft deren er fortan lebt. Das aber bedeutet, daß er nunmehr instand gesetzt wird, nach dem Willen Gottes zu leben. Darum wissen die Frommen, »daß beim Menschen keine Gerechtigkeit ist und nicht beim Menschenkind vollkommener Wandel. Beim höchsten Gott sind alle Werke der Gerechtigkeit, aber der Wandel des Menschen steht nicht fest, es sei denn durch den Geist, den Gott ihm schuf, um den Wandel der Menschenkinder vollkommen zu machen.« (1 QH IV, 30–32) Auf die Frage: »Und wer ist gerecht vor dir, wenn er gerichtet wird?« (1 QH VII, 28) wird die Antwort gegeben: »Dir, ja dir gehört die Gerechtigkeit, und deinem Namen gebührt ewiger Lobpreis.« (1 QH XVII, 20)
Mit dem Begriff der Gerechtigkeit Gottes wird also nicht der Machterweis des Schöpfergottes (gegen Käsemann, Stuhlmacher), sondern Gottes gnädiges Handeln bezeichnet, in dem er dem Bund treu bleibt und seine Barmherzigkeit erweist, so daß der begnadigte Sünder aus dieser ihm beigelegten Gerechtig-

keit fortan lebt. »Denn dadurch« – so heißt es 4. Esra 8, 36 – »wird deine Gerechtigkeit und Güte, Herr, offenbar, daß du dich derer erbarmst, die keinen Schatz von guten Werken haben.« Der Erweis der Gerechtigkeit Gottes besteht in seinem gnädigen Handeln, in dem er den Sünder annimmt und ihn in das rechte Verhältnis zu sich setzt, so daß er nunmehr Gott seine Gerechtigkeit nennt und sich zu ihm als dem Grund seines Heils bekennt. Die Gemeinde von Qumran deutet das Schriftwort von Hab. 2, 4 – der Gerechte werde durch seine *'emuna* leben – »auf alle Täter des Gesetzes im Hause Juda, die Gott erretten wird aus dem Hause des Gerichtes um ihrer Mühsal und ihrer Treue willen zum Lehrer der Gerechtigkeit« (1 QpHab VIII, 1–3). Zwar weiß man in der Gemeinde von Qumran mancherlei davon zu sagen, daß Gott seine Gerechtigkeit als seine Barmherzigkeit erweist. Durch diese Gabe Gottes aber wird nach ihrem Verständnis der Mensch erst in die Lage versetzt, Gottes Gesetz zu erkennen und der Auslegung der Thora zu folgen, wie sie der Lehrer der Gerechtigkeit vorgetragen hat. Die Rechtfertigung aus Gnaden verpflichtet daher den Menschen, nun das ganze Gesetz zu halten, so daß dem »sola gratia« ein »sola lege« entspricht. Die Frage nach dem Glauben, der die Gerechtigkeit Gottes empfängt, kommt daher in den Texten von Qumran nicht in den Blick.
Im radikalen Gegensatz dazu begreift Paulus die Gerechtigkeit Gottes als seine Barmherzigkeit, die allein im Glauben empfangen werden kann, so daß zum »sola gratia« das »sola fide« unlöslich hinzugehört. Dieses Verständnis der Gerechtigkeit Gottes konnte nicht durch eine jüdische Redeweise vorgegeben sein. Zwar war die Frage, wie denn der Mensch Gottes Gerechtigkeit erfahren und in das rechte Verhältnis zu ihm gelangen kann, im damaligen Judentum lebendig. Die Antwort aber, die der Apostel auf diese Frage gibt, ist von der Christologie her begründet, wie sie schon die vorpaulinische Christenheit formuliert hatte.
*b.* In der Verkündigung der *vorpaulinischen Christenheit* ist wiederholt von der Gerechtigkeit Gottes und der Rechtfertigung des Sünders die Rede. So heißt es in der bekenntnisartigen Wendung, die am Ende von Röm. 4 angeführt wird, daß Christus »dahingegeben wurde um unserer Übertretungen willen und auferweckt um unserer Rechtfertigung willen« (Röm. 4,25; s. o. S. 54 und E 21). Die passive Formulierung weist auf Gottes Handeln, das sich in Tod und Auferstehung Christi ereignet hat. Dabei darf die streng parallel gebaute Aussage nicht auseinandergerissen werden. Weder darf die Sündenvergebung nur mit dem Tod Christi verknüpft noch die Rechtfertigung nur mit der Auferstehung Christi verbunden werden. Sondern beides gehört als eine einzige Aussage zusammen. Durch Kreuz und Auferstehung Christi ist die Sündenvergebung als der Freispruch der Rechtfertigung bewirkt; das aber bedeutet, daß in diesem Ereignis Gottes Gerechtigkeit offenbar geworden ist.
Die korinthische Gemeinde wird vom Apostel daran erinnert, daß über den Getauften der Name des Kyrios Jesus Christus genannt und ihnen der Geist unseres Gottes zuteil geworden ist. Dabei nimmt der Apostel gemeinchristliche Wendungen auf, indem er im Anschluß an sie die für seine Ausführungen entscheidende Aussage unterstreicht: Was einst war, gilt nun nicht mehr, sondern »ihr habt euch abgewaschen, ihr seid geheiligt, ihr seid gerechtfertigt worden« (1. Kor. 6, 11). Das heißt: Durch die Abwaschung sind die Sünden fortgenommen worden; durch die Heiligung hat Gott euch für sich zum Eigentum beschlagnahmt; in der Rechtfertigung hat er euch in das rechte Verhältnis zu sich gesetzt. In diesem Satz urchristlicher Überlieferung ist die Rechtfertigung als Sündenvergebung verstanden.

Das urchristliche Fragment, das Paulus Röm. 3, 24–26 aufnimmt und kommentierend erweitert (s. S. 81 und E 24f.), handelt davon, daß Gott seine Gerechtigkeit erwies, indem er Christus als Sühnopfer öffentlich aufstellte und die Sünden des Bundesvolkes, die er in seiner Geduld nicht strafend geahndet hatte, vergab. Die δικαιοσύνη θεοῦ wird dabei als seine Bundestreue verstanden. Während jedoch in jüdischen Texten der Erweis göttlicher Gerechtigkeit niemals mit der Messiasvorstellung und der Erwartung messianischer Herrlichkeit verknüpft wurde, betont das urchristliche Bekenntnis, daß Gottes Gerechtigkeit im Sterben und Auferstehen Christi offenbar geworden ist.

*c.* Das *paulinische Verständnis der Gerechtigkeit Gottes* hebt sich somit vor dem Hintergrund der urchristlichen Aussagen ab. Daß Gott gerecht ist, erweist er in seinem rechtfertigenden Handeln, das dem Glaubenden widerfährt. Gottes Gerechtigkeit wird dem Menschen zuteil, der ohne diese Gabe Gottes verloren wäre, nun aber im Vertrauen auf seine Barmherzigkeit leben darf.

Worauf es Paulus bei der Rede von der Gerechtigkeit Gottes ankommt, führt er in den programmatischen Sätzen von Röm. 1, 16f. aus, in denen er sagt, er schäme sich des Evangeliums nicht. Das bedeutet, daß er die gemeinchristliche Botschaft vom gekreuzigten und auferstandenen Christus öffentlich bekennt. »Denn« – so wird erläutert – »Gottes Kraft ist es zum Heil für jeden, der glaubt, Juden zuerst und auch Griechen. Denn Gottes Gerechtigkeit wird darin offenbar aus Glauben zum Glauben, wie geschrieben steht: Der Gerechte aber wird aus Glauben leben.« An den Begriff εὐαγγέλιον sind zwei Sätze jeweils mit einem erläuternden γάρ angehängt, die dadurch als inhaltliche Entfaltung eben dieses Evangeliums eingeführt werden. Worum geht es in der frohen Kunde, die Paulus vor Juden und Griechen bekennend ausruft? In der törichten Kreuzespredigt wird Gottes Kraft wirksam zur Rettung für alle Glaubenden. Gottes Gerechtigkeit widerfährt also nicht als Macht (gegen Käsemann, Stuhlmacher), der der Mensch sich ohnmächtig beugen muß. Sondern in der Predigt des Evangeliums – nicht in einem jedermann greifbaren Ereignis – wird Gottes Gerechtigkeit offenbar, die als seine Gabe ausschließlich und allein im Glauben ergriffen werden kann. Der Begriff der δικαιοσύνη θεοῦ, der mithin als Genitivus auctoris zu bestimmen ist, muß daher auf der einen Seite im Zusammenhang mit dem Gebrauch von δίκαιος und δικαιοῦν bei Paulus, auf der anderen Seite aber in seiner strengen Bezogenheit auf πίστις und πιστεύειν als der allein angemessenen Antwort des Menschen gesehen werden.

Indem Gott »den, der von keiner Sünde wußte, für uns zur Sünde gemacht hat, damit wir Gottes Gerechtigkeit würden in ihm« (2. Kor. 5, 21), hat jener Tausch stattgefunden, daß die Macht der Sünde gebrochen und die begnadigten Sünder als Gerechte angenommen werden. Jedem Streben, in dem der eigenen Gerechtigkeit nachgejagt wurde, ist damit ein Ende bereitet. Die eigene Gerechtigkeit ist die δικαιοσύνη, die der Mensch mit Hilfe des Gesetzes aufrichten möchte, indem er sie aus Werken des Gesetzes aufbaut. Gottes Barmherzigkeit aber hat an die Stelle der Gerechtigkeit ἐκ νόμου seine Gerechtigkeit gesetzt, τὴν ἐκ θεοῦ δικαιοσύνην ἐπὶ τῇ πίστει, die nur διὰ πίστεως Χριστοῦ empfangen wird (Phil. 3, 9). Auf Grund von Werken des Gesetzes wird darum niemand gerechtfertigt, sondern allein ἐκ πίστεως Χριστοῦ (Gal. 2, 17). Die Rechtfertigung wird von Paulus als eschatologisches Geschehen verstanden, das das ganze Leben der Glaubenden bestimmt. Kann es auf der einen Seite heißen, der Glaube habe die Rechtfertigung schon empfangen, so wird auf der anderen Seite der zukünftige Charakter dieser Gabe hervorgehoben: ἐκ πίστεως ἐλπίδα δικαιοσύνης ἀπεκδεχόμεθα (Gal. 5, 5).

Die Gerechtfertigten leben darum in der gewissen Hoffnung des Glaubens, indem sie ihren Wandel als δικαιωθέντες ἐκ πίστεως führen.
Da die frohe Botschaft von der Offenbarung der Gerechtigkeit Gottes aller Welt gilt, kann auch die Frage nach dem Geschick Israels nur von ihr her beantwortet werden (Röm. 9–11). Zunächst wird das Problem von zwei Seiten her betrachtet: Israels Fall und Gottes Erwählung zeigen, daß Unglaube Gericht Gottes ist (9, 6–29). Zugleich aber gilt, daß Unglaube Schuld ist (9, 30–10, 21). Israels Schuld bestand darin, daß sie die ἰδία δικαιοσύνη aufrichten wollten, statt Gottes Heilshandeln anzunehmen (10, 3). Christus aber ist des Gesetzes Ende; denn nicht im Gesetz, sondern in Christus ist Gottes Gerechtigkeit offenbar (10, 4). Beide Gedankengänge werden dann in Kap. 11 zusammengefaßt: Gottes Verheißung für Israel, Gottes Erbarmen – das ist seine Gerechtigkeit. Darum wird die Annahme Israels nichts anderes sein als iustificatio impiorum.
Das Thema der Gerechtigkeit Gottes kehrt in anderer Terminologie auch in den Korintherbriefen wieder. Der Weisheit dieser Welt wird Gottes Weisheit gegenübergestellt, die am Kreuz Christi offenbar geworden ist. Mag sie der Welt als Unsinn erscheinen, so ist doch allein aus dem λόγος ὁ τοῦ σταυροῦ im Glauben die σωτηρία zu empfangen (1. Kor. 1, 18–25). Die paulinische Theologie von der Offenbarung der Gerechtigkeit Gottes taucht daher nicht nur im Zusammenhang der Auseinandersetzung mit der Lehre vom Gesetz auf (Röm.; Gal.; Phil. 3), sondern bildet auch in den Korintherbriefen den Ausgangspunkt der Argumentation des Apostels.

## § 19 Der Mensch als Geschöpf Gottes

*Paulus betrachtet den Menschen als Gottes Geschöpf, das um seine Verantwortung weiß, aber gleichwohl Gott Dank und Gehorsam verweigert. Die anthropologischen Begriffe Leib, Seele, Geist, Herz, Fleisch bezeichnen nicht jeweils einen Teil des Menschen, sondern den ganzen Menschen, der in den verschiedenen Funktionen seines Lebens immer vor Gott steht, zur Gemeinschaft mit anderen bestimmt und in seinem Gewissen gefordert ist, jedoch vor Gottes Gericht nicht bestehen kann. Wenn er Christus als seinen Herrn annimmt, wird er dazu befreit, als Gottes Geschöpf zu leben und seinem Schöpfer die Ehre zu geben.*

E. Käsemann, Zur paulinischen Anthropologie, in: Paulinische Perspektiven, 1969, [2]1972, S. 9–60 – K.-A. Bauer, Leiblichkeit – das Ende aller Werke Gottes. Die Bedeutung der Leiblichkeit des Menschen bei Paulus, 1971 – R. Jewett, Paul's Anthropological Terms, 1971.

*a. Gott* ist für Paulus der *Schöpfer,* der Vater, dem die Menschen als seine Geschöpfe gehören (1. Kor. 8, 6). Weil »von ihm und durch ihn und auf ihn hin alle Dinge sind«, darum wird »ihm Ehre in Ewigkeit« erwiesen (Röm. 11, 36). Den Begriff κόσμος kann Paulus gleichbedeutend mit »alle Menschen« gebrauchen. Daß Gott in Christus die Welt mit sich versöhnte (2. Kor. 5, 19), bedeutet darum, daß er die Menschen versöhnte und ihnen allen das Angebot des Heils durch die Verkündigung des Evangeliums machen läßt. Wird im Blick auf das Endgericht gesagt, daß die Heiligen die Welt richten werden, so ist wiederum die Menschheit gemeint (1. Kor. 6, 2).
Allen Menschen ist offenbar, daß Gott der Schöpfer und Herr der Welt ist. Röm. 1, 19–23 scheint Paulus geradezu von einer natürlichen Gotteserkenntnis

zu sprechen, wenn er ausführt, Gottes unsichtbares Wesen werde von Erschaffung der Welt her an seinen Werken wahrgenommen, nämlich seine ewige Kraft und Gottheit – »auf daß sie unentschuldbar sind« (Röm. 1, 19f.). Paulus schließt sich hier an den stoischen Gedanken von einer Erkenntnis Gottes an, die allen Menschen in der Schöpfung offensteht. Er leitet daraus aber nicht wie die Stoa einen Zusammenklang des Menschen mit dem das All durchwaltenden Logos ab. Auch vertritt er nicht mit dem hellenistischen Judentum die Ansicht, die natürliche Gotteserkenntnis bilde eine Vorstufe der allgemeinen Anerkennung und Unterwerfung unter das Gesetz (Weish. Salomos 13). Es wird keine spekulative Erwägung über die Möglichkeit angestellt, zu Gott aufsteigen und sich zu ihm aufschwingen zu können. Sondern der paulinische Gedanke läuft in anderer Richtung: Alle Menschen wissen um ihre Verantwortlichkeit vor Gott, darum gibt es für keinen – weder den Juden noch den Heiden – eine Entschuldigung dafür, daß sie Gott die Ehre verweigert haben (Röm. 1, 18–3, 20). Die Menschen sind Gottes Geschöpfe und darum dazu verpflichtet, ihm zu danken und ihn zu ehren. Weil sie ihm diese Schuldigkeit nicht erwiesen haben, darum ist Gottes Zorngericht über sie hereingebrochen und hat er sie an ihr schändliches Treiben dahingegeben (Röm. 1, 18–32).

Paulus vertritt nicht eine dualistische Sicht des Menschen, nach der ein höherer und ein niederer Teil, die Seele und der Leib voneinander unterschieden werden. Weder teilt er die in der hellenistischen Welt verbreitete Ansicht, der Leib sei das irdische Gefäß einer unsterblichen Seele, noch kann er der gnostischen Auffassung beipflichten, die den Leib als Gefängnis betrachtet, in dem das göttliche Lichtpneuma festgehalten wird. Der Apostel sieht vielmehr den ganzen Menschen mit Leib und Seele als Geschöpf Gottes.

*b.* Daß Paulus den Menschen als Geschöpf Gottes versteht, das in seinem gesamten Leben und Handeln seinem Schöpfer und Herrn verantwortlich ist, kommt besonders deutlich durch seine Verwendung des Begriffes σῶμα zum Ausdruck (s. Bultmann, § 17; E. Schweizer, ThW VII, 1057–1064; Bauer). An einigen Stellen ist der Leib als Organ des Menschen erwähnt, so 1. Kor. 6, 13, wo er neben der κοιλία geannt wird; 1. Kor. 13, 3, wo es heißt, wenn ich meinen Leib hingeben würde ohne Liebe, so sei das nichts; oder Gal. 6, 17, wo Paulus die στίγματα τοῦ Ἰησοῦ erwähnt, die er an seinem Leib trägt. 1. Kor. 5, 3 wird einander gegenübergestellt: σώματι ἀπών – πνεύματι παρών. Aber der Leib ist nicht lediglich ein Teil des Menschen, der von seinem eigentlichen Ich unterschieden werden könnte. Sondern als σῶμα steht der Mensch dem anderen Menschen gegenüber. Mann und Frau gehören in der Ehe leiblich zusammen (1. Kor. 7, 4). Darum hat der Mann nicht mehr die ἐξουσία über seinen eigenen Leib, sondern die Frau – und umgekehrt, so daß gilt: μὴ ἀποστερεῖτε ἀλλήλους (1. Kor. 7, 5). Der Mensch begegnet dem anderen als σῶμα und tritt so mit seiner Umwelt in Verbindung. Paulus kann daher auf der einen Seite sagen: οὐκ οἴδατε, ὅτι τὰ σώματα ὑμῶν μέλη Χριστοῦ ἐστίν (1. Kor. 6, 15), auf der anderen Seite aber: ὑμεῖς δέ ἐστε σῶμα Χριστοῦ καὶ μέλη ἐκ μέρους (1. Kor. 12, 27). Was der Mensch an und mit seinem Leib tut oder geschehen läßt, widerfährt ihm selbst: »Die Sünde soll nicht herrschen an eurem sterblichen σῶμα ... μηδὲ παριστάνετε τὰ μέλη ὑμῶν ὅπλα ἀδικίας τῇ ἁμαρτίᾳ, ἀλλὰ παραστήσατε ἑαυτοὺς τῷ θεῷ ... καὶ τὰ μέλη ὑμῶν ὅπλα δικαιοσύνης τῷ θεῷ.« (Röm. 6, 12f.) Das σῶμα haftet dem Menschen also nicht äußerlich an, wie man nach geläufigem griechischen Verständnis die äußere Gestalt bzw. die Form vom inneren Gehalt unterscheidet. Sondern der Mensch, der sein σῶμα hat, ist als ganzer σῶμα.

Mit dieser Verwendung des Begriffs σῶμα bedient Paulus sich nicht einer neutralen Ausdrucksweise, sondern hebt er vielmehr hervor, daß der Mensch sich in einer Welt befindet, in der er jeweils einen Herrn über sich hat. Als σῶμα steht er unter dem Anspruch seines Schöpfers, dem er zugehören soll: παραστήσατε ἑαυτοὺς τῷ θεῷ (Röm. 6, 12f.). Versagt er sich diesem Anspruch, so gelangt er nicht etwa in einen Bereich, in dem er frei über sich verfügen könnte. Sondern dann gewinnen Mächte und Gewalten die Herrschaft über ihn, zwingt die ἁμαρτία ihn unter ihr Joch, so daß sein σῶμα ein σῶμα τῆς ἁμαρτίας ist (Röm. 6, 6). Gottes Zorn trifft die Heiden, die ihre σώματα schänden (Röm. 1, 24). Das der Sünde hörige σῶμα verfällt dem Tod (Röm. 7, 24). Aber gleichwohl bleibt der Mensch auch als Sünder Gottes Geschöpf, das zum Gehorsam gegenüber seinem Schöpfer zurückgerufen werden soll. Christus erlitt seinen Tod διὰ τοῦ σώματος (Röm. 7, 4), damit unser σῶμα nun nicht mehr unter die ἁμαρτία versklavt sei, sondern das σῶμα τῷ κυρίῳ gehören soll (1. Kor. 6, 13).
Weil es Mensch-Sein ohne σῶμα nicht geben kann, ist für Paulus die Auferstehung der Toten Auferweckung der σώματα. Paulus sehnt sich nicht wie die Griechen danach, daß die Seele vom Leib befreit wird, sondern er fürchtet sich vielmehr davor, wenn die irdische Behausung abgebrochen wird, und erwartet, mit der himmlischen Behausung überkleidet und nicht nackt erfunden zu werden (2. Kor. 5, 1–4). Tragen wir auf Erden ein σῶμα ψυχικόν (s. u.), das als solches der Gefährdung durch die Mächte ausgesetzt ist, so werden wir dann ein σῶμα πνευματικόν haben (1. Kor. 15, 44–49), ein σῶμα τῆς δόξης (Phil. 3, 21). Auch in diesem Gedankengang, in dem Paulus sich nicht wie meist einer durch das AT geprägten Begrifflichkeit bedient, sondern hellenistische Ausdrucksweise aufnimmt, ist das σῶμα nicht als äußere Hülle o. ä. vorgestellt. Vielmehr ist mit σῶμα πνευματικόν ein σῶμα gemeint, das nun ganz vom πνεῦμα bestimmt ist und den Menschen in der neuen Schöpfung beschreibt. Auch im Blick auf die Auferstehung hält Paulus entschieden an der Ganzheit des Menschen fest. Darum widerspricht er mit Nachdruck den Pneumatikern, die diese Einheit auflösen wollen. Sie meinen, was der Pneumatiker mit dem σῶμα treibe, gehe sein eigentliches Ich nichts an. Daher betreffe auch der Umgang mit der Dirne nicht ihn selbst, sondern nur den Leib, der lediglich etwas an ihm sei, wie ja auch Speise in die κοιλία geht (1. Kor. 6, 12f.). Paulus betont dagegen, daß der Leib des Christen seinem Herrn gehört; denn wie Christus von den Toten auferweckt wurde, so wird Gott auch uns, d.h. unsere σώματα auferwecken (1. Kor. 6, 13f.). »Darum preist Gott an eurem Leib.« (1. Kor. 6, 20)
Zusammenfassend läßt sich der Begriff σῶμα bei Paulus folgendermaßen charakterisieren: »Als Leib steht man in der Ausrichtung auf andere, in der Gebundenheit durch die Welt, im Anspruch des Schöpfers, in der Erwartung der Auferstehung, in der Möglichkeit konkreten Gehorsams und der Selbsthingabe. Und wie die Welt durch das Widerspiel der Kräfte bestimmt wird, so steht man im Leibe unter der Notwendigkeit, einen Herrn zu haben, einer Herrschaft eingegliedert zu werden, sei es der Adams als des Repräsentanten des Kosmos, sei es der Christi als des Repräsentanten der Auferstehungswelt.« (KÄSEMANN, EVB I, 32)
*c.* Auch die *anderen anthropologischen Begriffe*, die Paulus verwendet, meinen jeweils den ganzen Menschen, der von verschiedenen Seiten in den Blick gefaßt wird. Die ψυχή bezeichnet wie at.lich *nephesch* den Menschen als lebendiges Wesen. πᾶσα ψυχή (Röm. 13, 1) meint »jedermann«. Die ψυχή ist das Leben, das man im Einsatz aufs Spiel setzt (Phil. 2, 30). μιᾷ ψυχῇ (Phil. 1, 27) heißt »einmütig«. Das

Adjektiv ψυχικός kann auch in gnostisch beeinflußtem Sinn verstanden werden, wenn vom σῶμα ψυχικόν, d.h. dem irdischen Leib, im Gegensatz zum σῶμα πνευματικόν gesprochen wird (1. Kor. 15, 44). In der Gnosis wurden alle Erscheinungen des irdischen Lebens abgewertet und mit negativem Vorzeichen versehen. Daher ist auch der ψυχικὸς ἄνθρωπος nicht imstande, τὰ τοῦ πνεύματος τοῦ θεοῦ zu begreifen (1. Kor. 2, 14).
Wie das at.liche Wort *ruach* kann auch πνεῦμα in anthropologischem Sinn vom Ich des Menschen gebraucht werden. Sagt Paulus: »Gott, dem ich diene ἐν τῷ πνεύματί μου« = so meint er, daß er mit seinem Ich seinem Gott dient (Röm. 1, 9). Und wird der Wunsch ausgesprochen, die Gnade unseres Herrn Jesu Christi sei μετὰ τοῦ πνεύματος ὑμῶν, so bedeutet das, sie möchte μεθ' ὑμῶν sein (Gal. 6, 18 u. ö.). In dem Satz »Der Gott des Friedens heilige *euch* durch und durch, und euer *Geist* (πνεῦμα) werde unversehrt bewahrt samt *Seele* (ψυχή) und *Leib* (σῶμα) ohne Tadel bei der Parusie unseres Herrn Jesus Christus« (1. Thess. 5, 23) wird nicht etwa ein Verständnis des Menschen ausgesprochen, nach dem er in drei Teile zu gliedern sei, sondern die volle Ausdrucksweise nimmt auf, was Paulus eben zuvor mit »euch« gesagt hat. Auch an dieser Stelle ist also mit πνεῦμα vom menschlichen Ich die Rede.
Der Begriff καρδία ist gleichfalls von at.lichen Voraussetzungen bestimmt. Die καρδία ist das Subjekt des Wünschens (Röm. 10, 1), des Begehrens (Röm. 1, 24), des Wollens (1. Kor. 4, 5). Trauer wird im Herzen empfunden (Röm. 9, 2 u. ö.). Gott prüft die Herzen (1. Thess. 2, 4), so daß der Hinweis auf die καρδία anzeigt, daß der Mensch nichts vor Gott verbergen kann, sondern offen und bloß vor ihm dasteht. Nicht auf den äußeren Anschein, sondern auf das Herz kommt es an, die περιτομὴ καρδίας ἐν πνεύματι οὐ γράμματι (Röm. 2, 29). Dem ganzen Menschen gilt der Liebeserweis Gottes, der seine Liebe in unsere Herzen durch den Geist ausgegossen hat (Röm. 5, 5) und die Herzen erforscht (Röm. 8, 27).
Ebenso ist, wenn von dem νοῦς des Menschen gesprochen wird, nicht ein Organ, sondern der ganze Mensch gemeint, sofern er als verstehendes Individuum Subjekt seines Wollens und Tuns ist. So wird vom Zungenreden, in dem in der Ekstase unverständliche Laute hervorgestoßen werden, ein Sprechen ἐν νοΐ unterschieden (1. Kor. 14, 14. 19). Gottes unsichtbares Wesen νοούμενα καθορᾶται an den Werken seiner Schöpfung, das heißt: es kann mit dem νοῦς geschaut werden (Röm. 1, 20). Mit dem νοῦς bzw. als νοῦς begreift das Ich den Willen Gottes. Als Subjekt des menschlichen θέλειν stimmt der νοῦς dem göttlichen Gebot zu (Röm. 7, 15f. 19–21). Gott hat den Menschen so geschaffen, daß er als vernünftiges Wesen zum Prüfen und Urteilen fähig ist. Daher bedeutet es Gericht Gottes, wenn er die Heiden dahingibt εἰς ἀδόκιμον νοῦν (Röm. 1, 28). Die apostolische Ermahnung geht nicht etwa dahin, die Vernunft fahren zu lassen, sondern lautet vielmehr: μεταμορφοῦσθε τῇ ἀνακαινώσει τοῦ νοός (Röm. 12, 2). Die verwandelnde Kraft der Erneuerung vollzieht sich somit gerade darin, daß der Mensch instand gesetzt wird, seiner schöpfungsmäßigen Bestimmung entsprechend den νοῦς zu gebrauchen, verstehend abzuwägen und zu urteilen.
Daß der Mensch als Gottes Geschöpf zu verantwortlichem Entscheiden und Handeln gefordert ist, zeigt Paulus auch mit dem Hinweis auf das Gewissen. συνείδησις ist ein hellenistischer, vor allem in der Stoa geläufiger Begriff. Er fehlt im AT, wenngleich der mit συνείδησις bezeichnete Sachverhalt dem AT keineswegs fremd ist. Denn nach Gen. 3 wird die Schuldverfallenheit Adams und Evas von ihnen im »Gewissen« erkannt. Das Wort συνείδησις bezeichnet das Wissen

des Menschen mit sich selbst. σύνοιδά μοι besagt: Ich weiß etwas mit mir selbst, bin mir meiner selbst bewußt. Zwar ist das Gewissen ein kritischer Zeuge, der mir die Wahrheit über mich sagt; aber dabei wird das Gewissen von Paulus nicht als letztgültige Instanz bewertet. Denn Gott allein richtet (1. Kor. 4, 4). Weil jedem Menschen eine συνείδησις gegeben ist (Röm. 13, 5), die ihn kontrollierend begleitet, wissen nicht nur die Juden, sondern auch die Heiden um ihre Verantwortlichkeit vor Gott. Die συνείδησις ist darin wirksam, daß die Gedanken einander verklagen und miteinander im Widerstreit liegen (Röm. 2, 15). Im Zusammenhang mit der Frage, ob ein Christ den Götzen geopfertes Fleisch essen dürfe, bezieht sich Paulus wiederholt auf die συνείδησις (1. Kor. 8–10). Weil Gott die Erde gehört und was sie erfüllt, kann der Fleischgenuß grundsätzlich freigegeben werden und können keine Sachen und Dinge, selbst wenn sie mit anderen Kulten in Berührung gekommen sind, den Menschen binden (1. Kor. 10, 25–27). Wohl aber hat der Christ auf das schwache Gewissen des Bruders zu achten (1. Kor. 8, 7). Wenn dieser sich in seiner συνείδησις noch nicht wirklich von heidnischen Göttern und Dämonen frei weiß, dann muß auf seine schwache συνείδησις Rücksicht genommen werden (1. Kor. 10, 28f.). Mag auch die γνῶσις, daß es keine Götzen und daher auch kein Götzenopferfleisch gibt, recht haben, so gilt doch, daß bloße Erkenntnis aufbläht, allein die Liebe aber aufbaut (1. Kor. 8, 1–6).

*d.* Der Mensch, der allein aus seinen eigenen Möglichkeiten und Fähigkeiten den Sinn seines Lebens finden will, wird von Paulus durch den Begriff σάρξ charakterisiert. So bedient er sich im Anschluß an das AT des Ausdrucks πᾶσα σάρξ (Röm. 3, 20; Gal. 2, 16), wenn er alle Menschen meint. Als σάρξ καὶ αἷμα wird der Mensch beschrieben (Gal. 1, 16). σάρξ kann auch ähnlich σῶμα vom Leib des Menschen gesagt werden: Die ἀσθένεια τῆς σαρκός ist eine leibliche Krankheit (Gal. 4, 13), der σκόλοψ τῇ σαρκί ein körperliches Leiden (2. Kor. 12, 7), die ἐν σαρκὶ περιτομή die Beschneidung am Körper (Röm. 2, 28). Natürliche Verwandtschaft ist durch die σάρξ gegeben, so daß Paulus die Juden seine συγγενεῖς κατὰ σάρκα (Röm. 9, 3) nennt und von Christus sagt, er stamme τὸ κατὰ σάρκα aus Israel (Röm. 9, 5). Weist an den genannten Stellen das Wort σάρξ auf die Leiblichkeit des Menschen hin, so ist darin eingeschlossen, daß das Fleisch sterben muß und vergeht. Die σάρξ verfällt dem Tod (1. Kor. 5, 5). Fleisch ist der Mensch in seiner Hinfälligkeit und zugleich in seiner Eigenmächtigkeit. Bedeutet in der Gegenüberstellung ἡ ἐν τῷ φανερῷ ἐν σαρκὶ περιτομή – περιτομὴ καρδίας ἐν πνεύματι οὐ γράμματι (Röm. 2, 28f.) σάρξ das körperliche Fleisch, so wird durch ἐν τῷ φανερῷ angegeben, daß die Sphäre des φανερόν der Bereich der σάρξ ist. Die σάρξ gehört zu dieser Welt. Daher wird der Satz: »Ich bin σάρκινος« durch die Worte erläutert: »verkauft unter die Sünde« (Röm. 7, 14). σάρξ und ἁμαρτία stehen also in einem bestimmten Zusammenhang. Dabei ist nicht in erster Linie an die sog. »fleischlichen« Sünden gedacht, obwohl moralische Vergehen unter den ἔργα τῆς σαρκός aufgezählt werden (Gal. 5, 19–21). Sondern σάρξ ist der Mensch, der sich selbst verwirklichen will und gerade dadurch unter die Herrschaft der Sünde versklavt ist – der, der Böses tut, ebenso wie der Fromme, der sich selbst rechtfertigen und seine eigene Gerechtigkeit aufrichten will. Wer auf das Gesetz und die Beschneidung sein Vertrauen setzt, der baut auf die σάρξ (Phil. 3, 3f.). Diese Einsicht wird jedoch erst gewonnen, wenn begriffen wird, daß sich der Mensch nicht aus der Gefangenschaft unter ἁμαρτία und νόμος zu befreien vermag, sondern allein aus Gottes Barmherzigkeit das neue Leben empfängt (Phil. 3, 4–11).

## § 20 Sünde, Gesetz und Tod

*Paulus sieht die adamitische Menschheit unter der Herrschaft der Sünde, des Gesetzes und des Todes. Die Sünde spiegelt mit Hilfe des Gesetzes dem Menschen vor, er könne das Leben gewinnen, läßt ihn aber nur um so tiefer in das Verderben sinken. Die Verlorenheit des Menschen unter Sünde, Gesetz und Tod wird erst im Glauben erkannt, der in Christus als dem Ende des Gesetzes die Freiheit von der Sünde empfängt.*

W. G. KÜMMEL, Römer 7 und die Bekehrung des Paulus, 1929 – R. BULTMANN, Römer 7 und die Anthropologie des Paulus, in: Imago Dei, Festschrift für G. KRÜGER, 1932, 53–62 = Exegetica 1967, 198–209 – G. BORNKAMM, Sünde, Gesetz und Tod, in: Bethel-Jahrbuch NF 2 (1950) 26–44 = Das Ende des Gesetzes. Paulusstudien, [5]1966, 51–69, H. BRAUN, Röm. 7, 7–25 und das Selbstverständnis der Qumran-Frommen, ZThK 56 (1959) 1–18 = Gesammelte Studien zum NT und seiner Umwelt, [3]1971, 100–119 – G. KLEIN, Römer 4 und die Idee der Heilsgeschichte, EvTh 23 (1963) 424–447 = Rekonstruktion und Interpretation, 1969, 145–169 – DERS., Exegetische Probleme in Römer 3, 21–4, 25, EvTh 24 (1964) 676–683 = ebda., 170–179 – P. VIELHAUER, Paulus und das AT, in: Studien zur Geschichte und Theologie der Reformation, Festschrift für E. BIZER, 1969, 33–62 – H. HÜBNER, Das Gesetz bei Paulus, [3]1982.

*a.* Von der *Sünde* redet Paulus in dem ihm eigenen Sprachgebrauch durchweg im Singular. Dadurch unterscheidet sich die paulinische Rede über die Sünde von der vorgegebenen urchristlichen Ausdrucksweise: Christus ist »für unsere Sünden gestorben« (1. Kor. 15, 3), er hat sich »für unsere Sünden dahingegeben« (Gal. 1, 4). Ist in diesen Sätzen mit den Sünden die Summe der Taten des Ungehorsams und der Abkehr von Gott gemeint, so verschärft Paulus den Begriff der Sünde, indem er darunter nicht wie das Judentum und das Urchristentum die einzelne Tatsünde begreift, sondern eine kosmische Macht, die mit der Tat Adams ihren Eingang in die Welt nahm und seither die Menschheit unter ihrer Herrschaft versklavt hält (Röm. 5, 12). Paulus knüpft damit an apokalyptische Vorstellungen an, nach denen Adam dem Gebot, das Gott ihm im Paradies auferlegt hatte, ungehorsam war und dadurch sich und seinen Nachkommen das Todesverhängnis zuzog (s. S. 82f.). Von da an regiert der Tod als Verhängnis über alle Menschen. Zugleich aber hat sich jeder einzelne Mensch schuldhaft die Pein des göttlichen Gerichtes zugezogen, indem jeder für sich selbst zum Adam geworden ist (syr. Bar. 54, 15. 19). Paulus geht über diese apokalyptischen Aussagen hinaus, wenn er nicht nur mit ihnen vom allgemeinen Todesverhängnis spricht, sondern die Sünde als kosmische Macht versteht und von der Schuldverfallenheit aller Menschen redet. Dabei ist jedoch nicht wie im gnostischen Mythus an ein Schicksal gedacht, das mit zwingender Gewalt über die Menschen kam und sie in das Gefängnis der Materie bannte. Der Apostel sagt vielmehr: Die Sünde kam vom Sündigen, und die Sünde trägt den Tod ein. »Denn alle haben gesündigt.« (Röm. 5, 12)

In dieser Radikalität hat das Judentum nicht von der Sünde gesprochen. Denn man machte geltend, daß unter den Menschen einzelne Gerechte lebten, die Gottes Gebote wirklich gehalten und somit dargetan haben, daß es eine allgemeine Knechtschaft unter der Sünde nicht gibt. Paulus aber denkt vom Kreuz Christi her und erkennt, daß die Macht der ἁμαρτία nicht mit Hilfe des Gesetzes gebrochen werden konnte, weil es durch das Fleisch schwach war. Doch Gott hat seinen Sohn gesandt ἐν ὁμοιώματι (Gleichbild) σαρκὸς ἁμαρτίας καὶ περὶ ἁμαρτίας κατέκρινεν τὴν ἁμαρτίαν ἐν τῇ σαρκί (Röm. 8, 3). Christus ist in der σάρξ erschienen und damit in den Herrschaftsbereich der ἁμαρτία eingetreten. Indem er aber in der σάρξ gehorsam blieb, gehorsam bis zum Tod am Kreuz (Phil. 2, 8), hat er die Sünde auf ihrem eigenen Feld bezwungen (Röm. 8, 3; 5, 19). Somit wird erst vom Kreuz Christi her offenbar, was die ἁμαρτία wirklich ist. Paulus redet dabei nicht davon, daß die Sünde als ein böses Erbe naturhaft von einer Generation an die nächste weitergereicht würde. Sondern die Sünde ist Feindschaft gegen Gott (Röm. 8, 7), in der sich die Menschen immer schon vorfinden; zugleich aber ist diese Feindschaft jeweils ihre Schuld, in der sie sich gegen Gott auflehnen. Die ἁμαρτία ist daher das selbstmächtige Wollen des Menschen, dessen Begierde sich gerade an Gottes Gebot entzündet. Das aber heißt: Die Sünde, die durch Adams Tat in die Welt gekommen ist, hat ihre unwiderstehliche Macht erst durch das Gesetz und das Zusammenwirken mit dem Gesetz gewonnen.

*b.* Das *Gesetz* ist für Paulus die Thora, Gottes im Pentateuch geschriebener Wille. Paulus reflektiert nicht wie manche Kreise des hellenistischen Judentums über eine Differenzierung zwischen sittlichen Geboten und rituellen Vorschriften, die man vielfach in übertragenem Sinne zu lesen und in ethischer Bedeutung zu fassen suchte. Für Paulus enthält vielmehr das Gesetz immer Gotttes Gebot und Weisung. Seine Forderung geht grundsätzlich alle Menschen an. Zwar ist allein Israel am Sinai die Thora übergeben und anvertraut worden (Röm. 9, 4); aber auch die Heiden wissen um Gottes Forderung, ist ihnen doch das Werk des Gesetzes ins Herz geschrieben (Röm. 2, 14f.). Der Wille Gottes ist daher den Menschen nicht verborgen, für die Heiden an den Schöpfungswerken erkennbar, den Juden im Gesetz des Mose ausdrücklich kundgetan. Das göttliche Gebot ist heilig, gerecht und gut (Röm. 7, 12), das Gesetz wurde durch Engel übergeben (Gal. 3, 19). Sah das Judentum darin eine Auszeichnung der Thora, so macht Paulus geltend: Seine Verheißung sprach Gott unmittelbar, das Gesetz aber hat er durch Zwischeninstanzen übergeben. Gleichwohl ist es göttlichen Ursprungs und bleibt es Gottes Wille und Gebot.

Dieser Wille Gottes aber ist zum tötenden Buchstaben für die Menschen geworden, weil sie immer schon von der Sünde beherrscht sind, wenn sie dem Gesetz begegnen. Die Sünde bedient sich des Gesetzes, um mit seiner Hilfe ihre Macht zu steigern: »Ich hätte die Sünde nie kennen gelernt, außer durch das Gesetz. Denn ich hätte die Begierde nie kennen gelernt, wenn das Gesetz nicht sagen würde: Du sollst nicht begehren! Die Sünde aber machte sich das Gebot zunutze und erwirkte dadurch in mir jede Begierde. Denn ohne das Gesetz war die Sünde tot, ich aber lebte einst ohne das Gesetz. Als aber das Gebot kam, kam die Sünde zum Leben, ich aber geriet in den Tod. Und so stellte es sich heraus, daß das Gebot, das zum Leben führen sollte, mich gerade in den Tod führte. Denn die Sünde machte sich das Gebot zunutze und betrog mich und tötete mich mit seiner Hilfe.« (Röm. 7, 7–11) Wenn Paulus in der Ich-Form spricht, beschreibt er nicht psychologisierend eigene Lebenserfahrungen, sondern die Situation des unerlösten Menschen, wie sie sich erst dem Blick des durch Christus befreiten Menschen erschließt (s. S. 95). Das Gesetz dämmt nicht etwa die Sünde ein, sondern weckt sie auf, so daß sie zur vollen Wirkung gelangt, indem die ἐπιθυμία erregt wird. Darin aber vollzog sich Gottes Wille. Denn das Gesetz sollte aufdecken, daß der Mensch Sünder ist, d. h. daß er verloren ist und sich nicht aus eigenem Vermögen vor Gott rechtfertigen kann (Röm. 3, 20).

Warum also hat Gott das Gesetz gegeben? Paulus antwortet: τῶν παραβάσεων χάριν προσετέθη (Gal. 3, 19), d.h. das Gesetz sollte die Übertretungen hervorrufen, »bis der Same käme, dem die Verheißung gilt« (ebda.). Im Anfang war das

Gesetz noch nicht da; es ist vielmehr – zwischen Adam und Christus – dazwischengekommen, ἵνα πλεονάσῃ τὸ παράπτωμα = »damit die Übertretung reichlich würde«. (Röm. 5, 20) Paulus hält gleichwohl – anders als Marcion – daran fest, daß das Gesetz aus Gottes Hand kam und darum sein Gebot heilig, gerecht und gut ist und bleibt. Aber indem sich die Sünde des Gesetzes bedient, wird die Macht der ἁμαρτία gesteigert, so daß das Gesetz zutage bringt, daß der Mensch unter der Sünde steht. Wenn das Gesetz παιδαγωγὸς εἰς Χριστόν (Gal. 3, 24) genannt wird, so ist nicht gemeint, daß es im Leben jedes Menschen eine pädagogische Funktion erfüllt. Sondern es wird die Bestimmung des Gesetzes beschrieben, die es bis zum Kommen Christi erfüllt hat. Gott hat alle unter die Sünde beschlossen, um sich aller zu erbarmen (Gal. 3, 22; Röm. 11, 32). Das Gesetz behaftet also den Menschen bei seiner Sünde, es schließt ihn wie in ein Gefängnis ein, so daß er nicht mehr entrinnen kann (Gal. 3, 23).

Diese Funktion des Gesetzes, wie Paulus sie beschreibt, steht in scharfem Widerspruch zur jüdischen Bewertung der Thora. Denn nach dem Verständnis des Judentums ist das Gesetz Ausdruck des göttlichen Gnadenerweises, der Israel zuteil geworden ist. Paulus aber legt das urchristliche Kerygma in seinen Konsequenzen aus: »Gott sandte seinen Sohn, von einer Frau geboren und unter das Gesetz getan, ἵνα τοὺς ὑπὸ νόμον ἐξαγοράσῃ.« (Gal. 4, 4f.) Christus hat das Gefängnis geöffnet, die Zwangsgewalt der ἁμαρτία gebrochen und damit das Gesetz als Weg zum Heil abgetan. Denn Christus ist τέλος νόμου, d.h. Ende – nicht: Ziel – des Gesetzes (Röm. 10, 4). Indem Christus den Fluch des Gesetzes auf sich nahm (Gal. 3, 13), hat er das Ende des Gesetzes heraufgeführt und offenbar gemacht, wodurch der Mensch Gott recht wird: nicht durch das ποιεῖν – das Erfüllen der ἔργα νόμου, d.h. der Werke, die das Gesetz fordert –, sondern allein durch das πιστεύειν (Gal. 3, 6–29). Im Glauben nimmt er an, was Gott für ihn getan hat, und sagt er Ja zu dem Ja, das Gott in Christus gesprochen hat (2. Kor. 1, 20). Daher kann das Gesetz nicht mehr den Weg zum Heil auftun. Wer es aber nach Kreuz und Auferstehung Christi trotzdem noch so ansehen wollte, der fiele damit in den heidnischen Dienst zurück, der den στοιχεῖα τοῦ κόσμου erwiesen wird (Gal. 4, 9). Damit wird der Gesetzesdienst mit der heidnischen Religion auf eine Stufe gestellt. Denn hier wie dort geht es darum, daß der Mensch den Versuch unternimmt, sich mit Hilfe des Gesetzes selbst zu verwirklichen. Im Glauben an den gekreuzigten und auferstandenen Christus wird jedoch erkannt, daß er allein unsere Gerechtigkeit ist und sein kann (1. Kor. 1, 30).

Auch für den Christen bleibt Gottes Gebot sein heiliger und guter Wille, dem er zu folgen hat (Röm. 7, 12; 13, 8–10). Wenn man jedoch die Thora recht liest, d.h. von Christus her und auf Christus hin, dann wird sie nicht als Aufforderung zum Erbringen von ἔργα νόμου und Aufrichten der ἰδία δικαιοσύνη verstanden, sondern als Zeuge für die Gerechtigkeit Gottes, die von Gesetz und Propheten bezeugt wird (Röm. 3, 21). Als νόμος πίστεως (Röm. 3, 27) redet das Gesetz von der Glaubensgerechtigkeit, wie sie an der Geschichte Abrahams abgelesen werden kann (Röm. 4). In der Auseinandersetzung mit den Gesetzeslehrern in Galatien beruft Paulus sich zur Begründung seiner Auslegung des Evangeliums als Offenbarung der Gerechtigkeit Gottes ausdrücklich auf das Zeugnis der Thora, die in der Geschichte vom Glauben Abrahams (Gal. 3, 6–9) und von den beiden Söhnen des Erzvaters (Gal. 4, 21–31) sagt, daß allein im Glauben der Mensch das der Zusage Gottes angemessene Verhältnis gewinnt. Paulus kann deshalb zu Recht behaupten, daß er das Gesetz nicht auflöse, sondern aufrichte, d.h. zu seiner wahren Bedeutung bringe (Röm. 3, 31). Nunmehr ist dem Gesetz sein rechter Platz angewiesen: die Verlorenheit des Menschen aufzudecken und Christus als die Gerechtigkeit Gottes zu bezeugen.

*c.* Die *Verlorenheit*, in der der Mensch sich unter der Gewalt von ἁμαρτία und νόμος befindet, wird *Röm. 7, 7–25* eingehend beschrieben. Die Frage, wer mit dem Ich, von dem in diesem Abschnitt gesprochen wird, gemeint ist, war lange umstritten (s. S. 76). Sie ist jedoch aus dem Zusammenhang des Röm. eindeutig zu beantworten (KÜMMEL): Es ist nicht vom Christen die Rede, der im Widerstreit von Wollen und Nicht-Vollbringen steht; auch wird nicht von individuellen Erfahrungen des Paulus berichtet. Sondern das ἐγώ ist in allgemeingültiger Bedeutung gebraucht (wie z.B. auch 1. Kor. 13, 1–3), um die Lage der adamitischen Menschheit zu beschreiben, wie sie erst dann erkannt werden kann, wenn die Freiheit vom Gesetz verwirklicht ist und »wir dem gestorben sind, wodurch wir gebunden waren, so daß wir nun im neuen Wesen des Geistes dienen und nicht im alten des Buchstabens« (Röm. 7, 6). Röm. 8, 1f. fährt Paulus fort, von der Befreiung zu reden, die uns durch Christus widerfahren ist und uns vom Gesetz der Sünde und des Todes losgemacht hat. Diese Freiheit aber vermochte der Mensch unter dem Gesetz nicht zu erringen. Im Gegenteil, er gerät nur immer tiefer in die Ausweglosigkeit hinein. Zwar stimmt er nach dem inneren Menschen dem Gesetz Gottes zu (Röm. 7, 22), er sieht aber ein anderes Gesetz in seinen Gliedern dem Gesetz seiner Vernunft widerstreiten und ihn unter das Gesetz der Sünde gefangennehmen (Röm. 7, 23). Das Wollen des Guten ist da, das Vollbringen aber nicht. »Denn nicht das Gute, das ich will, tue ich, sondern das Böse, das ich nicht will, tue ich. Wenn ich aber das tue, was ich nicht will, so bin ich es nicht mehr, der es vollbringt, sondern die Sünde tut es, die in mir wohnt.« (Röm. 7, 19f.) Paulus will hier nicht das Gefühl inneren Ungenügens beschreiben, sondern er blickt auf das Resultat des jeweiligen Tuns, das stets im Widerspruch zum Wollen steht. Nicht das Leben, sondern der Tod, nicht das Gute, sondern das Böse kommt zustande. Ich will durch mein Tun – gerade auch durch Gehorsam gegenüber dem Gesetz – das Leben finden. Aber die Sünde hat mich betrogen (Röm. 7, 11), so daß bei allem Begehren und Handeln des Menschen, die doch auf die ζωή gerichtet sind, am Ende stets der Tod steht. »Ich bin verkauft unter die Sünde.« (Röm. 7, 14) »Ich elender Mensch, wer wird mich erlösen ἐκ τοῦ σώματος τοῦ θανάτου τούτου?« (Röm. 7, 24) Das σῶμα des unter Sünde und Gesetz versklavten Menschen wird von ἁμαρτία und θάνατος beherrscht. Die Antwort auf diesen Schrei nach Befreiung lautet: »Dank sei Gott durch Jesus Christus, unseren Herrn.« (Röm. 7, 25) Christus ist der Sieger über ἁμαρτία und θάνατος; darum gehört das σῶμα, das zwar θνητὸν σῶμα bleibt und den physischen Tod erleiden muß (Röm. 6, 12), dem Kyrios (1. Kor. 6, 13) und wird Gott die sterblichen Leiber lebendig machen (Röm. 8, 11).

Wenn Paulus die ausweglose Verlorenheit des unerlösten Menschen darstellt, redet er nicht aus einem Gefühl selbstsicherer Überlegenheit, als wäre der Christ aller Anfechtung entnommen (vgl. Phil. 3, 13; 1. Kor. 10, 12; Gal. 5, 13). Vielmehr zeigt er auf, daß der Christ die Freiheit nur so haben und bewahren kann, daß er sich zu dem und an den hält, der für uns zur Sünde gemacht ist, »damit wir in ihm δικαιοσύνη θεοῦ würden« (2. Kor. 5, 21). Sünde und Gesetz sind noch da, sind noch als gefährliche Mächte vorhanden. Aber Christus ist auch da als der, der sie entmachtet hat und entmachten kann. Nur bei ihm gibt es daher Gerechtigkeit und Leben, bei uns aber sind Sünde und Tod. Auf Röm. 7 folgt darum Röm. 8 und wird dem alten Leben unter Sünde, Gesetz und Tod das neue Leben in Geist, Glauben und Freiheit gegenübergestellt.

## § 21 Das neue Leben in Christus

***Das neue Leben der Glaubenden bezeichnet Paulus als Bestimmt-Sein durch das Christusgeschehen, als neue Schöpfung unter der Herrschaft des erhöhten Herrn. Im Wandel nach dem Geist erfüllen die Glaubenden durch die Liebe das Gesetz Christi und wissen sie in prüfendem Urteilen Gottes Willen zu erkennen und zu tun.***

G. Bornkamm, Taufe und neues Leben, ThBl 18 (1939) 233–242 = Paulusstudien, [5]1966, 34–50 – E. Käsemann, Röm. 13, 1–7 in unserer Generation, ZThK 56 (1959) 316–376 – ders., Gottesdienst im Alltag der Welt, in: Judentum – Urchristentum – Kirche, Festschrift für J. Jeremias, 1960 (= [2]1964) 165–171 = EVB II, 198–204 – ders., Paulinische Perspektiven, 1969, [2]1972 – F. Neugebauer, In Christus – eine Untersuchung zum paulinischen Glaubensverständnis, 1961 – W. Schrage, Die Stellung zur Welt bei Paulus, Epiktet und in der Apokalyptik, ZThK 61 (1964) 125–154 – ders., Die Christen und der Staat nach dem NT, 1971 – ders., Ethik des NT, 1982 – O. Merk, Handeln aus Glauben, 1968 – F. Mussner, Theologie der Freiheit nach Paulus, 1976.

*a.* Das *neue Leben* ist nicht mehr Leben ἐν τῷ Ἀδάμ, sondern ἐν τῷ Χριστῷ (1. Kor. 15, 22). Die formelhafte Wendung *»in Christus«* gibt nicht, wie man in der älteren Forschung weithin angenommen hatte (Deissmann u.a.), ein mystisches Verhältnis an. Paulus ist kein Mystiker; denn Christus ist für ihn der Kyrios, der den Glaubenden gegenübersteht und stets von ihnen unterschieden bleibt, so daß es nicht zu einer mystischen Einung von Ich und Du kommen kann. Paulus zeigt vielmehr mit der Präposition ἐν an, daß der Mensch jeweils von Mächten bestimmt wird, die über ihn Gewalt haben. Der Mensch ist nicht ein Wesen, das in völliger Unabhängigkeit frei über sich verfügen kann. Sondern wer auf der Seite Adams steht, über den herrschen Sünde, Gesetz und Tod. Er lebt ἐν σαρκί (Gal. 2, 20; Röm. 8, 8f. u.ö.) bzw. ἐν νόμῳ (Röm. 2, 12. 23), d.h. ὁ νόμος κυριεύει τοῦ ἀνθρώπου ἐφ' ὅσον χρόνον ζῇ (Röm. 7, 1). Wer aber zu Christus gehört, der befindet sich im Herrschaftsbereich Christi. Durch die Taufe εἰς Χριστόν (Röm. 6, 3) ist er in den Leib Christi eingefügt und als Glied des eschatologischen Gottesvolkes der Gewalt von Sünde, Gesetz und Tod entrissen. Ist jemand in Christus, so ist er καινὴ κτίσις (2. Kor. 5, 17). In Christus-Sein ist daher für Paulus das neue Leben schlechthin, so daß ἐν Χριστῷ auch als formelhafte Wendung in verschiedenen Zusammenhängen gebraucht werden kann, u.a. in der Bedeutung unseres Adjektivs »christlich«. Auszugehen ist jedoch stets von der Grundbedeutung, daß ἐν Χριστῷ das Bestimmt-Sein durch das Christusgeschehen bezeichnet (Neugebauer).

*b.* Gleichbedeutend mit der Wendung »in Christus« steht bei Paulus der Ausdruck *»im Geist«*. Dabei ist πνεῦμα nicht in anthropologischem Sinn (s. S. 90), sondern vom göttlichen Geist gebraucht, der den Glaubenden zuteil geworden ist. Die eschatologische Existenz der Glaubenden kann Paulus εἶναι ἐν Χριστῷ nennen, aber auch εἶναι ἐν πνεύματι (Röm. 8, 9), als ausgerichtet κατὰ πνεῦμα oder κατὰ Χριστὸν Ἰησοῦν (Röm. 15, 5) beschreiben, ohne daß dabei eine Änderung der Aussage eintritt. Paulus versteht den Begriff πνεῦμα nicht in dem Sinn, daß er auf einen ekstatischen Zustand hinweist (s. Apk. 1, 10 ἐγενόμην ἐν πνεύματι = »Ich geriet in Ekstase«). Auch begreift er den Geist nicht wie die hellenistische Umwelt als eine göttliche Substanz, die als dinglicher Stoff faßbar werden kann. Vielmehr knüpft der Apostel an das at.liche Verständnis des Begriffes an und teilt mit der Urchristenheit die Überzeugung, daß der Geist als Gabe der Endzeit der Gemeinde geschenkt ist, in der sie sein gegenwärtiges Handeln erfährt (s. S. 61). Den Gliedern der Gemeinde ist das πνεῦμα in der Taufe verliehen worden (1. Kor. 6, 11; 12, 13 u.ö.). Einzelne Wendungen, deren Paulus sich gelegentlich bedient, könnten die Vermutung nahelegen, daß πνεῦμα doch als eine Art Stoff vorgestellt wäre: »Der Geist nimmt Wohnung« (Röm. 8, 9), »der Geist wird ausgegossen« (Röm. 5, 5) u.a. An diesen Stellen liegt aber – wie gelegentlich auch im AT – bildliche Redeweise vor. Daß Paulus dabei keinesfalls an eine stoffliche Größe denkt, ist aus verschiedenen Aussagen eindeutig zu erkennen: »Der νόμος ist πνευματικός«, d.h. von Gott gegeben und nicht aus dieser Welt stammend (Röm. 7, 14); wird das Leben unter dem Gesetz durch γράμμα, so das neue Leben in Christus durch πνεῦμα bezeichnet (Röm. 2, 29; 7, 6).

Im Abschnitt Röm. 8, 9–11 folgen ohne Bedeutungsunterschied aufeinander die Wendungen πνεῦμα θεοῦ (V. 9), πνεῦμα Χριστοῦ (V. 9), Χριστὸς ἐν ὑμῖν (V. 10), τὸ πνεῦμα τοῦ ἐγείραντος τὸν Ἰησοῦν ἐκ νεκρῶν (V. 11). Im πνεῦμα ist somit Gott in Christus gegenwärtig, der als der Herr das neue Leben der Glaubenden begründet und ermöglicht. Die Gabe des Geistes meint also nach Paulus »das Ereignis, das dem Menschen das Heilshandeln Gottes in Jesus Christus ... offenbart und zuspricht, so daß er davon lebt« (SCHWEIZER, ThWB VI, 424). Dieses πνεῦμα ist allen Gliedern der Gemeinde gegeben, die auf Christus getauft sind. Dabei kann sich das πνεῦμα in bestimmten Charismen an einzelnen Christen besonders mächtig erweisen (1. Kor. 12, 1–12; Röm. 12, 5f.). Mit der Gabe des πνεῦμα hat das eschatologische Geschehen bereits angehoben, dessen zukünftige Verwirklichung durch das verliehene Unterpfand gültig verbürgt ist (s. S. 61). Durch das πνεῦμα handelt der erhöhte Herr an den Seinen. Wo das aber geschieht, da ist Freiheit (2. Kor. 3, 17), die sich im Leben derer vollzieht, die ihren Wandel im Geist führen.

Das πνεῦμα wird daher von Paulus als die den Wandel der Christen bestimmende Norm verstanden. Nicht mehr die σάρξ, die Eigenmächtigkeit des Menschen, sondern der Geist, Gottes eschatologische Tat in Christus, begründet und leitet das Leben der Glaubenden: ἡμῖν τοῖς μὴ κατὰ σάρκα περιπατοῦσιν ἀλλὰ κατὰ πνεῦμα (Röm. 8, 4). Die Galater erinnert Paulus daran, daß sie im πνεῦμα angefangen haben. Vom Geist würden sie jedoch wieder zum Fleisch zurückfallen, wenn sie sich beschneiden ließen und das Gesetz übernehmen würden (Gal. 3, 2f.). Denn auf das Gesetz vertrauen bedeutet nichts anderes, als auf die σάρξ bauen (Phil. 3, 4). Fleisch und Geist aber stehen im Kampf miteinander (Gal. 5, 17). Der Widerstreit ist an seinen Auswirkungen zu erkennen. In einem Lasterkatalog werden die ἔργα τῆς σαρκός aufgezählt (Gal. 5, 19–21), denen dann die eine Frucht des Geistes gegenübergestellt wird, die in der Vielfalt ihres Wirkens in Erscheinung tritt (Gal. 5, 22f.). Der Kampf zwischen σάρξ und πνεῦμα, den der Christ ausfechten muß, ist jedoch von dem ausweglosen Ringen deutlich unterschieden, in dem sich nach Röm. 7 der unerlöste Mensch befindet (s. S. 95). Weil er unter der zwingenden Gewalt der Sünde, des Gesetzes und des Todes steht, vermag er sich nicht von ihnen zu befreien und muß er unterliegen. Anders der Christ: Er ist durch Christus befreit, er hat das πνεῦμα empfangen und damit den Grund des neuen Lebens erhalten. Nun wird er dazu aufgerufen, sich vom πνεῦμα bestimmt sein zu lassen und gegen die σάρξ zu streiten. Weil ihm Gottes gnädiges Handeln in Christus widerfahren ist, soll und kann er nun aus der Kraft des Gnadenerweises leben und den Kampf siegreich ausfechten.

Nach der Lehre der Gemeinde von Qumran ringen zwei Geister, der der Wahrheit und der des Frevels, miteinander und tragen ihren Streit im Herzen des Menschen aus (1 QS III, 13 – IV, 25). Der paulinische Gegensatz spricht nicht von zwei Geistern, sondern von σάρξ und πνεῦμα. Er ist jedoch in der Hinsicht dem Dualismus der Qumrangemeinde vergleichbar, daß vom Menschen eine Entscheidung gefordert wird, die er kämpfend durchhalten muß. Es gibt keine neutrale Indifferenz, sondern die Auseinandersetzung soll und kann bestanden werden. Dabei ist das πνεῦμα, das im Gegensatz zur σάρξ steht, nicht etwa als ein höherer Teil im Menschen vorgestellt, der sich nicht vom niederen Teil unterdrücken lassen darf. Sondern das πνεῦμα bestimmt den ganzen Menschen, weil ihm durch Gottes Gnadentat die Freiheit erschlossen ist. Der Aufruf zum Handeln ist auf die erfahrene Tat Gottes bezogen: Nun gilt es, κατὰ πνεῦμα περιπατεῖν (Röm. 8, 4), der σάρξ abzusagen, die doch immer zum Tod führt, und dem πνεῦμα zu folgen, das ζωή und εἰρήνη schenkt (Röm. 8, 6). Εἰ ζῶμεν πνεύματι, πνεύματι καὶ στοιχῶμεν (Gal. 5, 25). Der Imperativ, mit dem zum Leben im Geist aufgerufen wird, gründet also im Indikativ, der die Wirklichkeit des neuen Lebens in Christus beschreibt.

*c.* Das Problem von *Indikativ und Imperativ* in der paulinischen Theologie liegt darin, daß der Apostel mit nahezu gleichem Wortlaut eine Aussage und eine Aufforderung formuliert: »Wenn wir im Geist leben, so laßt uns auch im Geist wandeln.« (Gal. 5, 25) »Wir sind der Sünde gestorben« (Röm. 6, 2); »die Sünde soll nicht an eurem sterblichen Leib herrschen ... unterstellt eure Glieder nicht als Waffen der Ungerechtigkeit der Sünde« (Röm. 6, 12f.); »die Sünde soll nicht über euch Herr sein« (Röm. 6, 14). »Fegt den alten Sauerteig aus, damit ihr ein neuer Teig seid, wie ihr ja Ungesäuerte seid.« (1. Kor. 5, 7) »Ihr habt Christus angezogen« (Gal. 3, 27); »zieht den Herrn Jesus Christus an« (Röm. 13, 14). Wie ist das gegenseitige Verhältnis dieser beiden Aussagen zu bestimmen? Liegt der Ton auf dem Indikativ als Aussage über die Größe des neuen Lebens? Dann dürfte es eigentlich keinen Imperativ geben, weil der Christ ohne Sünde ist. Oder ist der Imperativ mit besonderem Nachdruck versehen? Dann würde der Indikativ zu hoch gegriffen haben und könnte nicht ernst genommen werden. Oder ist es die Meinung, daß sich eine Bewegung vollzieht, in der man vom Anfang, der mit dem Indikativ gegeben ist, durch den ständig wiederholten Imperativ allmählich zu einer immer größeren Vollendung gelangt? Keiner dieser Erklärungsversuche, die in der älteren Forschung erörtert worden sind, wird den paulinischen Aussagen gerecht.

Um das Verhältnis von Indikativ und Imperativ bei Paulus zu bestimmen, muß beachtet werden, daß in beiden Aussagen dieselbe Begrifflichkeit verwendet wird. Dann aber darf nicht einer der beiden Sätze stärker betont werden als der andere, sondern tragen sie beide volles Gewicht und müssen auf Grund der engen Bezogenheit erklärt werden, in der sie zueinander stehen. Paulus sagt auf der einen Seite: Ihr habt in Christus das Heil empfangen, ihr seid wirklich der Sünde gestorben, so daß sie euch nicht mehr gefangenhält. »Die zu Christus Jesus gehören, die haben das Fleisch gekreuzigt mit seinen Leidenschaften und Begierden.« (Gal. 5, 24) Auf der anderen Seite aber wird nicht geleugnet, daß die Mächte Sünde, Gesetz und Tod, die Christus besiegt hat, noch da sind. Deshalb muß der Christ den Kampf zwischen σάρξ und πνεῦμα austragen. Der Zwang, den Mächten gehorchen zu müssen, ist von ihm genommen. Der Imperativ ist darum an den Christen gerichtet, der nicht mehr κατὰ σάρκα, wohl aber noch ἐν σαρκί lebt (Gal. 2, 20). Wenn dabei die imperativische Aufforderung mit denselben Worten ausgedrückt wird, mit denen auch die indikativische Aussage formuliert wurde, so wird an der Feststellung nichts abgestrichen: Wir leben im Geist, wir sind der Sünde gestorben. Daraus aber wird nun die Folgerung gezogen: Wir sollen im Geist wandeln. »Also haltet euch für tot für die Sünde, lebend aber für Gott in Christus Jesus.« (Röm. 6, 11) Das neue Leben, das der Christ empfangen hat, ist noch verborgen. Darum ist es notwendig, daß beides gesagt wird: der Zuspruch des in Christus geschenkten Heils und der Anspruch, diese Gabe im Glauben zu ergreifen, um zu verwirklichen, was Christus schon verwirklicht hat.

*d.* Das neue Leben vollzieht sich im *Wandel der Glaubenden.* Paulus sagt, er sei mit Christus gekreuzigt, so daß nun gilt: »Nicht mehr ich lebe, es lebt aber in mir Christus.« (Gal. 2, 20) Dieser Satz scheint mystischen Klang zu haben. Daß er jedoch nicht im Sinn der Mystik verstanden werden darf, zeigt die anschließende Aussage: »Was ich aber jetzt im Fleisch lebe, das lebe ich im Glauben an den Sohn, der mich geliebt und sich für mich hingegeben hat.« Der Glaube verzichtet darauf, eigene Leistungen geltend zu machen, und nimmt an, was Christus für uns getan hat. ἡ πίστις ἐξ ἀκοῆς (Röm. 10, 17), »der Glaube kommt aus der Predigt (ἀκοή)«, in der das Gehörte als die aufgetragene Botschaft weitergesagt wird. Das Christ-Sein beginnt ἐξ ἀκοῆς πίστεως (Gal. 3, 2). In der Wortbildung ἀκοὴ πίστεως wird die enge Zusammengehörigkeit von verkündigtem Wort und glaubender Antwort angezeigt, die in der ὑπακοὴ πίστεως (Röm. 1, 5) im Leben durchgehalten sein will.

Für den Wandel der Glaubenden gilt: ἀξίως τοῦ εὐαγγελίου Χριστοῦ πολιτεύεσθε (Phil. 1, 27). Ihr περιπατεῖν vollzieht sich im μιμεῖσθαι der Nachfolge Christi: μιμηταί μου γίνεσθε καθὼς κἀγὼ Χριστοῦ (1. Kor. 11, 1). Weil Χριστὸς ἐσταυρώθη ἐξ ἀσθενείας (2. Kor. 13, 4), darum ist auch das Leben der Christen nicht durch Krafterweise und eindrucksvolle Stärke ausgezeichnet. Sondern »wenn ich schwach bin, dann bin ich stark« (2. Kor. 12, 10); denn die Kraft Christi ist in den Schwachen mächtig (2. Kor. 12, 9).

*e.* Der Christ, der seinem Herrn folgt, ist dem νόμος τοῦ Χριστοῦ (Gal. 6, 2) unterstellt. Damit ist nicht ein Gesetz gemeint, das wiederum einen Weg zum Heil eröffnet, der durch das Halten von Geboten und Erfüllen von Vorschriften zum Ziel führt. Sondern das Gesetz Christi besteht inhaltlich in der ἀγάπη, die die Erfüllung des Gesetzes ist (Röm. 13, 8–10), der köstliche Weg (1. Kor. 12, 31–13, 13). Das entscheidende Gebot, von dem alle konkreten Einzelweisungen bestimmt sind, lautet daher: διὰ τῆς ἀγάπης δουλεύετε ἀλλήλοις (Gal. 5, 13). Während das at.-lich-jüdische Gesetz eine Vielzahl von ἐντολαί umfaßte, ist das Gebot der Liebe die Weisung für den Wandel der Christen, die im jeweiligen Handeln zu konkretisieren ist. Die ἀγάπη sucht nicht das Ihre, sondern sieht auf das, was des anderen ist (1. Kor. 13, 5). Um seinetwillen kann sie auch auf etwas verzichten, was durchaus rechtens wäre, so daß z. B. mit Rücksicht auf den Bruder, der daran Anstoß nehmen könnte, das Essen von Fleisch unterlassen wird, das von Opfertieren aus dem heidnischen Tempel stammt (1. Kor. 8–10).

*f.* Die *Paränese* der paulinischen Briefe nimmt in manchen Abschnitten traditionelles Gut auf: at.lich-jüdische Spruchweisheit, Sätze aus der kynisch-stoischen Popularphilosophie, Herrenworte, urchristliche Lebensregeln und katechismusartige Zusammenhänge (so 1. Thess. 4, 1–12 oder Röm. 12–13). Dabei wird kein Programm zur Umgestaltung der Welt entfaltet, sondern es werden Anweisungen zum rechten Umgang mit den Mitmenschen gegeben. Verschiedentlich spricht Paulus auch die Sklaven an, ohne dabei eine grundlegende Veränderung ihrer sozialen Stellung zu erwägen. Denn nicht der äußere Stand, sondern allein der Ruf Gottes, der ihn getroffen hat und dem er nun folgen soll, bestimmt das Leben des Christen (1. Kor. 7, 17–24). Selbst wenn sich die Möglichkeit bieten sollte, die Freiheit zu erlangen, soll sich daher der Sklave nicht darum bemühen, sondern bedenken, daß der in dem Herrn berufene Sklave ein Freigelassener des

Herrn ist (1. Kor. 7, 22). In diesen Sätzen kommt nicht etwa Gleichgültigkeit des Apostels gegenüber den Lebensbedingungen der Menschen zum Ausdruck, wie sie ein stoischer Philosoph vertreten mochte. Sondern Paulus hält dazu an, daß die Glaubenden die in Christus geschenkte Freiheit da verwirklichen, wo sie stehen, und fordert, daß die Christen einander in der Liebe begegnen. Weil die ἀγάπη auch den Umgang des irdischen Herrn mit seinem Sklaven bestimmt, wird ihr gegenseitiges Verhältnis grundlegend gewandelt und als Bruderschaft neu gestaltet (Phm.).

Angesichts der Drangsale der Zeit und der Nähe des Endes, mit der Paulus rechnet, ruft er dazu auf, sich nicht an die Dinge dieser Welt zu verlieren, sondern in der Freiheit in Christus die innere Distanz und Unabhängigkeit zu bewahren, in der allein man dem Herrn dienen kann. Weil der καιρός kurz ist, darum gilt: »Die da Frauen haben, seien, als hätten sie keine; die da weinen, als weinten sie nicht; die sich freuen, als freuten sie sich nicht; die da kaufen, als besäßen sie nicht; die mit der Welt verkehren, als hätten sie nichts davon. Denn die Gestalt dieser Welt vergeht.« (1. Kor. 7, 29–31) Paulus redet damit nicht einer ἀταραξία das Wort, in der der Stoiker dem Geschehen der Welt innerlich unbeteiligt gegenübersteht. Sondern weil Christus der Kyrios ist, darum darf bei allem Besorgen irdischer Dinge nicht versäumt werden μεριμνᾶν τὰ τοῦ κυρίου (1. Kor. 7, 32). Obwohl Paulus es für geraten hält, angesichts des nahenden Endes keine eheliche Bindung mehr einzugehen, macht er doch aus der Ehelosigkeit kein Gesetz, sondern begreift sie als χάρισμα, das nicht jedem gegeben ist (1. Kor. 7, 7).

Die Sätze über das rechte Verhalten der Christen gegenüber den staatlichen Behörden (Röm. 13, 1–7) fußen auf traditioneller Unterweisung, die in der hellenistischen Synagoge ausgebildet worden ist. Paulus sagt, die ἐξουσίαι, d.h. die staatlichen Behörden, mit denen jeder Mensch es in seinem Lebensbereich zu tun hat, seien als Gottes gute Ordnung zu achten. Da es sich um vorgegebenes Überlieferungsgut handelt, fehlt eine spezifisch christliche Begründung und wird vielmehr διὰ τὴν συνείδησιν zur Befolgung der Anweisungen der ἄρχοντες angehalten (s. S. 91). Was man billigerweise von jedem verantwortungsbewußten Menschen fordern kann, ist auch vom Christen zu verlangen. Dabei ist weder in diesen Sätzen noch in den übrigen paränetischen Abschnitten Vollständigkeit der thematischen Behandlung angestrebt. Sondern Überlieferungsgut ist in lockerer Folge zusammengestellt worden, um anhand der genannten Beispiele zu zeigen, wie das Verhalten der Christen im Alltag auszusehen hat. Von den Regeln, denen allgemein Verbindlichkeit für rechtes menschliches Verhalten zuerkannt wird, können auch die Christen in kritischer Prüfung lernen. Denn: »Was wahr ist, was ehrwürdig, was gerecht, was rein, was lieblich, was wohllautend, was eine Tugend – hier der griechische Begriff der ἀρετή! –, was ein Lob, dem denket nach!« (Phil. 4, 8)

In der apostolischen Ermahnung kommt Gottes Barmherzigkeit zu Wort, die Trost und Zuspruch zugleich ist (Röm. 12, 1–2). Die Leiber der Glaubenden sollen als lebendiges, heiliges, Gott wohlgefälliges Opfer dargebracht werden, als der vernünftige Gottesdienst. Indem Paulus vom leiblichen Gehorsam spricht, bringt er zum Ausdruck, daß alle Bereiche des menschlichen Lebens der Ort sind, an dem der Gottesdienst mitten im Alltag der Welt zu vollziehen ist. Begriffe aus dem kultischen Bereich – heilige Opfer sind dem profanen Gebrauch entnommen und der Gottheit zu eigen gegeben – sind auf das ganze Leben der Glaubenden angewendet. Damit ist die Ausgrenzung eines heiligen Bezirks aus der Welt aufgehoben und sind die kultischen Grenzen gesprengt. Es gibt keinen Ort und keinen Raum, an dem nicht das Gott gebührende Opfer dargebracht werden könnte und sollte. Die Christen sollen sich vielmehr nicht von der prägenden Kraft (σχῆμα) dieser Welt gestalten lassen, sondern sich verwandeln lassen durch die Erneuerung des νοῦς, »daß ihr prüfen möchtet, was Gottes Wille ist, das Gute, Wohlgefällige und Vollkommene« (Röm. 12, 2).

## § 22 Die Kirche

*Mit der ersten Christenheit versteht Paulus die Kirche als das Volk Gottes aus Juden und Heiden, dem die Verheißungen gelten, die Gott Israel gegeben hat und in seiner Treue nicht hinfallen läßt. Die Gemeinde ist der Leib Christi, dessen Glieder die Glaubenden sind. Damit der Leib Christi auferbaut wird, müssen Leben und Gottesdienst der Gemeinde so gestaltet werden, daß dem Handeln des Kyrios an seinem Volk und dem Walten des Geistes Raum gegeben wird.*

Lit. s. zu § 13, ferner: H. Greeven, Propheten, Lehrer, Vorsteher bei Paulus, ZNW 44 (1952/53) 1–43 – E. Dinkler, Prädestination bei Paulus, in: Festschrift für G. Dehn, 1957, 81–102 = Signum crucis, 1967, 241–269 – G. Bornkamm, Zum Verständnis des Gottesdienstes bei Paulus, in: Paulusstudien, [5]1966, 113–132 – U. Luz, Das Geschichtsverständnis des Paulus 1968 – E. Käsemann, Das theologische Problem des Motivs vom Leibe Christi, in: Paulinische Perspektiven, 1969, [2]1972, 178–210.

*a.* Mit der ersten Christenheit nennt Paulus die Kirche ἐκκλησία, das *Israel Gottes* (Gal. 6, 16), das als heiliges Volk in der Gemeinde zusammenkommt. Als die Auserwählten, Heiligen und Berufenen (s. S. 62) sind die Glaubenden Söhne Abrahams (Gal. 3, 7) bzw. σπέρμα 'Αβραάμ (Gal. 3, 29) und als solche Erben der ἐπαγγελία. Sie sind Gottes Tempel, in dem der Geist Gottes wohnt (1. Kor. 3, 16). Weil die Heiden in den Ölbaum Israel eingepflanzt worden sind (Röm. 11, 17–24), dürfen sie nicht vergessen, daß die Wurzel sie trägt und nicht sie die Wurzel. Daher wäre jede Überheblichkeit auf seiten der Heidenchristen unangemessen; die Kirche bleibt vielmehr das Volk Gottes aus Juden und Heiden.

Die Kontinuität, die Israel und die Kirche miteinander verbindet, ist nicht am Fleisch aufweisbar. Denn auch das Bundeszeichen der Beschneidung, durch das Israel von den Völkern unterschieden ist, gehört nach Paulus zur σάρξ. Darum hat der Apostel mit solcher Entschiedenheit den Häretikern in Galatien widersprochen, die den Standpunkt vertraten, nur durch Vollzug der Beschneidung und Übernahme des ganzen Gesetzes könne man Same Abrahams und Erbe der Verheißung werden. Paulus beruft sich demgegenüber auf die Schrift, um darzulegen, daß nur die Glaubenden, die wie Abraham auf Gottes Zusage vertrauen und denen dieser Glaube zur Gerechtigkeit angerechnet wird, die göttliche ἐπαγγελία erben (Gal. 3). Daher muß schon im Blick auf das at.liche Gottesvolk eine Differenzierung vorgenommen werden: »Nicht alle, die aus Israel sind, sind Israel.« (Röm. 9, 6) Denn nicht über die σάρξ, sondern allein durch den Glauben wird die Verheißung Gottes empfangen. Jakob hat Gott geliebt, aber Esau gehaßt (Röm. 9, 13). »Wem ich gnädig bin, dem bin ich gnädig; und wessen ich mich erbarme, dessen erbarme ich mich.« (Röm. 9, 15) Israel kann daher nicht als durch die σάρξ verbundene Größe verstanden werden, sondern ist immer die Schar derer, die die göttliche Zusage empfangen und ihrem Gott gehorsam sind wie die 7000,

die als heiliger Rest zur Zeit des Propheten Elia ihre Knie nicht vor Baal gebeugt haben (Röm. 11, 2–4).
An Israel wird das göttliche Gnadenhandeln sichtbar; durch die ἐπαγγελία ist seine Geschichte grundsätzlich von aller Religionsgeschichte unterschieden. Weil nicht anders als von der Rechtfertigungslehre her verstanden werden kann, was Israel ist, darum ist für Paulus der Weg Israels noch nicht zu Ende. Durch die Schuld der ungläubigen Juden (Röm. 9, 30–10, 21) ist Gottes Zusage nicht hingefallen. Die Verheißung lautet vielmehr: πᾶς Ἰσραὴλ σωθήσεται (Röm. 11, 26). In diesem Satz spricht sich weder geschichtsphilosophische Überlegung noch apokalyptische Spekulation aus. Paulus ist dessen gewiß, daß Gott zu seinem Wort steht. Daher wird Israels Geschick nichts anderes sein können als Rechtfertigung der Gottlosen, Erweis der göttlichen Barmherzigkeit, die das Ende und Ziel aller Wege ist (s. S. 87). Der Kontinuität zwischen dem at.lichen Gottesvolk und der ἐκκλησία steht darum die Diskontinuität gegenüber. Nicht die »Kinder des Fleisches« sind Gottes Kinder, »sondern die Kinder der Verheißung werden als Same (= Nachkommen) gerechnet« (Röm. 9, 8).
*b.* Die Gemeinde ist der *Leib Christi*. Die Rede vom Leib und den vielen Gliedern wird von Paulus in bildlichem Sinn verwendet, um daran zu veranschaulichen, daß es in der Gemeinde eine Vielfalt von Diensten und Funktionen geben muß, die alle für das Gedeihen des Ganzen notwendig sind (1. Kor. 12, 12–27; Röm. 12, 3–8). Der Leib hat viele Glieder, die jedes an seinem Platz seine Aufgabe zu erfüllen haben. So kommt jedem der Charismen sein besonderer Dienst zu, der für die ganze Gemeinde förderlich ist.
Vom bildlichen Ausdruck, den Paulus aus stoischer Tradition aufgenommen hat, ist die eigentliche Rede vom Leib Christi unterschieden, die der Apostel vornehmlich in Zusammenhängen verwendet, die von Taufe und Abendmahl handeln. Als die, die wir an dem einen Brot teilhaben, »sind wir, die Vielen (d.h. alle), ein Leib« (1. Kor. 10, 17). Denn »wir alle sind in einen Leib hineingetauft worden« (1. Kor. 12, 13). Dabei ist nicht daran gedacht, daß erst durch die Zusammenfügung der einzelnen Glieder der Leib entsteht. Sondern wir sind in den Bereich der Herrschaft Christi, die mit seinem Sterben und Auferstehen aufgerichtet ist, eingefügt worden. Da es nur einen Leib Christi gibt, stellt Paulus angesichts der Gruppenbildungen in der korinthischen Gemeinde die Frage, ob denn etwa der absurde Zustand eingetreten sei, daß Christus zerteilt ist (1. Kor. 1, 12). Dabei steht Χριστός gleichbedeutend mit σῶμα Χριστοῦ. Denn Christus ist in seinem Leib gegenwärtig. Wer auf Christus getauft ist, der ist in das σῶμα Χριστοῦ eingegliedert und lebt fortan ἐν Χριστῷ (s. S. 96). Ob in diesen Aussagen möglicherweise auch gnostische Vorstellungen aufgenommen sind, nach denen die Erlösten in den Leib des Erlösers eingefügt werden, ist umstritten und bleibt ungewiß. Der Sinn der eigentlichen Redeweise vom Leib Christi ist jedoch klar: Der Leib Christi wird nicht durch die Glieder, sondern durch Christus konstituiert. Wer zu Christus gehört, der lebt als Glied an seinem Leib in der Gemeinde als dem Ort der gegenwärtigen Christusherrschaft.
*c.* Als Glieder des Gottesvolkes sind Juden und Heiden zur *Einheit der Kirche* zusammengeschlossen. Obwohl Paulus Jerusalem nicht als Instanz ansehen konnte, die über die Wahrheit seiner Verkündigung des Evangeliums zu befinden hat, legte er den Uraposteln sein Evangelium vor (Gal. 2, 1–10). Denn es kam darauf an, daß zwischen ihnen und ihm Übereinstimmung darüber erzielt wurde, daß die Christusbotschaft Juden und Heiden gilt. Die frohe Botschaft, daß allein um Christi willen das Heil zuteil wird, darf mit keinerlei Bedingungen,

die vom Gesetzesdienst her gestellt werden könnten, verknüpft werden. Wenn es nicht gelungen wäre, mit den »Säulen« in Jerusalem darüber Übereinkunft zu erzielen, so wäre zwar nicht die Wahrheit des von Paulus verkündigten Evangeliums betroffen worden; denn die den Heiden bezeugte gesetzesfreie Predigt stellt die einzig mögliche Konsequenz aus der Verkündigung Christi dar. Wohl aber wäre Paulus vergeblich gelaufen, wenn man ihn in Jerusalem abgewiesen hätte und die Einheit der Kirche aus Juden und Heiden zerbrochen wäre (Gal. 2, 2). Daher war es für Paulus von so großer Bedeutung, daß die Leiter der Urgemeinde Barnabas und ihm durch Handschlag die Gemeinschaft bestätigt haben (Gal. 2, 9). Die Einheit der Kirche ist durch das eine Evangelium begründet. Um diese Einheit zu bekräftigen, sammelt Paulus unter den heidenchristlichen Gemeinden eine Kollekte für die Armen in Jerusalem (s. S. 62). Durch die Gabe von σαρκικά sollte ihnen der Dank dafür abgestattet werden, daß die Heiden Anteil bekommen haben an den πνευματικά (Röm. 15, 27).

*d.* Das *Leben der Gemeinden* im paulinischen Missionsgebiet war nicht durch eine einheitliche Verfassung geregelt. Es sollte so gestaltet werden, daß der Tempel Gottes heilig gehalten und der Leib Christi erbaut wird. Älteste, wie es sie in judenchristlichen Gemeinden gab, werden nicht erwähnt. Einzelne Glieder der Gemeinde hatten besondere Aufgaben in der Fürsorge, im missionarischen Dienst oder als Vorsteher zu erfüllen (1. Thess. 5, 12). 1. Kor. 12, 28 werden Apostel, Propheten und Lehrer genannt, denen die Wortverkündigung aufgetragen ist. Danach werden die mancherlei Charismen aufgezählt, die in der Gemeinde wirken, ohne daß eine klare Unterscheidung zwischen Ämtern und Charismen vorgenommen würde. Neben den Propheten gab es auch Charismatiker, denen die Gabe der prophetischen Rede verliehen ist (1. Kor. 14). Paulus bestreitet nicht, daß sich der Geist auch durch das Charisma der ekstatischen Zungenrede, das von den Korinthern so hoch geschätzt wurde, äußern kann. Aber zum Nutzen der Gemeinde können die in der Glossolalie hervorgestoßenen Laute erst dann dienen, wenn jemand da ist, der sie zu übersetzen und in verständliche Rede zu fassen weiß (1. Kor. 14, 27–40). Leitender Gesichtspunkt zur Beurteilung aller Charismen ist daher die Frage, ob sie zur οἰκοδομή der Gemeinde beitragen (1. Kor. 14, 26). Daran sind die Gaben, in denen sich der eine Geist auswirkt (1. Kor. 12, 4–11), zu messen.

*e.* Im *Gottesdienst* wird das Evangelium verkündigt und die Gemeinde unterwiesen. Neben der διδαχή, in der die Auslegung des Kerygmas und die Anweisung für den Wandel der Christen geschieht, ist von ψαλμοί die Rede (1. Kor. 14, 26), at.lichen und urchristlichen Psalmen und Liedern, die die Gemeinde singt. Zwar war der Gottesdienst nicht an eine bestimmte Ordnung gebunden, sondern es sollte dem freien Walten des Geistes Raum gelassen werden; aber es sollte doch darauf geachtet werden, daß ein klares und verständliches Zeugnis laut wird. Denn wenn ein Ungläubiger hereinkommt, sollte er nicht etwa sagen, sie seien alle rasend, sondern innerlich betroffen und überführt werden von dem, was er in der Gemeinde hört und erfährt (1. Kor. 14, 23–25). Wer immer im Gottesdienst das Wort nimmt, soll so sprechen, daß die anderen dazu »Amen« sagen und sich damit ihrerseits zu eigen machen können, was gesagt worden ist (1. Kor. 14, 16). Weil die Gemeinde dafür verantwortlich ist, die Heiligkeit des Tempels Gottes zu wahren, darum hat sie auch Verstöße gegen seine Heiligkeit zu ahnden und einen Blutschänder aus ihrer Mitte auszuschließen (1. Kor. 5, 1–5). Denn in der Versammlung der Gemeinde, die als Gottes heiliges Volk zusammentritt, ist der Kyrios selbst gegenwärtig, der in Wort und Sakrament an seiner Gemeinde handelt.

## § 23 Taufe und Abendmahl

*Paulus hat sein Verständnis von Taufe und Abendmahl, die ihm durch die erste Christenheit vorgegeben waren, in Auseinandersetzung mit schwärmerischen Auffassungen entwickelt und dargelegt. In der Taufe geschieht die Eingliederung in den Leib Christi und wird das neue Leben in Christus zugeeignet, das im Wandel der Glaubenden angeeignet wird. Im Abendmahl wird Teilhabe am Sühntod Jesu Christi empfangen. Alle, die an der Feier teilnehmen, sind als Glieder am Leib Christi in gegenseitiger Verantwortung füreinander zusammengeschlossen.*

Lit. s. zu § 14, ferner: zur Taufe: G. BORNKAMM, Taufe und neues Leben, ThBl 18 (1939) 233–242 = Paulusstudien, [5]1966, 34–50 – E. DINKLER, Taufe im Urchristentum, RGG[3] VI, 627–637 – E. LOHSE, Taufe und Rechtfertigung bei Paulus, KuD 11 (1965) 308–324 = Die Einheit des NT, 1973, 228–244 – DERS., Wort und Sakrament in der paulinischen Theologie, in: F. VIERING (ed.), Zu Karl Barths Lehre von der Taufe, 1971, 44–59; G. BARTH, Die Taufe in frühchristlicher Zeit, 1981; zum Abendmahl: J. JEREMIAS, Die Abendmahlsworte Jesu, 1935, [4]1967 – E. KÄSEMANN, Anliegen und Eigenart der paulinischen Abendmahlslehre, EvTh 7 (1947/48) 263–283 = EVB I, 11–34 – G. BORNKAMM, Herrenmahl und Kirche bei Paulus, ZThK 53 (1956) 312–349 = Ges. Aufsätze II, [3]1970, 138–176 – E. SCHWEIZER, Abendmahl im NT, RGG[3] I, 10–21 – P. NEUENZEIT, Das Herrenmahl. Studien zur paulinischen Eucharistieauffassung, 1960.

*a.* Paulus knüpft an das *urchristliche Verständnis der Taufe* an und führt es in seiner Theologie fort. Er setzt als selbstverständlich voraus, daß alle Christen getauft sind (Röm. 6, 3; 1. Kor. 12, 13; s. S. 65). Die Taufe wird auf den Namen bzw. im Namen des Kyrios vollzogen (1. Kor.1, 13; 6, 11), in der Taufe wird die Vergebung der Sünden (1. Kor. 6, 11: ἐδικαιώθητε) und die Gabe des Geistes verliehen (1. Kor. 6, 11; 2. Kor. 1, 21f.). Paulus schließt sich seinerseits nicht an das Taufverständnis der palästinischen Gemeinden, sondern an das der hellenistischen Christenheit an (s. S. 67). Darauf spielt er an, wenn er an das Wissen der Gemeinde erinnert, daß wir alle, die auf Christus Jesus getauft sind, in seinen Tod hineingetauft worden sind (Röm. 6, 3). In der Taufe gewinnt der Täufling Anteil am Sterben und Auferstehen seines Herrn. Dieser Gedanke ist in den hellenistischen Gemeinden offensichtlich weithin so verstanden worden, daß die Getauften in Christi Tod und Auferweckung hineingenommen und dadurch zu einem neuen Leben auferstanden sind (Kol. 2, 12). Daraus konnte dann die Ansicht entstehen, daß die Taufe wie die in Mysteriengemeinschaften vollzogene Weihe unverlierbare Kraft vermittelt (1. Kor. 15, 29; s. S. 67). Mit derartigen magischen Auffassungen, wie sie auch von den Pneumatikern in Korinth vertreten wurden, setzt Paulus sich auseinander, indem er das urchristliche Verständnis der Taufe durchdenkt und vertieft.

Weder der Name des Paulus noch der eines anderen kann für die Wirksamkeit der Taufe irgendeine Rolle spielen (1. Kor. 1, 13). Die Person desjenigen, der die Taufe vollzieht, ist vollkommen gleichgültig. Es kommt vielmehr allein auf Gottes Handeln an, das 2. Kor. 1, 21f. in einer bekenntnisartigen Wendung als Salbung, Versiegelung und Gabe des Geistes beschrieben wird, die als Angeld auf die zukünftige Herrlichkeit gültig verliehen ist (s. S. 66). Paulus betont mit diesen ihm vorgegebenen Formulierungen die rechtsverbindliche Zusage Gottes, durch die er uns mit Christus untrennbar verbunden hat. Diese göttliche Zusage hat zum Inhalt, »daß ihr alle Söhne Gottes seid durch den Glauben in Christus Jesus« (Gal. 3, 26). Dabei ist der abschließende Ausdruck ἐν Χριστῷ Ἰησοῦ auf den ganzen Satz zu beziehen und soll besagen, daß der εἰς Χριστόν Getaufte nun ἐν Χριστῷ lebt, eingefügt in den Leib Christi (1. Kor. 12, 13; s. S. 96). Was es bedeutet, in Christus Söhne Gottes zu sein, wird durch den anschließenden Satz erläutert: »Denn ihr alle, die ihr auf Christus getauft seid, habt Christus angezogen.« (Gal. 3, 27) Das Bild vom Anlegen eines Gewandes, das Paulus hier benutzt, war in der alten Welt weit verbreitet und wurde vor allem in den Mysterienreligionen zur Deutung des mit der Initiation bewirkten Geschehens verwendet. Durch die Überkleidung mit dem Gewand strömt göttliche Lebensmacht über, die der Myste an sich als physisch-substanzielle Veränderung erfährt. Bei Paulus aber ist mit dem Bild vom Anziehen Christi ein anderer Sinn verbunden. Der Getaufte, der Christus angezogen hat, ist dadurch weder mit einer göttlichen Kraftsubstanz erfüllt noch in einen Zustand unverlierbaren Heilsbesitzes versetzt worden. Er ist vielmehr in den Herrschaftsbereich Christi hineingestellt und darum zum Wandel im neuen Leben gerufen. Daher muß der Satz von Gal. 3, 27 mit der Aufforderung von Röm. 13, 14 zusammengesehen werden: »Zieht den Herrn Jesus Christus an.« (s. S. 98)

Den in der hellenistischen Gemeinde ausgebildeten Gedanken, daß die Taufe Anteil am Sterben und Auferstehen Christi vermittelt, nimmt Paulus auf, gibt ihm aber eine neue Wendung: »Wir sind nun mit ihm (= Christus) begraben durch die Taufe in den Tod, damit, wie Christus von den Toten auferweckt wurde durch die Herrlichkeit des Vaters, so auch wir in einem neuen Leben wandeln sollen.« (Röm. 6, 4) Im Gegensatz zu einer schwärmerischen Bewertung der Taufe, die sie als Unterpfand bereits geschehener Auferstehung und Gegenwart göttlicher Heilskraft versteht, betont Paulus, daß unsere Auferstehung noch vor uns liegt und erst bei der zukünftigen Auferweckung der Toten verwirklicht werden soll (Röm. 6, 5). Der Wandel der Getauften ist darum bestimmt von dem in Christi Sterben und Auferstehen gewonnenen Sieg über die Gewalten dieses Äons und vollzieht sich im Zeichen der noch ausstehenden Auferstehung der Toten. Weil diese die Auferweckung der σώματα ist – der Mensch also stets in seiner Einheit und Ganzheit gesehen wird –, darum legt Paulus besonderen Nachdruck darauf, daß unsere σώματα dem Kyrios in der Taufe übergeben sind und ihm nunmehr gehören (s. S. 89).

In allen Aussagen, die von der Taufe handeln, spricht Paulus stets im Plural von »euch, die ihr getauft seid« bzw. »uns, die wir getauft sind« und darum in Christus leben als Glieder der Kirche Jesu Christi. Wenn der Apostel sagt: »Wir alle sind in einem Geist in einen Leib hineingetauft worden – seien es Juden oder Griechen, seien es Sklaven oder Freie – und wir sind alle mit einem Geist getränkt worden« (1. Kor. 12, 13), so bindet er Taufe und Kirche aufs engste zusammen: In der Kirche handelt der gegenwärtige auferstandene Herr und reißt die in diesem Äon geltenden Schranken nieder: »Da ist nicht Jude noch Grieche, nicht Sklave noch Freier, nicht Mann noch Frau; alle seid ihr nämlich einer in Christus Jesus.« (Gal. 3, 28) Zwar gibt es weiterhin in dieser Welt Unterschiede zwischen den Menschen, die nicht in schwärmerischer Vorwegnahme der zukünftigen Erfüllung übersprungen werden dürfen; aber in Christus ist die neue Einheit begründet, die alle als Glieder am Leib Christi zusammenschließt.

Paulus redet von der Taufe wiederholt in passiven Wendungen: »Ihr seid geheiligt, ihr seid gerecht gemacht worden« (1. Kor. 6, 11); »wir sind hineingetauft, wir sind getränkt worden« (1. Kor. 12, 13). Daher kann kein Zweifel darüber bestehen, daß Paulus die Taufe als ein am Täufling geschehenes Handeln Gottes versteht. Der Christ hat nicht nur anzuerkennen, was Gott einst am Kreuz Christi getan hat. Sondern die Getauften haben in der Gabe des Geistes das gegenwärtige

Handeln Gottes erfahren, sie sind in die neue Schöpfung versetzt und dem Leib Christi eingefügt. Dieses Handeln Gottes darf freilich nicht mit den korinthischen Schwärmern mißverstanden werden, als werde ein unverlierbarer Heilsbesitz geschaffen. Paulus weist daher auf das warnende Beispiel Israels hin: Obwohl sie alle die Taufe empfingen und alle mit Speise und Trank versehen wurden, die Gott wunderbar gewirkt hatte, fielen sie unter Gottes Gericht, weil sie ungehorsam waren (1. Kor. 10, 1–13). Darum wird vor Mißbrauch des Sakraments gewarnt und auf Gottes Gericht hingewiesen, vor dem alle sich werden verantworten müssen. Die Taufe entnimmt weder dem Gericht noch macht sie gegenüber Straucheln und Fallen gefeit. Sondern sie unterstellt die Getauften der Herrschaft des Kyrios, dem sie in ihrem Leben nachzufolgen haben.

*b.* Wie verhält sich dieses *paulinische Taufverständnis* zur Verkündigung der *Gerechtigkeit Gottes*, die nach Röm. 1, 16f. das Thema der Theologie des Apostels darstellt (s. S. 86)? Betrachtet man die paulinischen Aussagen über die Taufe, so muß auffallen, daß zwar in ihnen immer wieder von Gottes Handeln für uns und an uns die Rede ist, daß aber weder von der Rechtfertigung noch vom Glauben gesprochen wird. Umgekehrt aber ist festzustellen: Wo Paulus – wie vornehmlich in den ersten Kapiteln des Röm. – von der Rechtfertigung des Sünders handelt, wird die Taufe nicht erwähnt. Es hat daher den Anschein, daß das paulinische Taufverständnis relativ unverbunden neben der Theologie der Rechtfertigung steht.

Nun sind aber auch die Sätze, die der Apostel Röm. 6 über die Taufe schreibt, unter die Überschrift des ganzen Briefes gestellt, der von der Offenbarung der Gerechtigkeit Gottes handelt, und von daher zu begreifen. Die Einwände, die man gegen die Theologie von der Rechtfertigung des Sünders erhebt – »Sollen wir nicht in der Sünde bleiben, damit die Gnade um so reichlicher sei?« (Röm. 6, 1) –, weist Paulus zurück, indem er sich zur Begründung seiner Ausführungen über die Gerechtigkeit aus Glauben auf die Taufe bezieht: Am Kreuz Christi ist die Herrschaft der Sündenmacht gebrochen worden. Wer auf Christus getauft ist, der ist daher nicht mehr ihrer Zwangsherrschaft unterworfen, sondern steht im neuen Leben in Christus. Auf diese Weise wird die Rechtfertigung durch die Taufe und die Taufe durch die Rechtfertigung interpretiert. Ähnlich argumentiert Paulus auch den Korinthern gegenüber, indem er hervorhebt, daß Vollzug und Wirkung der Taufe an die Verkündigung des Evangeliums gebunden sind. Wer auf den Namen Christi getauft ist (1. Kor. 1, 13) und im Glauben das Wort vom Kreuz annimmt, der empfängt Rettung und Heil (1. Kor. 1, 17f.). Erst da, wo die Taufe in Verbindung mit der Verkündigung des Wortes vom Kreuz verstanden wird, ist ihr Sinn recht erfaßt.

Dieser Zusammenhang tritt noch klarer hervor, wenn beachtet wird, daß Paulus ganz parallele Aussagen macht, die sich einmal auf die Rechtfertigung, ein anderes Mal auf die Taufe beziehen – freilich ohne daß eine systematische Verbindung zwischen diesen einander entsprechenden Aussagereihen hergestellt wäre: 1. Wie es für Paulus Leben und Wandel ἐν Χριστῷ nur auf Grund der Taufe εἰς Χριστόν gibt, durch die der Christ der Herrschaft des Kyrios unterstellt ist, so gibt es Gerechtigkeit und Leben nur da, wo der Mensch als Glaubender in dem allein rechten Verhältnis zu Gott steht, in dem er das Pochen auf sein eigenes Wirken und Tun fahren läßt. 2. In der Taufe wie in der Rechtfertigung erfährt der Mensch Gottes Handeln an ihm. Wie deshalb in passiven Formulierungen von Gottes Tat in der Taufe gesprochen wird, so kann auch nur durch passive Wendungen sachgemäß ausgedrückt werden, daß der Sünder durch Gottes Gnade gerechtfertigt wird. 3. Wie der Getaufte von Christi Tod und Auferstehung bestimmt ist, der zukünftigen Auferstehung aber entgegengeht, so ist auch die Rechtfertigung zugleich Gegenwart des Heils und Gegenstand der eschatologischen Hoffnung (s. S. 86f.). 4. Taufe wie Rechtfertigung stellen daher den Christen in die Spannung von Indikativ und Imperativ hinein (s. S. 98f.), der bereits geschehenen Befreiung und des Aufrufs, diese im Wandel der Glaubenden zu vollziehen.

Wie die Rechtfertigung allein im Glauben empfangen wird, so müssen im Zusammenhang der paulinischen Theologie auch Taufe und Glaube notwendig zusammengesehen werden. Der Apostel kann nämlich vom Christ-Werden einmal so sprechen, daß er die Taufe nennt, ein anderes Mal so, daß er auf das Gläubig-geworden-Sein hinweist. Zu Beginn des Kapitels über die Auferstehung der Toten erinnert Paulus die Korinther an das Evangelium von Kreuz und Auferstehung Christi, das er ihnen einst gebracht hat und das sie angenommen haben (1. Kor. 15, 1–5). Von dem entscheidenden Schritt, mit dem ihr Christ-Sein anhob, spricht Paulus dabei mit dem Wort ἐπιστεύσατε (1. Kor. 15, 2). Der Aorist deutet auf einen bestimmten Punkt in der Vergangenheit hin, an dem die Korinther das Ja des Glaubens als Antwort auf das Evangelium gesprochen haben. Dieses Ja wurde in dem Bekenntnis laut, das bei der Taufe öffentlich ausgesprochen wurde. Auf diese ὁμολογία nimmt Paulus Bezug, wenn er Röm. 10, 9 »Herr ist Jesus«, »Gott hat ihn von den Toten auferweckt« als Inhalt des bei der Taufe bekannten Glaubens anführt (s. S. 57). Und in den von Taufterminologie durchzogenen Sätzen am Schluß von Röm. 13, in denen vom Ablegen der Werke der Finsternis, Anlegen der Waffen des Lichts und Anziehen des Herrn Jesus Christus gesprochen wird, weist der Apostel auf den Anfang des Christ-Seins wieder mit dem Wort ἐπιστεύσαμεν hin: »Wir sind zum Glauben gekommen.« (Röm. 13, 11) Das aber bedeutet nichts anderes als: Wir haben die in der Taufe empfangene Rechtfertigung des Sünders im Glauben ergriffen. Und wenn Paulus Gal. 3, 26f. von der in der Taufe begründeten Christuszugehörigkeit spricht, so folgt für ihn daraus, daß die Christen Abrahams Same sind (Gal. 3, 29). Söhne Abrahams aber sind – darauf zielt der Beweisgang des ganzen Kapitels – nicht diejenigen, die ihm durch Abstammung und Gesetz verbunden sind, sondern οἱ ἐκ πίστεως οὗτοι υἱοί εἰσιν Ἀβραάμ (Gal. 3, 7).

Wenn sich also in der paulinischen Theologie so weithin parallel gehende Aussagen einerseits von der Rechtfertigung, andererseits von der Taufe finden, so muß gefragt werden, warum sich der Apostel nicht auf die Predigt von der Gerechtigkeit Gottes beschränkte, sondern dem Sakrament so große Bedeutung in seiner Theologie einräumte. Die Antwort auf diese Frage kann nicht lediglich darin bestehen, daß Paulus die Taufe als bereits bestehende kirchliche Praxis vorfand und als solche auch seinerseits gelten ließ. Es muß vielmehr eine tiefere, in der paulinischen Theologie begründete Ursache dafür vorliegen, daß der Apostel der Taufe so grundlegenden Sinn für Glauben und Leben des Christen beimaß. Dieser ist darin zu sehen, daß Wort und Taufe in einer sachlichen Bezogenheit zueinander stehen. Denn durch die Taufe – wie auch durch das Abendmahl (s. S. 108f.) – wird das rechte Verständnis der Wortverkündigung gesichert und diese vor Spiritualisierung bewahrt. Umgekehrt schützt die Predigt vor einem dinglichen oder schwärmerischen Mißverständnis der Taufe und verwehrt eine magische Auffassung, aber auch eine Deutung im Sinne einer ex opere operato sich vollziehenden Wirkung, die allein auf Grund eines vorschriftsmäßig vorgenommenen Ritus sich notwendig einstellen müßte. Die Taufe zeigt unübersehbar an, daß Gottes Heilstat in Christus die Getauften geschichtlich betrifft, indem leiblich an ihnen gehandelt wird, der der Sünde unterworfene Leib getötet und das σῶμα nunmehr dem Kyrios übergeben ist. Wie in dem Geschehen von Kreuz und Auferstehung Christi Versöhnung und Heil für alle Welt beschlossen liegen, so steht am Anfang des Christ-Seins das Geschehen der Taufe, in der der alte Mensch mit Christus gekreuzigt und der neue Mensch als Glied dem Leib Christi eingefügt worden ist. Wie Christus einmal und damit ein für allemal gestorben und auferstanden ist, so wird auch die Taufe am Menschen nur einmal vollzogen. Die Predigt von der Rechtfertigung aber, die ständiger Wiederholung bedarf, erinnert den Getauften immer wieder an den von Gott gelegten Grund seines Christ-Seins und ruft ihn auf, sein Leben im Glauben zu führen.

*c.* Das paulinische Verständnis des *Abendmahls* wird in Auseinandersetzung mit den Korinthern entwickelt. In der Gemeinde waren bei der Feier des Herrenmahls Mißstände eingerissen, die nicht – wie die ältere Forschung annahm – darauf zurückgingen, daß man das Herrenmahl verachtete. Vielmehr herrschte in der Gemeinde ein schwärmerischer Sakramentalismus, der sich auf die Überzeugung gründete, die Gegenwart des Heils bereits greifbar zu haben und im Besitz unverlierbarer Geisteskraft zu sein. Diese Haltung des Aufgeblasen-Seins (1. Kor. 4, 6. 18f.; 8, 1) äußerte sich bei der Feier des Herrenmahls vor allem darin, daß man Gemeindeglieder, die später kamen und nichts mitbringen konnten, leer ausgehen ließ, weil man im Rausch der eigenen Begeisterung nicht auf sie achtete. Paulus fordert, daß die Sättigungsmahlzeit in den Häusern stattfinden und das Herrenmahl angemessen gehalten werden soll (1. Kor. 11, 33).

Die Feier des Herrenmahls hat sich an den überkommenen Abendmahlsworten auszurichten (1. Kor. 11, 23–25). Das Brotwort erhält in der paulinischen Fassung besondere Betonung, indem die Wendung τὸ ὑπὲρ ὑμῶν, die in der Abendmahlsüberlieferung bei Mk./Mt. ihren Platz beim Kelchwort hat, mit dem Begriff σῶμα verbunden ist (s. S. 70). Die Feiernden empfangen den für sie in den Tod gegebenen Leib Christi. Aus 1. Kor. 10, 16f. geht hervor, warum der Begriff σῶμα so stark betont wird. Dort zitiert der Apostel zunächst eine urchristliche Formulierung, die davon spricht, daß der Becher, über den der Segen gesprochen wird, Anteil am Blut Christi gibt und das Brot, das gebrochen wird, Anteil am Leib Christi. Die beiden parallel gebauten Sätze sind dabei so angeführt, daß die von Brot und Leib handelnde Aussage an die zweite Stelle gerückt wird, um daran folgende Erklärung anzufügen: »Denn ein Brot, ein Leib sind wir, die Vielen (= alle). Denn wir alle haben an einem Brot teil.« (1. Kor. 10, 17) Damit wechselt die Bedeutung des Begriffes σῶμα von der Christologie zur Ekklesiologie hinüber. Alle, die beim Herrenmahl das Brot empfangen und damit an Christi Leib teilbekommen, der für uns in den Tod gegeben ist, sind der Leib Christi und darum als Glieder untereinander verbunden.

Während das Kelchwort nach Mk./Mt. lautet: »Dies ist mein Blut des Bundes, das für viele vergossen wird« (s. S. 70), heißt es bei Paulus: »Dieser Kelch ist der neue Bund in meinem Blut.« (1. Kor. 11, 25) Damit wird nicht auf Ex. 24, sondern auf die prophetische Verheißung des neuen Bundes hingewiesen (Jer. 31). Die eschatologische Gottesordnung ist im stellvertretenden Tod Christi begründet. Stehen nach Mk./Mt. die Begriffe σῶμα und αἷμα einander gegenüber, so sind es nach der bei Paulus (und Lk.) überlieferten Fassung σῶμα und διαθήκη. Daran wird deutlich, daß keinerlei Interesse an den Substanzen von Brot und Wein (bzw. Leib und Blut) haftet. Sondern es wird ausgesagt, daß in der Feier des Herrenmahls der erhöhte Herr an seiner Gemeinde handelt. Der Tod des Herrn wird feierlich angesagt (1. Kor. 11, 26). Nicht schon durch die Handlung als solche, sondern durch das bei der Feier laut werdende Wort wird dieses καταγγέλλειν

vollzogen und der gekreuzigte Christus als der Herr proklamiert, bis er als der kommende Weltenrichter erscheinen wird.
Mit der Feier des Herrenmahls ist daher ein letzter Ernst verbunden: »Wer das Brot ißt oder den Kelch des Herrn trinkt ἀναξίως, der wird schuldig sein (im Jüngsten Gericht) am Leib und Blut des Herrn.« (1. Kor. 11, 27) ἀναξίως bezeichnet die unangemessene Feier, die – wie aus dem Zusammenhang hervorgeht – dann eintritt, wenn einer ißt und trinkt μὴ διακρίνων τὸ σῶμα (1. Kor. 11, 29), d. h. daß er den Leib nicht in seiner Besonderheit auszeichnet. Das aber würde geschehen, wenn er nicht begreift, daß alle, die am σῶμα Christi teilhaben, ein σῶμα und daher füreinander verantwortlich sind. Wer das mißachtet, wie es die Korinther tun, der verfehlt den Sinn der Feier des Herrenmahls und wird dem Strafgericht des Kyrios verfallen.
*d.* Zwar kennt Paulus noch keinen *Sakramentsbegriff*, unter dem Taufe und Abendmahl zusammengefaßt würden. Aber an einer Stelle bringt er sie in unmittelbare Verbindung miteinander: Als Israel durch das Meer und die Wüste zog, »wurden alle auf Mose getauft in der Wolke und im Meer, und alle aßen einerlei geistliche Speise, und alle tranken einerlei geistlichen Trank. Denn sie tranken aus dem geistlichen Felsen, der ihnen folgte, der Fels war aber Christus.« (1. Kor. 10, 2–4) In dieser kühn entworfenen Rückprojizierung von Taufe und Abendmahl in die Geschichte Israels ist die christologische Begründung von entscheidender Bedeutung. Die Taufe ist Taufe auf Christus; und in der Feier des Herrenmahls lädt Christus die Gemeinde an den Tisch. Von der Einsetzung des Herrenmahls in der Nacht, in der der Herr verraten wurde, spricht Paulus mit der urchristlichen Tradition. Von einem Taufbefehl Jesu erwähnt Paulus jedoch nichts. Wohl aber sieht er Taufe und Abendmahl in Christus gestiftet. Denn in der Taufe wie in der Feier des Herrenmahls handelt der gekreuzigte, auferstandene und erhöhte Herr an den Seinen.

## § 24 Die Eschatologie

*Paulus erwartete mit der ersten Christenheit die baldige Parusie Christi. Im Geist ist den Glaubenden bereits das Angeld auf die kommende Vollendung gegeben. Daher ist ihre Hoffnung weder von der Frage nach dem Termin des Endgeschehens noch vom Entwurf eines apokalyptischen Geschichtsplans abhängig, sondern gegründet in der Gewißheit, daß die Seinen dereinst mit ihrem Herrn allezeit vereint sein werden.*

Lit. s. zu § 12, ferner: E. KÄSEMANN, Zum Thema der urchristlichen Apokalyptik, ZThK 59 (1962) 257–284 = EVB II, 105–131 – P. HOFFMANN, Die Toten in Christus. Eine religionsgeschichtliche und exegetische Untersuchung zur paulinischen Eschatologie, 1966, ³1978 – P. STUHLMACHER, Erwägungen zum Problem von Gegenwart und Zukunft in der paulinischen Eschatologie, ZThK 64 (1967) 423–450 – G. DELLING, Zeit und Endzeit, 1970, 57–101: Zur eschatologischen Bestimmtheit der paulinischen Theologie – J. BECKER, Erwägungen zur apokalyptischen Tradition in der paulinischen Theologie, EvTh 30 (1970) 593–609 – E. LOHSE, Apokalyptik und Christologie, ZNW 62 (1971) 48–67 = Die Einheit des NT, 1973, 125–144 – P. SIBER, Mit Christus leben. Eine Studie zur paulinischen Auferstehungshoffnung, 1971 – G. KLEIN, Apokalyptische Naherwartung bei Paulus, in: Neues Testament und christliche Existenz, Festschrift für H. BRAUN, 1973, 241–262 – W. HARNISCH, Eschatologische Existenz. Ein exegetischer Beitrag zum Sachanliegen von 1. Thess. 4, 13 – 5, 11, 1973 – J. BAUMGARTEN, Paulus und die Apokalyptik, 1975 – H.-H. SCHADE, Apokalyptische Christologie bei Paulus, 1981.

*a.* Die Eschatologie stellt bei Paulus nicht einen Artikel von den letzten Dingen dar, sondern einen *Grundzug seiner Theologie* überhaupt, der sein Denken und Reden von Anfang bis Ende durchzieht. Während der Apostel im 1. Thess. und im 1. Kor. damit rechnet, daß sich noch zu seinen Lebzeiten die Ankunft des Kyrios ereignen werde (s. S. 60), bietet der 2. Kor. ein etwas anderes Bild. Paulus berichtet, daß er in große Bedrängnis und Todesgefahr geraten sei und dabei an sich die παθήματα Χριστοῦ erfahren habe. Obwohl er schon am Leben verzweifelt war, habe er in dieser äußersten Bedrohung sein Vertrauen nicht auf sich selbst gesetzt, sondern auf Gott, der die Toten auferweckt (2. Kor. 1, 3–11). Wie im einzelnen diese Todesgefahr ausgesehen hat, aus der Gott ihn errettet hat, erwähnt Paulus nicht. Fortan aber hat er es offensichtlich für möglich gehalten, daß er nicht mehr die Parusie erleben, sondern vorher sterben werde (2. Kor. 5, 1–10; Phil. 1, 23). Dennoch hat der Apostel unverändert an der Erwartung festgehalten, daß der Herr nahe sei (Phil. 4, 5; s. S. 59), so daß in allen paulinischen Briefen die Naherwartung vertreten wird (Röm. 13, 11–14). Dabei liegt der Ton nicht auf der Frage nach dem Zeitpunkt des Termins, sondern hervorgehoben wird die eschatologische Bestimmtheit der Gegenwart. Paulus blickte nicht wie die Apokalyptiker auf ein für nahe Zukunft erwartetes Ereignis, sondern begriff die Eschatologie ganz von der Christologie her.

*b.* Damit stellt sich die Frage, wie sich bei Paulus *Apokalyptik und Eschatologie* zueinander verhalten. Paulus kann die Naherwartung mit Hilfe apokalyptischer Vorstellungen beschreiben, um zu sagen: Christus wird als der Herr erscheinen, die verstorbenen Christen aus den Gräbern rufen und sie mit der Gemeinde der Lebenden zu seinem Volk vereinen, das allezeit bei ihm weilen wird (1. Thess. 4, 13–18). So unverkennbar in diesen Sätzen die Sprache der Apokalyptik geredet wird, so sparsam wird doch von ihrer Tradition Gebrauch gemacht (s. S. 59). Daher kann man nicht sagen, Paulus sei Apokalyptiker auch als Christ geblieben. (KÄSEMANN) Apokalyptische Vorstellungen werden nur eben angedeutet, um die eschatologische Hoffnung mit knappen Worten zu kennzeichnen. Im Mittelpunkt aber steht die christologische Aussage. Darum kann auf jegliche Ausmalung der zukünftigen Herrlichkeit verzichtet werden. Es genügt zu wissen, daß dereinst die Seinen allezeit bei dem Kyrios sein werden, der als der Herr vor aller Augen erscheinen wird; alle anderen Erwägungen verlieren demgegenüber an Bedeutung. Es fehlt daher eine rückwärts gewandte Schau, in der man in der jüdischen Apokalyptik die abgelaufene Geschichte der Weltreiche betrachtete, um dadurch der Vorhersage zukünftiger Ereignisse Glaubwürdigkeit zu sichern. Was vergangen ist, wird mit keinem Wort erwähnt, sondern der Blick ist nur nach vorn gerichtet – der Zukunft und Ankunft des Herrn entgegen.

Ähnlich wie im 1. Thess. argumentiert Paulus auch in seiner Auseinandersetzung mit den Korinthern, die die Auferstehung der Toten bestritten haben. Der Apostel setzt beim Kerygma von Tod und Auferstehung Christi ein, um aus dieser der ganzen Christenheit gemeinsamen Voraussetzung zu folgern (s. S. 15f.): Weil Christus aus dem Tod erweckt wurde, werden auch die, die zu ihm gehören, auferstehen. Jegliche Spekulation über kosmische Katastrophen, das Ende dieses Äons und das Heraufkommen der neuen Welt unterbleibt; ja nicht einmal darüber wird nachgedacht, welches Geschick den Toten, die nicht zu Christus gehören, beschieden sein mag. Paulus spricht nur von Christus, der als Erstling aus dem Tod erstanden ist, und von denen, die in Christus sind und bei seiner Parusie mit ihm vereinigt werden (1. Kor. 15, 20–28). Denn »Gott hat den Kyrios auferweckt und wird auch uns auferwecken durch seine Kraft« (1. Kor. 6, 14).

Paulus entwirft also die Eschatologie von der Christologie, nicht von der Apokalyptik her. Darum spielt für sein Denken auch das Schema von den beiden Äonen – dem vergehenden dieser Welt und dem kommenden der zukünftigen Welt – keine Rolle. Sondern es heißt: »Als die Zeit erfüllt war, sandte Gott seinen Sohn.« (Gal. 4, 4) Das bedeutet nicht etwa, daß die Zeit so weit herangereift war, daß der Gottessohn gesandt wurde. Sondern umgekehrt: Die Sendung des Sohnes führte die Zeit der Erfüllung herauf, so daß das Maß der Zeit voll war, wie ein Gefäß bis zum Rand gefüllt wird.

*c.* In der paulinischen Theologie scheint die Lehre von der *Rechtfertigung des Sünders*, der allein um Christi willen von Gottes Barmherzigkeit angenommen wird, eigentümlich unverbunden neben dem Hinweis auf das zukünftige *Gericht nach den Werken* zu stehen (2. Kor. 5, 10; Röm. 2, 13; 14, 10). Wie verhalten sich beide Gedankenkreise zueinander? Wenn die Rechtfertigungslehre als die spezifisch paulinische Entfaltung der Predigt des Evangeliums zu beurteilen ist (s. S. 86), so könnte sich die Vermutung nahelegen, daß die Aussagen über das kommende Gericht, das nach den Werken ergeht, einen aus dem Judentum übernommenen Gedanken darstellen, den der Apostel vergessen hätte abzuwerfen. Diese Annahme trifft jedoch nicht zu. Mit der vorpaulinischen Christenheit teilt Paulus die Erwartung des kommenden Gerichts und die Hoffnung, daß Christus als der Retter der Seinen erscheinen wird (1. Thess. 1, 9f.). Seinerseits hebt er hervor, daß Gottes Zorngericht über Juden und Heiden die allgemeine Schuldverfallenheit der Menschen offenbar macht (Röm. 1, 18–3, 20). Den ihm vorgegebenen Gerichtsgedanken radikalisiert er zu der Aussage, daß aus Werken des Gesetzes kein Fleisch vor Gott gerecht wird (Röm. 3, 20), und verbindet sie mit der Theologie der Rechtfertigung aus Glauben (Röm. 3, 21). Gott wirkt die Rechtfertigung des Menschen allein durch seine Barmherzigkeit, da der Mensch stets des richterlichen Freispruchs bedarf. »Wer will die Auserwählten Gottes beschuldigen?« – so wird fragend in den Gerichtssaal gerufen. Jede Anklage muß verstummen. Denn »Gott ist hier, der gerecht spricht. Wer will verurteilen? Christus Jesus ist hier, der zur Rechten Gottes erhöht ist und für uns eintritt.« Röm. 8, 33f.)

*d.* Paulus sieht also *die gesamte Existenz der Christen im Zeichen des Eschaton.* Darum stellt er sich so entschieden gegen die korinthischen Schwärmer, die die Erfüllung bereits als gekommen wähnen (s. S. 108). Die Gottesherrschaft ist noch nicht da (1. Kor. 4, 8), wohl aber schenkt die Gegenwart des Geistes gewisse und zuversichtliche Hoffnung, die sich im Wandel der Glaubenden zeigt. Weil ihnen gesagt ist, daß Ungerechte und Gottlose die zukünftige Gottesherrschaft nicht erben werden (1. Kor. 6, 9f.), darum haben sie ihr Leben im Zeichen der kommenden, aber noch ausstehenden Vollendung zu führen. Zwar sind die Christen schon mit Christus gestorben, aber die Auferstehung liegt noch vor ihnen (Röm. 6, 4; s. S. 105). Der kommende Tag des Herrn soll die Glaubenden nicht wie ein Dieb überfallen (1. Thess. 5, 4), sondern sie sollen wachen und nüchtern sein. »Denn ihr seid alle Söhne des Lichts und Söhne des Tages.« Weil »die Nacht vorgerückt ist, der Tag aber nahe herbeigekommen«, darum »laßt uns ablegen die Werke der Finsternis, aber anlegen die Waffen des Lichts« (Röm. 13, 12).

# IV. Die Theologie der synoptischen Evangelien

Lit. s. E zu § 23–31 sowie G. BORNKAMM, Evangelien, synoptische RGG³ II, 749–766 – DERS., Formen und Gattungen im NT, ebda. 999–1001 – J. ROHDE, Die redaktionsgeschichtliche Methode. Einführung und Sichtung des Forschungsstandes, 1966 – S. SCHULZ, Die Stunde der Botschaft. Einführung in die Theologie der vier Evangelien, 1967, ²1970.

## § 25 Die Überlieferung der Taten und Worte Jesu

*In der mündlich weitergegebenen Jesusüberlieferung bringt die Gemeinde zum Ausdruck, wer Jesus von Nazareth ist. In der Passionsgeschichte wird berichtet, wie Jesus an das Kreuz ging; in der Erzählung der Taten Jesu wird das Werk des Messias als Anbruch der Heilszeit dargestellt; und in der Tradition der Verkündigung Jesu sagt die Gemeinde seine eschatologische Botschaft weiter, indem sie sich zur Vollmacht des Menschensohns bekennt.*

Zur Passionsgeschichte: E. LOHSE, Die Geschichte des Leidens und Sterbens Jesu Christi, 1964, ³1979 – J. SCHREIBER, Die Markuspassion. Wege zur Erforschung der Leidensgeschichte Jesu, 1969 – E. LINNEMANN, Studien zur Passionsgeschichte, 1970 – W. SCHENK, Der Passionsbericht nach Markus, 1974; zu den Taten Jesu: L. BIELER, ΘΕΙΟΣ ΑΝΗΡ. Das Bild des „göttlichen Menschen" in Spätantike und Frühchristentum I. II, 1935/36 – H. v. d. LOOS, The Miracles of Jesus, 1965 – C. F. D. MOULE, The Miracles, 1965, ²1966 – J. ROLOFF, Das Kerygma und der irdische Jesus. Historische Motive in den Jesus-Erzählungen der Evangelien, 1970; ²1973 – G. THEISSEN, Urchristliche Wundergeschichten, 1974; zu den Worten Jesu: H. E. TÖDT, Der Menschensohn, 1959, ⁴1978, 212–249 – D. LÜHRMANN, Die Redaktion der Logienquelle, 1969 – P. HOFFMANN, Studien zur Theologie der Logienquelle, 1972 – S. SCHULZ, Die Spruchquelle der Evangelisten, 1972 – A. POLAG, Die Christologie der Logienquelle, 1977.

*a.* Das *Christusbekenntnis* der ersten Christenheit wurde nicht nur in geprägten Formulierungen und Sätzen ausgesagt (s. S. 15f; 54), sondern fand auch darin seinen Ausdruck, daß überliefert wurde, was man von Jesus wußte. Die Tradition und Sammlung der Worte Jesu diente dazu, seine Verkündigung als Lehre und Weisung an die Gemeinde weiterzusagen. Von seinen Taten aber berichtete man, um die wunderbare Hoheit des Herrn zu beschreiben (s. E 67). Kein Satz, den die Gemeinde von Jesu irdischer Wirksamkeit weitergab, sollte lediglich von vergangenem Geschehen sprechen. Sondern was immer von Jesu Taten und Worten erzählt wurde, sollte den lebendigen Christus verkündigen. Man konnte nicht einfach überliefern, was sich einst begeben hatte, sondern die Tradition wurde auf das Leben der Gemeinden bezogen, überkommene Aussagen wurden neu formuliert, damit Worte Jesu auf aktuelle Fragen Antwort geben konnten. Daher wurde die Jesustradition von theologischen Motiven bestimmt, die die mündliche Überlieferung geprägt haben.

*b.* Schon in sehr früher Zeit hat es einen *Bericht von Jesu Leidensweg* gegeben. Das urchristliche Kerygma nennt nur Jesu Tod am Kreuz; es spricht davon, daß der Christus für unsere Sünden gestorben sei nach den Schriften (1. Kor. 15, 3f.), und gibt damit diesem Geschehen die grundlegende theologische Deutung (s. S. 15f.). Wie es zu diesem Ereignis kam, wird im Bericht über Jesu Passion erzählt. Durch kritische Analyse der Passionsgeschichte in den vier Evangelien läßt sich erschließen, wie die älteste, mündlich weitergereichte Überlieferung von Jesu

Leidensweg ausgesehen hat. Knappe Zusammenfassungen liegen in den drei Ankündigungen des Leidens Jesu in den synoptischen Evangelien vor (Mk. 8, 31 Par.; 9, 31 Par., 10, 32–34 Par.); in der dritten, ausführlicher gehaltenen Fassung heißt es: »Siehe, wir ziehen hinauf nach Jerusalem, und der Menschensohn wird den Oberpriestern und Schriftgelehrten ausgeliefert werden, und sie werden ihn zum Tode verurteilen und werden ihn den Heiden ausliefern. Und sie werden ihn verspotten und anspeien und geißeln und töten. Und nach drei Tagen wird er auferstehen.« (Mk. 10, 33f. Par.) Nacheinander werden hier die Stationen des Leidensweges Jesu aufgeführt: Von der jüdischen Behörde verhaftet und des Todes schuldig befunden, wurde er dem römischen Statthalter übergeben, damit er den Todesspruch fälle. Vor dessen Vollstreckung wurde Jesus verhöhnt, wie die römischen Soldaten es gewöhnt waren, einen Verurteilten ihren Mutwillen fühlen zu lassen und ihn dem Spott preiszugeben. Dann wurde er ans Kreuz geschlagen und erlitt den Tod. Dieser älteste Bericht setzte mit der Festnahme Jesu ein und sprach dann von der Verhandlung vor der jüdischen Behörde, der Verurteilung durch Pontius Pilatus und schließlich von der Kreuzigung. Der Vergleich zwischen der synoptischen und der johanneischen Fassung der Passionsgeschichte zeigt, daß auch der vierte Evangelist eine Tradition über Jesu Leidensweg voraussetzt, die diese Stationen nannte. Joh. 18, 1 beginnt die Erzählung sofort mit der Verhaftung Jesu. Dabei liegt ein – von den Synoptikern unabhängiger – Passionsbericht zugrunde, der von der Festnahme Jesu, von der Beratung der jüdischen Behörde, von der Verurteilung durch den Statthalter und schließlich von der Hinrichtung am Kreuz handelte.

Dieser kurze Bericht ist ausgestaltet worden, indem einzeln umlaufende Geschichten in den Zusammenhang der Passionserzählung aufgenommen wurden, so z. B. die Szene von der Einsetzung des Herrenmahls, die zunächst – wie aus 1. Kor. 11, 23–25 hervorgeht – für sich überliefert wurde, oder die Geschichte von der Salbung Jesu, die im Lk.-Ev. nicht im Zusammenhang mit Jesu Leidensweg steht (Lk. 7, 36–50; Mk. 14, 3–9 Par.). Der älteste Bericht, der mit der Verhaftung Jesu einsetzte, wurde nach rückwärts erweitert, indem ihm mancherlei Stücke vorgeschaltet wurden. Die Darstellung des Leidenswegs Jesu beginnt daher nicht erst mit seiner Festnahme, sondern bereits Mk. 14, 1f. Par. mit dem Beschluß der Oberpriester und Schriftgelehrten, Jesus so bald wie möglich zu beseitigen. Der Evangelist Markus hat dann den Zusammenhang der Passionsgeschichte noch weiter nach rückwärts ausgreifen lassen, indem er das 11. Kap. seines Buches mit dem Einzug Jesu in Jerusalem einleitet und damit die Abfolge der Ereignisse während der letzten Tage, die Jesus in der heiligen Stadt weilte, anheben läßt. Auf diese Weise ist der kurze Bericht, der in der mündlichen Überlieferung von Jesu Leidensweg gegeben wurde, durch Aufnahme einzeln umlaufender Stücke ausgebaut worden.

*c.* Von den *Taten Jesu* wurde berichtet, ohne daß dabei Bemerkungen über Zeit und Ort der Vorgänge festgehalten wurden. Lediglich mit der Geschichte von Jesu Taufe ist die Angabe verbunden, daß sie mit der Wirksamkeit Johannes des Täufers zusammengehört und den Anfang des öffentlichen Auftretens Jesu darstellt. Im übrigen aber bleibt ungewiß, wann und in welchem Zusammenhang des Wirkens Jesu sich diese oder jene Begebenheit abgespielt hat. In der Überlieferung der Taten Jesu nehmen Wundergeschichten breiten Raum ein. Von wunderbaren Geschehnissen wurde auch in der Umwelt vielfach erzählt. Man meinte, an außerordentlichen Begebenheiten ablesen zu können, daß göttliche Kräfte am Werk seien und sich den Menschen zu erkennen geben. Geschichten von der Heilung kranker und beladener Menschen wurden nach einem bestimmten Schema gestaltet. Das Leiden des Kranken wurde beschrieben und die Ratlosigkeit der Menschen dargestellt, um dann das wunderbare Ereignis um so großartiger hervorheben zu können. Sein Erfolg wurde vor aller Augen offenbar und in dem von Staunen und Ehrfurcht erfüllten Lobpreis der anwesenden Menschen bestätigt: So etwas haben wir noch nie gesehen! Erzählungen, die in dieser Art von Heilungen kranker Menschen reden, gewinnen etwas Typisches. Sie deuten auf die wunderbare Erscheinung des Göttlichen unter den Menschen. Wenn man in dieser Weise auch von Jesu Wirksamkeit sprach, wies man auf ihn als den bevollmächtigten Gottessohn hin. Dieses Motiv bestimmte auch die Berichte über die Austreibung von Dämonen, die Menschen zu ihren Gefangenen gemacht hatten. Wo immer Jesus sich ihnen entgegenstellt, erweist er sich als stärker als die bösen Geister. Jesus vermag sie durch sein Wort zu bannen, so daß sie vor ihm weichen müssen und er das Feld behauptet. Krankheit und Not werden von ihm besiegt; denn er handelt kraft göttlicher Vollmacht. Die Gemeinde, die diese Geschichten erzählt, will hervorheben, daß Jesus sich in seinen Taten als der Heilige, als der Sohn Gottes offenbart.

*d.* Aus den *Worten Jesu* erfährt die Gemeinde unmittelbare Weisung für ihr Glauben, Leben und Handeln. Die Überlieferung von Jesu Verkündigung ist zunächst in der palästinischen Christenheit tradiert und dann an die hellenistische Christenheit weitergegeben worden. Welche Motive haben die Tradition und Sammlung der Worte Jesu bestimmt? Diese Frage kann im Blick auf die in der sog. Logienquelle Q (s. E 80–82) zusammengefaßten Überlieferungen von Herrenworten einigermaßen deutlich beantwortet werden. Die Gemeinden, die Sprüche, Gleichnisse, Streitgespräche und andere Logien Jesu zusammenstellten, wußten sich an die vollmächtige Verkündigung Jesu gebunden und gaben sie in der Gewißheit weiter, daß Gott sich zu Jesus von Nazareth bekannt und seine Verheißungen erfüllt hat. Jesus wird als der Lehrer seiner Jünger gesehen, der sein Wort in Vollmacht sprach. Umfang und Aufriß der Sammlung lassen sich aus dem Vergleich der Stücke, die das Mt.- und Lk.-Ev. über das Mk.-Ev. hinaus gemeinsam bieten, rekonstruieren: Den Anfang bildeten Berichte über das Auftreten und die Verkündigung Johannes des Täufers, die Taufe und die Versuchung Jesu. Es folgte eine größere Rede Jesu (Lk.: Feldrede, Mt.: Bergpredigt), dann die Geschichte vom Hauptmann von Kapernaum, Sprüche über den Täufer, eine Rede, mit der Jesus seine Jünger aussandte, Vaterunser, Jüngersprüche, Gleichnisse von der Gottesherrschaft, das Gleichnis vom großen Abendmahl. Und am Ende standen Stücke eschatologischen Inhalts: das Gleichnis von den anvertrauten Pfunden sowie der Aufruf zu wachender Bereitschaft bis zur Parusie und zum Gericht. Mit Ausnahme der Geschichte vom Hauptmann von Kapernaum (Mt. 8, 5–13 par. Lk. 7, 1–10), die zum Erzählungsstoff zu rechnen ist, enthielt Q ausschließlich Logien Jesu. Von der Passion Jesu hat Q jedoch nicht berichtet und auch keine Leidensworte überliefert, die vom Sterben und Auferstehen des Menschensohns handeln.

Die Sammlung Q ist also nicht vom Passionskerygma her bestimmt, sondern durch die Verkündigung Jesu vom Kommen der Gottesherrschaft geprägt, die die Gemeinde als seine vollmächtige Lehre weitergab. In dieser Überlieferung werden christologische Hoheitstitel nur sparsam verwendet. Im Vordergrund steht die Bezeichnung Jesu als Menschensohn, der am Ende der Tage erscheinen wird. Einerseits ist von seiner eschatologischen Funktion die Rede, andererseits von seiner gegenwärtigen Hoheit. Durch das Bekenntnis zu seinen Worten wird dem

Bekennenden die Teilhabe am zukünftigen Heil erschlossen (Mt. 10, 32f. par. Lk. 12, 8f.). Der Menschensohn, der auf Erden arm und niedrig lebte (Mt. 8, 20 par. Lk. 9, 58), ruft zur Nachfolge auf. Wer sich ihm anschließt, wird den Eingang zum Leben finden, der allein durch die enge Pforte führt.

Die Überlieferung, wie sie in der Q-Tradition zusammengefaßt wurde, ist somit nicht nur unter paränetischen Gesichtspunkten erfolgt, die z. B. in der Komposition der Feldrede bzw. Bergpredigt eine wichtige Rolle gespielt haben. Sondern die Weitergabe der Worte Jesu ist von der Gewißheit geleitet, daß er der kommende Menschensohn ist, dessen Predigt von der Herrschaft Gottes die Blicke der Gemeinde auf die Zukunft richtet und ihr Weisung für ihren Weg gibt. Die Jünger, die Jesu Vollmacht vertrauen und ihm folgen, sind beauftragt, sein Wort weiterzutragen und seine Botschaft weiterzusagen. Wer sich jedoch dieser Predigt verschließt, der geht des zukünftigen Heils verlustig. Denn allein in Wachen und Bereitschaft kann man sich auf die kommende eschatologische Erfüllung rüsten.

*e.* Die *Zusammenfassung* der verschiedenen mündlich überlieferten Stoffe erfolgte durch die *Evangelisten.* Markus war der erste, der das Kerygma vom gekreuzigten und auferstandenen Christus mit dem Bericht von Jesu Taten und Worten zu einer geschlossenen Darstellung verband. Matthäus und Lukas haben dann unabhängig voneinander das Mk.-Ev. benutzt und darüber hinaus die Logienquelle und Sondergut verwendet. Dabei sind die Evangelisten keineswegs nur als Sammler und Tradenten tätig geworden, sondern sie haben durch die Anordnung der verschiedenen Stoffe, durch redaktionelle Verknüpfungen und zusammenfassende Formulierungen ihrerseits jeweils bestimmte Akzente gesetzt und ihre Botschaft ausgerichtet.

## § 26 Das Markusevangelium

*Der Evangelist Markus will die frohe Botschaft von Jesus Christus entfalten. Er verklammert die Jesusüberlieferung mit dem Kerygma und interpretiert sie von diesem her. Durch das Leitmotiv des Messiasgeheimnisses wird der Bericht über die Epiphanien, die sich in Jesu Wirksamkeit ereignen, mit der Verkündigung von Kreuz und Auferstehung Christi verbunden, so daß eine Passionsgeschichte mit ausführlicher Einleitung entsteht.*

W. Wrede, Das Messiasgeheimnis, 1901, [4]1969 – J. M. Robinson, Das Geschichtsverständnis des Markusevangeliums, 1956 – W. Marxsen, Der Evangelist Markus, 1956, [2]1959 – H. Conzelmann, Geschichte und Eschaton nach Mc 13, ZNW 50 (1959) 210–221 = Theologie als Schriftauslegung, 1974, 62–73 – E. Schweizer, Anmerkungen zur Theologie des Markus, in: Neotestamentica et Patristica, Festschrift für O. Cullmann, 1962, 35–46 = Neotestamentica, 1963, 93–104 – ders., Die theologische Leistung des Markus, EvTh 24 (1964) 337–335 = Beiträge zur Theologie des NT, 1970, 21–42 – P. Vielhauer, Erwägungen zur Christologie des Markusevangeliums, in: Zeit und Geschichte, Festschrift für R. Bultmann, 1964, 155–169 = Aufsätze zum NT, 1965, 199–214 – U. Luz, Das Geheimnismotiv und die markinische Christologie, ZNW 56 (1965) 9–30 – J. Schreiber, Theologie des Vertrauens. Eine redaktionsgeschichtliche Untersuchung des Markusevangeliums, 1967 – J. Roloff, Das Markusevangelium als Geschichtsdarstellung, EvTh 27 (1969) 73–93 – M. Horstmann, Studien zur markinischen Christologie. Mk 8, 27–9, 13 als Zugang zum Christusbild des zweiten Evangelisten, 1969 – K. Kertelge, Die Wunder Jesu im Markusevangelium, 1970 – H.-W. Kuhn, Ältere Sammlungen im Markusevangelium, 1971.

*a.* Mit den ersten Worten seines Buches gibt der Evangelist das Thema seiner Darstellung an: »Anfang des *Evangeliums* von Jesus Christus« (1, 1). Damit nimmt er den urchristlichen Begriff des Evangeliums auf (1. Kor. 15, 3–5; Röm. 1, 3f.)

und zeigt an, daß er an der gemeinchristlichen Aufgabe der Verkündigung der frohen Botschaft teilnehmen will (s. S. 16f.). Diesem Verständnis entspricht es, daß die Passionsgeschichte schon dem äußeren Umfang nach als der wichtigste Teil der Schilderung des Wirkens Jesu hervortritt. Der Evangelist hat den Begriff des Evangeliums, der ursprünglich allein auf die Verkündigung von Kreuz und Auferstehung Christi bezogen wurde (s. S. 15f.), nach rückwärts erweitert, indem er die ἀρχὴ τοῦ εὐαγγελίου Ἰησοῦ Χριστοῦ mit dem Auftreten Johannes des Täufers und dem Beginn der Predigt Jesu gegeben sieht. Mit M. Kähler kann man das Mk.-Ev. als »eine Passionsgeschichte mit ausführlicher Einleitung« charakterisieren; denn auch Jesu Taten und Verkündigung werden unter den Leitbegriff des εὐαγγέλιον gestellt. Was immer von Jesus erzählt wird, wird auf das Kerygma bezogen und vom Kerygma her gedeutet. Der Begriff des Evangeliums, der dem Buch vorangestellt ist, wird jedoch nicht mit diesem identifiziert, sondern bleibt ihm als die eine Heilsbotschaft vorgeordnet, die aller Welt gepredigt werden muß (13, 10; 14, 9 u. ö.).

*b.* Der *Aufriß des Mk.-Ev.* ist so weit durch die Geschichte vorgezeichnet, daß am Anfang des Berichts die Taufe Jesu durch Johannes steht, am Ende die Passion. Jesu Wirken vollzieht sich größtenteils in Galiläa, dann geht es zum Ende nach Jerusalem. Innerhalb dieses großen Rahmens hat der Evangelist die verschiedenen Überlieferungen untergebracht, die in der mündlichen Tradition weitergegeben worden waren. Dabei ist er nicht nach historischen, sondern allein nach sachlichen Gesichtspunkten verfahren, indem er einzelne Zusammenhänge in lockerer Folge miteinander verbunden hat: Konfliktgeschichten (2,1–3,6), Gleichnisse von der Gottesherrschaft (4, 1–34), Wundergeschichten (4, 35–5, 43), Lehr- und Streitgespräche (11, 27–12, 37), eine Rede von den letzten Dingen (13, 1–27) u. a. In der Abfolge der Abschnitte stellt das von Petrus gesprochene Messiasbekenntnis eine deutliche Zäsur dar (8, 27). Kaum hat jedoch Petrus die messianische Würde Jesu genannt, läßt der Evangelist die Ankündigung des Leidens folgen: »Der Menschensohn muß viel leiden und verworfen werden von den Ältesten und Oberpriestern und Schriftgelehrten und getötet werden und nach drei Tagen auferstehen.« (8, 31) Damit zeigt er an, wie allein die messianische Hoheit Jesu verstanden werden kann. Der Christus, von dem im Evangelium Kunde gegeben wird, ist kein strahlender, siegreicher Herrscher, wie er in der jüdischen Erwartung vorgestellt wurde, sondern der leidende, ans Kreuz geschlagene, am dritten Tage von den Toten auferweckte Menschensohn. Daher kann man ihm nur so folgen, daß man sein Kreuz auf sich nimmt und hinter ihm hergeht (8, 34–38). Durch die dreimal wiederholte Ansage des Leidens, das der Menschensohn auf sich nehmen muß, wird der Bericht von Jesu Wirksamkeit fest mit dem Kerygma von Kreuz und Auferstehung Christi verklammert. Schon zu Beginn des öffentlichen Auftretens Jesu wird von seinen Gegnern der Todesbeschluß gegen ihn gefaßt (3, 6), so daß von Anfang an feststeht, daß Jesu Weg ans Kreuz führt. Nur mit dem Blick auf dieses von Gott bestimmte Ende kann man daher recht begreifen, was in Jesu Wirksamkeit geschehen ist.

*c.* Jesu *Taten* machen ihn als den *Gottessohn* offenbar. An den Höhepunkten seiner Darstellung gebraucht der Evangelist mit besonderer Betonung den Titel υἱὸς θεοῦ (s. S. 45). So wird Jesus bei der Taufe (1, 11) und wiederum bei der Verklärung vom Himmel her als Gottessohn bezeichnet (9, 7) und in seiner einzigartigen Würde vorgestellt. Die Dämonen, denen er entgegentritt, erkennen in ihm den Heiligen Gottes (1, 24) und den Gottessohn (3, 11; 5, 7) und reden ihn als solchen an. In der alten Welt erzählte man vielfach von Austreibungen böser

Geister und erwähnte dabei, daß die Dämonen einen Gegenzauber gegen den Exorzisten auszuüben suchen, indem sie seinen Namen nennen. Doch diese Vorstellung spielt für den Evangelisten keine Rolle. Er hebt vielmehr hervor, daß die Geister die einzigartige Hoheit und Würde Jesu, der über sie triumphiert, offenbar machen, und unterstreicht diesen Gedanken, indem er in einem von ihm selbst formulierten Summarium zusammenfassend sagt: »Wenn die unreinen Geister ihn sahen, fielen sie vor ihm nieder und riefen: Du bist der Sohn Gottes.« (3, 11) Jesus vermag nicht nur die Dämonen zu bannen und Krankheiten zu heilen, sondern er gebietet auch dem Wind und den Naturgewalten (4, 35–41) und siegt selbst über den Tod (5, 21–43). In seinen Taten wird somit seine messianische Hoheit offenbar. Diesen Gedanken, der in der mündlichen Überlieferung der Wundergeschichten bereits ausgeprägt war, hat Mk. übernommen, aber zugleich eingeschränkt, indem er alles, was von Jesu irdischer Wirksamkeit berichtet wurde, an das Kerygma band und von diesem her interpretierte. Das bedeutet, daß zwar in Jesu Wundertaten die Würde des Gottessohnes zu erkennen ist, aber nicht vollständig offenbar wird. Denn erst von Kreuz und Auferstehung Christi her, wie sie im Evangelium verkündigt werden, kann recht begriffen werden, wer dieser Jesus ist.

*d.* Zur Verklammerung des Berichts von Jesu Wirksamkeit mit dem Passionskerygma dient dem Evangelisten das Motiv des *Messiasgeheimnisses*, das er immer wieder verwendet. Jesus offenbart sich als der Messias, aber in der Verborgenheit. Er treibt die Dämonen aus, aber er verbietet, davon zu reden (1, 34). Ein Aussätziger wird geheilt, aber angewiesen, zu niemandem davon zu sprechen, sondern hinzugehen und sich dem Priester zu zeigen (1, 44). Unreine Geister fahren aus und werden bedroht, sie sollten Jesus nicht offenbar machen (3, 12). Nach der Auferweckung der Tochter des Jairus wird den Zeugen befohlen, niemand solle etwas davon erfahren (5, 43). Ein Taubstummer wird geheilt, man soll jedoch davon niemandem erzählen (7, 36). Auch nach der Heilung des Blinden von Bethsaida wird Schweigen befohlen (8, 26). Und nach dem Bekenntnis des Petrus (8, 30) sowie nach der Verklärung, in der die Jünger Jesu Hoheit schauten (9, 9), wird abermals der strenge Auftrag erteilt, davon nichts weiterzusagen. Dieses Motiv des Messiasgeheimnisses, das sich wie ein roter Faden durch das Mk.-Ev. zieht, ist zweifellos vom Evangelisten selbst in die Erzählung der Geschichte Jesu eingeführt und zur Gestaltung seiner Darstellung verwendet worden.

Wrede, der die Bedeutung dieses Motivs für das Mk.-Ev. zuerst erkannt hat, hatte seinen Sinn folgendermaßen bestimmen wollen: das Messiasgeheimnis solle einen widersprüchlichen Sachverhalt erklären. Auf der einen Seite bekannte sich die Urchristenheit zu Jesus als dem Messias; auf der anderen Seite aber war noch ein deutliches Wissen darüber vorhanden, daß der irdische Jesus nicht als Messias aufgetreten sei. Um die Verlegenheit, die durch diesen Widerspruch entstanden sei, zu beheben, sollte das Motiv des Messiasgeheimnisses eine Brücke schlagen, indem man nunmehr sagte, Jesus sei der Messias gewesen, aber er habe damals seine Messianität noch verborgen gehalten. Doch so wichtig der von Wrede geführte Nachweis ist, daß das Messiasgeheimnis als ein Leitmotiv der Theologie des Evangelisten anzusehen ist, so wenig kann seine Erklärung dieses Motivs überzeugen. Denn nirgendwo wird erkennbar, daß es in der mündlichen Überlieferung der ersten Christenheit eine in unmessianischem Sinn verstandene Jesustradition gegeben hätte. Am Anfang der christlichen Verkündigung steht vielmehr das Bekenntnis, Jesus sei der Messias. Was aber soll das Messiasgeheimnis dann besagen?

Der Schlüssel zur Erklärung dieses Motivs findet sich an der letzten Stelle, an der ein Schweigegebot ausdrücklich erteilt wird. Nach der Verklärungsgeschichte weist Jesus die Jünger an, niemandem etwas davon zu sagen, ehe nicht der Menschensohn von den Toten auferstanden sei (9,9). An diesem Befehl wird deutlich, daß das Messiasgeheimnis dazu dient, die Darstellung der irdischen Wirksamkeit Jesu mit dem Kerygma vom Gekreuzigten und Auferstandenen zu verbinden. Gottes Offenbarung ist am Kreuz Christi und in seiner Auferstehung von den Toten geschehen. Davon ist im Evangelium die Rede. Was immer von den Ereignissen zu berichten ist, die sich in Jesu Taten und in seiner Predigt zugetragen haben, kann daher nur im Blick auf Christi Kreuz und Auferstehung begriffen werden. Das Erdenleben Jesu wird darum als verborgene Offenbarung gedeutet und auf diese Weise in das Evangelium einbezogen. In Jesu Wundertaten haben sich »geheime Epiphanien« (Dibelius) zugetragen, die auf die eine Epiphanie Gottes hinweisen, die sich am Kreuz und in der Auferstehung Christi ereignet hat. Daher wird das Messiasgeheimnis in der Passionsgeschichte nicht mehr festgehalten, sondern durchbrochen. Vor dem Hohen Rat bekennt Jesus sich öffentlich als Messias und Gottessohn (14, 61f.). Hier ist ein Mißverständnis nicht mehr möglich; denn der leidende, ans Kreuz gehende Jesus wird als der Messias bezeichnet.

Dieser christologische Gedanke bestimmt die gesamte Darstellung der öffentlichen Wirksamkeit Jesu: nicht nur die Schilderung seiner Taten, sondern auch das Verständnis seiner Verkündigung. Seine Jünger können seine Worte nicht verstehen; denn ihr Sinn kann erst im Glauben an den gekreuzigten und auferstandenen Christus erkannt werden. Die Gleichnisse Jesu können nicht von jedermann begriffen werden, sondern nur von denen, denen das Geheimnis der Gottesherrschaft gegeben ist. Den anderen gereichen sie zur verstockenden Rätselrede (4, 10–12). Auf diese Weise wird auch Jesu Verkündigung dem Leitgedanken der verborgenen Offenbarung untergeordnet. Was Jesu Worte in Wahrheit besagen, vermögen nur diejenigen zu erfassen, denen das Geheimnis der βασιλεία enthüllt ist (4, 11). Und das hat zum Inhalt, daß mit Jesus der Anbruch der Gottesherrschaft gekommen ist (1, 15), daß der gekreuzigte und auferstandene Christus der Sohn Gottes ist, wie der heidnische Hauptmann unter dem Kreuz bekennt: »Wahrlich, dieser Mensch war Gottes Sohn.« (15, 39)

Zwar endet das Mk.-Ev. mit 16, 8 plötzlich und unerwartet; aber der Evangelist hat sein Thema durchgeführt, so daß nicht mit einem verlorengegangenen Schluß des Mk.-Ev. zu rechnen ist, der noch über 16, 8 hinausgeführt haben sollte (s. E 84). Die Osterbotschaft ist laut geworden, der auferstandene Christus wird in der Welt verkündigt. Das Mk.-Ev. möchte das Christuszeugnis in der hellenistischen Welt ausrichten. Daher ist der Gedanke abwegig, es könnte kurz vor 70 n. Chr. in Palästina in der unmittelbaren Naherwartung entstanden sein, daß sich die Parusie des Herrn in Galiläa ereignen werde (14, 28; 16, 7) (gegen Marxsen). Die synoptische Apokalypse, die Mk. 13 dargeboten wird, ist nicht von einer brennenden Erwartung des bald hereinbrechenden Endes erfüllt, sondern rechnet durchaus mit einem gewissen Ablauf geschichtlicher Ereignisse, die dem Kommen des Menschensohns vorangehen werden (s. S. 60f.).

*e.* Die Evangelisten *Matthäus und Lukas* haben das Mk.-Ev. als Vorlage benutzt, doch seinen Leitgedanken nicht übernommen. Lk. verwendet das Wort εὐαγγέλιον überhaupt nicht; Mt. nimmt es gelegentlich auf, aber nicht im absoluten Sinn, sondern mit erklärenden Zusätzen wie »Evangelium vom Reich« (4, 23; 9, 35) oder »dieses Evangelium« (26, 13). Der Begriff wird dann jeweils der Lehre Jesu zugeordnet: Jesus ist der Bringer des Evangeliums, nicht sein Inhalt. Zwar sind im Mt.- und Lk.-Ev. an manchen Stellen Schweigegebote des Mk.-Ev. beibehalten. Aber mit ihnen ist nun nicht mehr wie im Mk.-Ev. das Leitmotiv von den verborgenen Epiphanien verbunden; die Evangelisten Matthäus und Lukas betonen vielmehr andere theologische Aspekte, die sie ihrerseits herausarbeiten.

## § 27 Das Matthäusevangelium

*Der Evangelist Matthäus stellt die vollmächtige Lehre Jesu als Auslegung des Gesetzes und der Propheten dar, die in der neuen Gerechtigkeit und im Liebesgebot ihre Erfüllung finden. Die Kirche bekennt sich zu Jesus als dem Messias Israels und lebt als Erbe der Verheißungen nach den Worten ihres Herrn, vor dessen Gericht sich sein Volk am Jüngsten Tag wird verantworten müssen.*

G. D. KILPATRICK, The Origins of the Gospel according to St. Matthew, 1946, ²1950 – K. STENDAHL, The School of St. Matthew, 1954, ²1968, – W. TRILLING, Das wahre Israel, 1959, ³1964 – G. BORNKAMM, G. BARTH, H. J. HELD, Überlieferung und Auslegung im Matthäusevangelium, 1960, ⁷1975 – G. STRECKER, Der Weg der Gerechtigkeit, 1962, ³1971 – R. HUMMEL, Die Auseinandersetzung zwischen Kirche und Judentum im Matthäusevangelium, 1963, ²1966 – R. WALKER, Die Heilsgeschichte im ersten Evangelium, 1967.

*a.* Das Mt.-Ev. hat den *Aufriß des Mk.-Ev.* übernommen, ihn aber *ausgestaltet* durch Vorschaltung der Kindheitsgeschichte und vor allem durch die Kompositionen von Reden Jesu, in denen Q-Stoff und Sondergut vom Evangelisten zusammengestellt sind: die Bergpredigt (5–7), die Aussendungsrede (10), die Gleichnisrede (13), die Gemeinderede (18), die Rede gegen die Pharisäer (23) und die Rede von den letzten Dingen (24/25). Der Abschluß einer Rede wird jeweils durch die stereotype Formel angegeben: »Und es geschah, als Jesus diese Worte vollendet hatte.« (7, 28; 11, 1; 13, 53; 19, 1; 26, 1) Nicht nur Sprüche und Gleichnisse Jesu, sondern auch Geschichten von seinen Taten sind zu größeren Abschnitten verbunden. Dem Messias des Wortes, der in der Bergpredigt spricht (5–7), wird in einer anschließenden Folge von Wundergeschichten der Messias der Tat gegenübergestellt (8–9). Wenn dabei zunächst die Worte Jesu, dann erst seine Taten wiedergegeben werden, so wird damit der Vorrang der Lehre Jesu unterstrichen, deren Vollmacht durch die begleitenden Wunder aufgewiesen wird. Durch Einleitung und Schluß des ganzen Zusammenhangs wird die thematische Gliederung kenntlich gemacht: »Und er (Jesus) zog umher in ganz Galiläa und *lehrte* in ihren Synagogen und *verkündigte* das Evangelium vom Reich und *heilte* alle Krankheit und Gebrechen unter dem Volk.« (4, 23 = 9, 35)
Der lehrhafte Charakter des Mt.-Ev. ist nicht nur an den Redekompositionen, sondern auch an der von Mt. bearbeiteten Wiedergabe des Mk.stoffes zu erkennen. Wundergeschichten, die bei Mk. in breiter Erzählung dargeboten werden, sind von Mt. erheblich gestrafft worden. So wird von der Heilung des Besessenen von Gadara (Mk. 5, 1–20 = Mt. 8, 28–34) und der des Gichtbrüchigen (Mk. 2, 1–12 = Mt. 9, 1–8) jeweils in wesentlich verkürzter Fassung berichtet. Dabei tritt die wunderbare Handlung zurück und wird das Wort Jesu hervorgehoben, weil darauf der Ton gelegt wird. Dieser Bearbeitung von Mk.-vorlagen entspricht es, daß Mt. auf der anderen Seite Streitgespräche erweitert, indem er sie um Worte Jesu vermehrt. So fügt er in den Zusammenhang der beiden Sabbatkonflikte (Mk. 2, 23–3, 6

= Mt. 12, 1–14) weitere Logien ein, die zur Erläuterung von Verkündigung und Lehre Jesu dienen. Jesus weist zur Begründung seines Handelns darauf hin, daß auch die Priester am Sabbat im Tempel Dienst tun, dabei den Sabbat brechen müssen und doch ohne Schuld sind. Daran schließt sich das Schriftzitat aus Hos. 6, 6 an: »Barmherzigkeit will ich, nicht Opfer.« Dieses Prophetenwort, das auch 9, 13 angeführt wird, dient als kritisches Prinzip zur Interpretation des Gesetzes. Das Liebesgebot liefert den Schlüssel zum rechten Verständnis des göttlichen Gebotes. In die zweite Sabbatgeschichte wird zusätzlich ein Wort Jesu aus der Spruchüberlieferung aufgenommen: Wenn ein Schaf am Sabbat in den Brunnen fällt, dann wird man es doch wieder herausholen. Daraus aber ergibt sich ein Schluß vom Geringeren auf das Größere: Wieviel mehr ist der Mensch als ein Schaf, so daß gelten muß, daß man am Sabbat Gutes zu tun hat (Mt. 12, 11f. par. Lk. 14, 5). Der Evangelist legt also – wie die Komposition seines Werkes und die von ihm vorgenommene Bearbeitung des Mk.stoffes erkennen lassen – den Nachdruck auf die Lehre Jesu. Welches ist ihr Inhalt?

*b. Jesu Lehre* ist *vollmächtige Auslegung des Gesetzes*. So wird in den Antithesen der Bergpredigt jeweils dem, was zu den Alten gesagt wurde, Jesu Wort gegenübergestellt: »Ich aber sage euch.« In Jesu Lehre gelangt das Gesetz zu der ihm eigentlich gebührenden Erfüllung. Es wird nicht aufgelöst, im Gegenteil, kein Jota und kein Häkchen sollen hinfallen (5, 18). Jesus ist nicht gekommen, das Gesetz oder die Propheten aufzuheben, sondern sie zu erfüllen (5, 17). Die Erfüllung aber besteht in der neuen Gerechtigkeit (5, 20), wie sie in der Bergpredigt entfaltet wird. Vom Doppelgebot der Liebe gilt: »An diesen beiden Geboten hängt das ganze Gesetz und die Propheten.« (22, 40) Jesu Lehre gibt den Jüngern Weisung, wie sie ihr Leben führen sollen. Die Bedeutung seiner διδαχή wird am Ende des Mt.-Ev. noch einmal unterstrichen, indem die Jünger angehalten werden, alle Völker zu lehren, was Jesus ihnen befohlen hat (28, 20).

Der Evangelist bezieht sich ständig auf das AT und führt Schriftzitate mit der Formel ein: »Das geschah aber, auf daß erfüllt würde, was geschrieben steht durch den Propheten« o.ä. Diese Reflexionszitate (1, 22; 2, 15. 17. 23; 4, 14 u.ö.) sollen zeigen, daß Jesus tatsächlich der verheißene Messias ist. Die messianischen Prädikate, die Mt. in reichlichem Umfang verwendet, sind von ihm unter diesen Gesichtspunkt gerückt: Jesus ist der Christus, der Messias, der Davidssohn. Darauf wird gleich zu Beginn des Mt.-Ev. in dem Stammbaum Jesu aufmerksam gemacht. In dreimal vierzehn Gliedern wird die Linie von Abraham über David und die Generation des babylonischen Exils bis zu Joseph und Jesus geführt, 14 aber ist das entsprechende Zahlwort für hebräisch *david* (d = 4; v = 6; d = 4). Jesus ist der König der Juden (2, 2), der in Bethlehem – der prophetischen Verheißung entsprechend – geboren wurde (1, 18–25: Micha 5, 1). Sein Name wird nach Jes. 7, 14 Immanuel genannt (1, 23). Seine Heilungstaten sind Zeichen dafür, daß die Worte der Propheten nun verwirklicht sind (11, 2–6). Als Messias, der sich der Elenden und Kranken annimmt, ist er der leidende Gottesknecht, wie Deuterojesaja ihn beschrieben hat (8, 17; 12, 18–21). Er ist der König Israels (27, 9), der am Kreuz stirbt, vom eigenen Volk dem schändlichen Ende preisgegeben.

*c.* Die *Auseinandersetzung mit der Synagoge*, wie sie im Mt.-Ev. vollzogen ist, wird zwar scharf, aber doch zugleich werbend geführt. Den Juden kann der Vorwurf nicht erspart werden, Jesus an die Heiden ausgeliefert zu haben. Pilatus wäscht sich die Hände zum Zeichen dafür, daß er nicht schuld sei am Tod Jesu (27, 24f.). Die Juden aber rufen: »Sein Blut komme über uns und unsere Kinder.« (ebda.)

Am Kreuz, an dem Jesus das Ende findet, ist die Inschrift befestigt: »Jesus, der König der Juden« (27, 37). Obwohl die Juden ihn abgewiesen haben, ist er der verheißene Gesalbte Gottes. Darum betont der Evangelist, daß Jesus die Erfüllung des Gesetzes und der Propheten bringt und kein Jota und Häkchen hinfällt (5, 17–20). Die judenchristliche Gemeinde des Mt.-Ev. befolgt weiterhin den Sabbat (24, 20), freilich in der Auslegung, die dem Sabbat vom Liebesgebot her gegeben wird (s. o.). Almosen, Beten und Fasten werden auch von den Jüngern Jesu gefordert (6, 1–18). Judenchristliche Überlieferung ist auch darin erhalten, daß man die von jedem Juden geforderte Tempelsteuer entrichtet (17, 24–27) und die heilige Stätte aufsucht, um dort Opfer darzubringen (5, 23f.). Dabei kommt freilich dem Gebot, sich mit dem Bruder zu versöhnen, unbedingter Vorrang vor der Erfüllung kultischer Vorschriften zu; denn das Liebesgebot steht höher als Opfer (ebda.). Auf die Regeln, die die Schriftgelehrten vortragen, sollen auch die Jünger Jesu achten: »Was sie euch sagen, das tut und haltet es.« (23, 2) An diesen Satz wird freilich sogleich die scharfe Polemik angeschlossen, daß sie selbst nicht tun, was sie lehren. Der Sendungsauftrag Jesu weist die Jünger an Israel (10, 5f.; 15, 24). Erst der Auferstandene befiehlt den Seinen, in alle Welt hinauszugehen und Jünger aus allen Völkern zu gewinnen. War die Wirksamkeit des irdischen Jesus auf Israel gerichtet und begrenzt, so ist der auferstandene Christus der Herr der Welt, der seine Botschaft in alle Lande ausgehen läßt (28, 19f.).

*d.* Nur im Mt.-Ev. ist von der *Kirche* die Rede (16, 18; 18, 17; s. S. 42). Dabei fällt auf, daß die ἐκκλησία nicht Israel genannt wird, obwohl der Evangelist keinen Zweifel darüber bestehen läßt, daß die Kirche Erbe der in Gesetz und Propheten enthaltenen Verheißungen ist. Die Kirche ist aber noch nicht am Ziel; sie hat das ihr anvertraute Gut nicht als einen unverlierbaren Besitz empfangen, dessen sie sich sicher wähnen dürfte. Der Weinberg ist den Pächtern genommen worden, die die Boten des Besitzers abgewiesen und mißhandelt und den Sohn getötet hatten. Er wird einem anderen Volk gegeben, das seine Früchte bringt (21, 43). Gott wird also danach fragen, ob das Volk Frucht gebracht hat, und dann das Urteil im Gericht sprechen. Die zu Redekompositionen zusammengestellten Sprüche Jesu sollen die Gemeinde dazu anhalten, ihr Leben so zu führen, daß es vor Gott bestehen kann. Die Kirche geht dem Jüngsten Tag entgegen, und erst im Gericht wird endgültig darüber befunden, ob der Eingang in die Gottesherrschaft aufgetan wird. Das Urteil kann – wie das Gleichnis vom großen Weltgericht darstellt (25, 31–46) – ganz anders lauten als erwartet. Wenn sich auch der Zeitpunkt des Gerichts und der Parusie länger hinauszieht als zunächst vermutet (25, 1–13), so sollen doch die Jünger allezeit wach bleiben und mit den ihnen anvertrauten Pfunden wirken (25, 14–30). Die Paränese des Mt.-Ev. enthält daher stets einen Hinweis auf das kommende Gericht. Da wird sich herausstellen, wer sein Haus auf Sand, wer auf Fels gebaut hat (7, 24–27); da wird die Spreu vom Weizen, das Unkraut von der Frucht gesondert (13, 24–30. 36–43); da werden die guten Fische von den schlechten geschieden (13, 47–50); da werden Schafe und Böcke voneinander getrennt (25, 31–46).

Für ihren Weg bis zum Jüngsten Tag bedarf die Kirche klarer Weisung. Ihr ist eine Ordnung gegeben, nach der das Leben der Gemeinden zu gestalten ist (18, 1–20). Sie wird unterwiesen durch Schriftgelehrte, die »zum Himmelreich gelehrt« sind (13, 52). Daher wird die Gewalt des Bindens und Lösens im Zusammenhang mit dem Kirchenbegriff gesehen (16, 18f.; 18, 18). Denn Binden und Lösen bedeutet nach rabbinischem Verständnis: etwas für erlaubt oder für verboten zu erklären. Wenn die Vollmacht des Bindens und Lösens, die 18, 18 allen Jüngern zugesprochen wird, 16, 18f. allein Petrus übertragen wird (s. S. 42f.), so wird er damit gleichsam zum Garanten und Bürgen für die christliche Gesetzesauslegung erklärt, an die die Gemeinde sich gebunden weiß und nach der sie sich zu richten hat.

## § 28 Das Lukasevangelium

*Der Evangelist Lukas verfaßt ein Geschichtswerk, in dem er den Gang heilsgeschichtlicher Erfüllung beschreiben will. In der Geschichte Jesu als der Mitte der Zeit verwirklichen sich die Verheißungen Gottes. Die Kirche, deren Zeit sich von der Himmelfahrt bis zur Parusie erstreckt, bezeugt, daß allein im Namen Jesu Heil ist, und trägt in der Kraft des Geistes die Christusbotschaft in alle Welt hinaus.*

P. VIELHAUER, Zum Paulinismus der Apostelgeschichte, EvTh 10 (1950/51) 1–15 = Aufsätze zum NT, 1965, 9–27 – H. CONZELMANN, Die Mitte der Zeit, 1954, [6]1977 – E. LOHSE, Lukas als Theologe der Heilsgeschichte, EvTh 14 (1954) 256–275 = Die Einheit des NT, 1973, 145–164 – G. KLEIN, Lukas 1, 1–4 als theologisches Programm, in: Zeit und Geschichte, Festschrift für R. BULTMANN, 1964, 193–216 = Rekonstruktion und Interpretation, 1969, 237–261 – H. FLENDER, Heil und Geschichte in der Theologie des Lukas, [2]1968 – W. G. KÜMMEL, Lukas in der Anklage der heutigen Theologie, ZNW 63 (1972) 149–165 – P. v. d. OSTEN-SACKEN, Zur Christologie des lukanischen Reiseberichts, Ev Th 33 (1973) 476–496.

*a.* Der Evangelist Lukas stellt seinem Werk ein *Vorwort* voran, in welchem er – ähnlich dem Prolog eines hellenistischen Geschichtswerks – Auskunft über die Aufgabe, die er sich gestellt hat, und deren Durchführung gibt (1, 1–4). Diesem Prolog kommt programmatische Bedeutung für das ganze lukanische Werk zu. Sein Thema sind die πράγματα πεπληροφορημένα, d.h. die Ereignisse, in denen sich die Verheißungen erfüllt haben. In seinem Werk hebt der Evangelist verschiedentlich diese Thematik besonders hervor. So wird der große Reisebericht mit den Worten eingeleitet: »Es geschah aber, als sich die Tage seiner (Jesu) Hinaufnahme erfüllten, da zog er nach Jerusalem.« (9, 51) Mit dem Begriff ἀνάλημψις ist der Zug Jesu nach Jerusalem, sein Weg zum Kreuz, aber zugleich auch seine Hinaufnahme bezeichnet, die sich in der Himmelfahrt vollzieht. Dann aber soll gesagt werden, daß dieses Geschehen sich in dem Augenblick zu verwirklichen beginnt, in dem Jesus sich auf die Reise in die heilige Stadt begibt. In der Apg. ist der Pfingstgeschichte der Satz vorangestellt: »Und als sich der Tag der Pfingsten erfüllte, da waren sie alle einträchtig beisammen.« (Apg. 2, 1) Das bedeutet, daß nunmehr der verheißene Tag des Festes anbrach, an dem der Geist herabkommen sollte.
Wenn sich der Evangelist anschickt, von in Erfüllung gegangenen πράγματα dieser Art zu berichten, ist er sich dessen bewußt, nicht der erste zu sein, der sich solcher Aufgabe zuwendet. »Viele« haben sich schon vor ihm daran gemacht. Ist von πολλοί die Rede, so entspricht das herkömmlichem Stil und darf nicht mißverstanden werden, als hätte es vor Lk. bereits eine größere Zahl von Leuten gegeben, die Berichte über Jesu Wirksamkeit aufgezeichnet hätten. Mit hoher Wahrscheinlichkeit ist vielmehr anzunehmen, daß das Mk.-Ev. und Q die einzigen schriftlichen Quellen waren, deren Lk. sich hat bedienen können (s. E 92–94). Der Evangelist unternimmt einen neuen Ansatz, um von der Geschichte Jesu zu erzählen. Wie seine Vorgänger will auch er sich dabei auf die Tradition stützen,

die auf diejenigen zurückgeht, die alles von Anfang an miterlebt haben. Darum betont er, daß die Augenzeugen von Beginn an dabei waren und deshalb als zuverlässig gelten können (vgl. Apg. 1, 21 u. ö.). Lk. greift auf die Überlieferung zurück, die die Augenzeugen und die Diener des Wortes weitergegeben haben, um in seiner Darstellung die Erfüllung göttlicher Verheißungen hervorzuheben und dabei mit größtmöglicher Sorgfalt ans Werk zu gehen. Darum ist er, wie er versichert, allem von vorn an mit Genauigkeit nachgegangen. ἄνωθεν = »von vorn« ist wohl so zu verstehen, daß Lk. über den Punkt, der mit der ἀρχή bezeichnet ist, hinaus weiter zurückgreift. Denn anders als die Mk.-vorlage beginnt der Evangelist mit der Kindheitsgeschichte Jesu, um an der Gegenüberstellung Jesu mit dem Täufer die unendliche Überlegenheit Jesu deutlich zu machen. Wenn Lk. bemerkt, er habe alles der Reihe nach aufgeschrieben, so soll damit nicht nur versichert werden, daß er seine Vorlagen gewissenhaft verwertet hat, sondern καθεξῆς entspricht dem theologischen Programm des Evangelisten. Wie ἄνωθεν den mit den Kindheitsgeschichten gesetzten Beginn bezeichnet, so zeigt καθεξῆς an, daß die Folge der Ereignisse, in denen sich Gottes Vorsehung verwirklicht hat, aufgewiesen und über die Geschichte Jesu hinaus bis in die Geschichte der Kirche hinein dargelegt werden soll. Auf diese Weise soll dem Leser Gewißheit über die Worte vermittelt werden, in denen er unterrichtet ist. Diese Gewißheit kommt dadurch zustande, daß die Begebenheiten sorgfältig erzählt und im Zusammenhang der theologischen Gesamtdeutung beschrieben werden, die ihren eigentlichen Sinn enthüllt. Daher bezieht das Vorwort nicht nur das Lk.-Ev., sondern auch die Apg. in die thematische Grundsatzbetrachtung ein.

*b.* Die *Durchführung dieses Programms* liegt im lukanischen Werk vor. Es geht von der Voraussetzung aus, daß die Parusie nicht eingetreten und damit die Naherwartung in den Hintergrund gerückt ist. Die Frage nach dem Sinn der Geschichte muß daher gestellt und beantwortet werden. An die Geschichte Jesu schließt sich die der Kirche an, so daß sich eine deutliche Gliederung ergibt. Die Zeit Israels ist die Zeit des Gesetzes und der Propheten bis zu Johannes dem Täufer: »Das Gesetz und die Propheten gehen bis Johannes; von da an wird die Botschaft vom Reich verkündigt, und jedermann drängt sich herzu.« (16, 16) Darauf folgt die Zeit Jesu als die »Mitte der Zeit« (Conzelmann). In der Zeit der Kirche, die nach Himmelfahrt und Pfingsten angehoben hat und sich bis zur Parusie erstreckt, wird auf die Wirksamkeit Jesu als die Zeit des Heils zurückgeblickt. In dieser Mitte laufen alle Linien zusammen: die Erfüllung der at.lichen Verheißungen und der göttlichen Vorsehung einerseits und die Begründung von Glauben und Leben der Kirche andererseits.

Die weltweite Bedeutung der Geschichte Jesu betont der Evangelist, indem er ihren Anfang in den Zusammenhang mit der Schätzung bringt, die der Kaiser Augustus für das ganze Römische Reich angeordnet hat (2, 1). Auf kaiserlichen Befehl setzen sich zahllose Menschen in Bewegung, damit Joseph und Maria der prophetischen Verheißung entsprechend von Nazareth nach Bethlehem gelangen und Jesus in der Stadt geboren wird, die vom Propheten angegeben ist. Der Zeitpunkt des Auftretens Johannes des Täufers und des Beginns der öffentlichen Wirksamkeit Jesu wird nach den Herrschern bestimmt, die damals in der Welt regierten: »Im 15. Jahr der Regierung des Kaisers Tiberius, als Pontius Pilatus Statthalter von Judäa war, Herodes Vierfürst in Galiläa, sein Bruder Philippus Vierfürst von Ituräa und dem Gebiet Trachonitis, als Lysanias Vierfürst von Abilene war, als Hannas und Kaiphas Hohepriester waren, da erging das Wort Gottes an Johannes, den Sohn des Zacharias, in der Wüste.« (3, 1f.) Der Stammbaum Jesu wird – anders als bei Mt. (1, 1–17) – bis auf Adam zurückgeführt (3, 23–38), um zu zeigen, daß in Jesus nicht nur die at.lichen Verheißungen erfüllt wurden (4, 16–21), sondern daß er der Heiland (σωτήρ) für alle Welt ist (2, 11). Er bringt den Sündern Vergebung und Rettung; denn »der Menschensohn ist gekommen, zu suchen und zu retten (σῶσαι), was verloren ist« (19, 10). Der Heiland nimmt sich der Sünder an (7, 36–50: Jesus und die Sünderin; 15: drei Gleichnisse vom Verlorenen; 18, 9—14: das Gleichnis vom Pharisäer und Zöllner; 19, 1-10: Jesus und der Zöllner Zachäus, u.a.). Er wendet sich zu den Armen und spricht ihnen die Seligkeit zu (6, 20–22). Die Reichen aber trifft der Weheruf (6, 24–26). Darum wird vor den Gefahren des Reichtums gewarnt (12, 16–21: der reiche Kornbauer; 14, 12-14: Arme und Bettler soll man sich zu Tisch laden; 16, 9: Warnung vor dem Mammon; 16, 19–31: das Gleichnis vom reichen Mann und armen Lazarus, u.a.).

Wie die Armen so nehmen auch die Verachteten den Sünderheiland auf. Jesus wendet sich den Samaritanern zu, obwohl er von ihnen zurückgestoßen wird (9, 51–56; 10, 25–37; 17, 11–19). Den Perikopen, die von den Samaritanern handeln, kommt beispielhafte Bedeutung zu; denn sie weisen voraus auf die von der frühen Christenheit begonnene Mission in Samaria (8, 4–25). Jesus sendet seine Jünger nicht nur – wie nach dem Mt.-Ev. – an Israel, sondern er vollzieht eine zweite Sendung, bei der er 70 bzw. 72 ausschickt (10, 1–20). Damit wird der Befehl, mit dem der auferstandene Herr seine Jünger in alle Welt ausziehen läßt, schon in der Geschichte Jesu begründet. Diesem Verständnis des weltweiten Auftrags Jesu entspricht es, daß Lk. solche Stücke der ihm vorliegenden Überlieferung ausläßt, in denen Fragen verhandelt werden, die allein die Juden angehen (so Mk. 7: rein und unrein, Jesus und die syrophönizische Frau; Mk. 10, 1–12: Fragen des Ehegesetzes).

Jesus, der mit der Kraft des Geistes ausgerüstet ist und in ihr handelt, bezeichnet den Geist als die gute Gabe Gottes schlechthin, die der Vater den Kindern gibt (11, 13). Daher heißt es am Ende des Lk.-Ev., die Jünger sollten in der heiligen Stadt bleiben, »bis ihr die Kraft aus der Höhe angezogen habt« (24, 49). Damit wird auf die Zeit der Kirche vorausgewiesen.

Das Lk.-Ev. beginnt mit einer Szene, die in Jerusalem spielt: Zacharias, der Vater Johannes des Täufers, tat im Tempel Dienst (1, 5–25). Und am Schluß wird berichtet, daß Jesu Jünger sich im Tempel aufhielten und Gott allezeit lobten (24, 53). Die Gemeinde Jesu versammelt sich also an der Stätte, die ihr rechtmäßig gehört. Die Geschichten, die von den Erscheinungen des Auferstandenen erzählen, sind alle in oder bei Jerusalem lokalisiert. Die galiläische Ostertradition, die das Mk.-Ev. voraussetzt und das Mt.-Ev. entfaltet, ist bei Lk. verdrängt zugunsten der Jerusalemer Ostergeschichten. Dabei ist der Evangelist von theologischem Interesse geleitet. Denn Jerusalem verbindet die drei Epochen der Heilsgeschichte: die Zeit Israels – die Zeit Jesu als Mitte der Zeit – und die Zeit der Kirche.

*c.* Dem theologischen Programm des Lk. entspricht es, daß das Lk.-Ev. seine *Fortsetzung in der Apg.* findet. Das Lk.-Ev. stellt also den ersten Teil eines Doppelwerkes dar, über dessen Aufgabe und Ziel im Prolog des Lk.-Ev. bereits gesprochen ist. Zu Beginn der Apg. wird auf das Vorwort des Lk.-Ev. Bezug genommen und zur Darstellung der Geschichte der Kirche übergeleitet: »In meiner ersten Erzählung habe ich davon gehandelt, was Jesus alles tat und lehrte, von Anfang an bis zu dem Tag, da der hinaufgehoben wurde, nachdem er den Aposteln, die er erwählt hatte, Aufträge gegeben hatte durch den heiligen Geist.« (1, 1f.) Der Prolog zur Apg. geht unmittelbar in die Erzählung über, in deren Verlauf das Thema des zweiten Teils des lk. Doppelwerks genannt wird. Der Auferstandene sagt zu den Jüngern: »Ihr werdet die Kraft des heiligen Geistes empfangen, der auf euch kommt, und werdet meine Zeugen sein in Jerusalem und in ganz Judäa und Samaria und bis an das Ende der Erde.« (1,8) Von der Ausbreitung des Wortes Gottes, von Gründung und Wachstum der Kirche will Lk. erzählen. Dieses Vorhaben führt er in erbaulich, ja spannend gestalteten Berichten durch, bis er Paulus nach Rom geleitet hat. Wenn auch gefangen, so ist doch Paulus in die Hauptstadt der Welt gelangt und kann hier das Reich Gottes verkündigen und von dem Herrn Jesus Christus lehren, ohne daran gehindert zu werden (28, 31). Die Kirche, die in Jerusalem ihren Anfang nahm und an allen Orten entstand, wird als einheitliche Größe dargestellt. Zwischen der Verkündigung des Petrus und der des Paulus werden keine Unterschiede sichtbar. Und wo Meinungsverschiedenheiten zu entstehen drohen, werden sie alsbald beigelegt. So kann die Frage der Heidenmission auf dem sog. Apostelkonvent einvernehmlich entschieden werden (15). Ausgehend von der heiligen Stadt, hat die Christusverkündigung den Weg in alle Welt genommen, von den Juden zu den Heiden. Christus wird allen Menschen als der Heiland und Retter verkündigt, weil allein in seinem Namen Heil ist (4, 12). Diese Beschreibung des Werdens der Kirche ist von der Überzeugung geleitet, daß sie in der Kraft des göttlichen Geistes wachsen und bestehen wird, bis Gott der Geschichte ein Ende setzen wird.

# V. Die Theologie des Johannesevangeliums und der Johannesbriefe

R. Bultmann, RGG³ III, 836–850 – C. H. Dodd, The Interpretation of the Fourth Gospel, 1953 – ders., The Historical Tradition in the Fourth Gospel, 1963 – E. Käsemann, Jesu letzter Wille nach Johannes 17, 1966, ³1971.

Vorbemerkung:

*a.* Zwar gehen vermutlich das *Joh.-Ev.* und die *Johannesbriefe* nicht auf denselben Verfasser zurück (s. E. 118f.). In den Briefen ist aber ein so deutlicher Zusammenhang ihrer Gedankenführung mit der des Joh.-Ev. vorhanden, daß man zumindest von einer joh. Schule sprechen kann, die die Theologie des Evangelisten mit der des Verfassers – bzw. der Verfasser – der Briefe verbindet. Daher kann die Theologie des Joh.-Ev. und der Briefe zusammenfassend abgehandelt werden; dabei ist freilich auf bestimmte Aussagen der Briefe jeweils aufmerksam zu machen. Die Johannesapokalypse muß jedoch gesondert betrachtet werden; denn ihr Verfasser ist weder mit dem des Joh.-Ev. und der Briefe identisch noch steht er in einer durch Schultradition vermittelten Verbindung mit ihnen (s. E 142–144).
*b.* Was den *Aufriß* der joh. Theologie betrifft, so folgt Bultmanns Darlegung auch hier dem Programm der existentialen Interpretation des NT (s. S. 74f.), indem er Theologie als Anthropologie darstellt und daher seine Erörterung in folgende Abschnitte einteilt: A. der johanneische Dualismus (Welt und Mensch usw.), B. Die κρίσις der Welt (Die Sendung des Sohnes usw.), C. Der Glaube. Bultmanns Abhandlung hat die Grundlage für alle weitere Bemühung um das Verständnis der joh. Theologie geschaffen. Gleichwohl muß die kritische Frage gestellt werden, ob ihr Aufriß dem Gefälle der joh. Theologie wirklich entspricht. Denn das vierte Evangelium und die joh. Briefe setzen ebenso wie der Apostel Paulus nicht mit anthropologischen Erwägungen, sondern mit dem urchristlichen Kerygma ein, dessen Bedeutung dann entfaltet wird (Joh. 1, 1–18; 1. Joh. 1, 1–4). Von der Christologie her deckt der Evangelist die Situation der Menschen in der Welt auf und ruft sie zum Glauben. Darum hat die Beschreibung der joh. Theologie nicht mit der Anthropologie, sondern mit der Christologie zu beginnen.

## § 29 Der geschichtliche Ort der johanneischen Theologie

*Der vierte Evangelist ist weder von den synoptischen Evangelien noch von den paulinischen Briefen literarisch abhängig. Er setzt jedoch die urchristliche Christusbotschaft voraus und kennt die Überlieferung von Jesu Worten und Taten. In seiner Theologie nimmt er das Osterkerygma in die Darstellung des Erdenweges Jesu Christi herein und bezeugt im Bekenntnis zum Fleisch Gewordenen die Herrlichkeit des Gottessohnes. In den drei Johannesbriefen wird die Theologie des Evangelisten weitergeführt.*

E. Haenchen, Johanneische Probleme, ZThK 56 (1959) 19–54 = Gott und Mensch, 1965, 78–113 – R. Schnackenburg, Zur Herkunft des Joh.-Ev., BZ NF 14 (1970) 1–23 – ders., Das Johannesevangelium I, ⁵1981, 1–196 – W. G. Kümmel, Einleitung in das NT, ²⁰1980, 155–212.

*a.* Der Name des *Verfassers des vierten Evangeliums* ist unbekannt. Die altkirchliche Überlieferung hat das Joh.-Ev. und die joh. Briefe mit dem Zebedaiden Johannes in Verbindung gebracht und ihn mit dem Jünger identifiziert, den Jesus liebhatte. Diese von der Tradition entwickelte Auffassung soll die apostolische Geltung und das Ansehen der joh. Schriften sichern, zur Klärung der Verfasserfrage kann sie jedoch nichts beitragen. Die im Joh.-Ev. entworfene Darstellung der Wirksamkeit Jesu läßt klar erkennen, daß ihr Verfasser ein eigenständiger Theologe war, neben Paulus zweifellos der bedeutendste in der Geschichte des Urchristentums. Sein Standort läßt sich näher bestimmen, wenn die von ihm benutzten Traditionen und die von ihm verwendete Begrifflichkeit betrachtet werden (s. E 103–121).
Der Evangelist bedient sich der Sprache der hellenistischen Welt, aber palästinische Überlieferungen sind an vielen Stellen aufgenommen und verwertet. Sie werden nicht nur in genauen Angaben zur palästinischen Topographie sichtbar, sondern vor allem auch in auffallenden Berührungen mit der Lehre der Gemeinde von Qumran ( s. E 109f.). Hier wie dort ist vom dualistischen Gegensatz von Wahrheit und Lüge, Licht und Finsternis usw. die Rede. Gleichwohl kann nicht angenommen werden, daß der Evangelist direkt von der Gedankenwelt von Qumran abhängig sei. Denn die Gestalt des präexistenten Logos, der als vom Himmel erschienener Gottessohn in die Welt kam, ist der Lehre von Qumran unbekannt. In der Mitte der joh. Theologie aber steht das christologische Zeugnis vom Gottessohn, den der Vater gesandt hat. Die Entfaltung dieser Botschaft wird in der joh. Theologie in einer Redeweise vorgenommen, die mancherlei Berührungen mit synkretistischen Vorstellungen der Spätantike, vor allem der gnostischen Mythologie aufweist (s. E 110f.). Aber der Evangelist hat sicherlich auch nicht in unmittelbarer Beziehung zu gnostischen Anschauungen gestanden. Er betont vielmehr den Gegensatz zum gnostischen Mythus, nach dem der Erlöser nur in verborgener Gestalt erscheinen, nicht aber wirklich Mensch werden kann, und hebt mit allem Nachdruck hervor, daß der Logos Fleisch, der Sohn des Vaters Mensch geworden ist. Das Substantiv γνῶσις wird nirgendwo im Joh.-Ev. verwendet, wohl aber das Verbum γινώσκειν, dessen Sinngehalt jedoch dadurch festgelegt ist, daß es eng mit πιστεύειν zusammengebunden wird (6, 69; 17, 8 u.ö.; s. S. 138). Die polemische Front gegen die Gnosis ist in den Joh.-Briefen noch schärfer als im Joh.-Ev. bezeichnet: Nur im Glauben, daß Jesus im Fleisch gekommen ist (1. Joh. 4, 2), wird das Heil empfangen. So werden in der joh. Theologie zwar manche Vorstellungen und Begriffe aus der jüdischen und hellenistischen Umwelt aufgenommen und verwendet. Ihr Christuszeugnis wird aber in kraftvoller Eigenständigkeit entfaltet, die durch Gegenüberstellung mit der synoptischen und paulinischen Theologie deutlicher hervortritt.
*b.* Die Frage nach dem Verhältnis des *Joh.-Ev.* zu den *Synoptikern* wird so zu beantworten sein, daß der Evangelist nicht in literarischer Abhängigkeit von den synoptischen Evangelien steht, ihm aber die mündliche Jesustradition, die auch den Synoptikern vorgelegen hat, zu einem guten Teil bekannt gewesen ist. Durch die Verlesung im Gottesdienst wird er wenigstens eines der synoptischen Evangelien gekannt haben (s. E 104–106). Denn wie die Synoptiker verbindet auch er alle Geschichten, die von Jesu irdischer Wirksamkeit handeln, mit dem Kerygma von Kreuz und Auferstehung. Doch während in den synoptischen Evangelien in kurzen, knapp gefaßten Abschnitten von einzelnen Begebenheiten, Gleichnissen und Sprüchen Jesu erzählt wird, gestaltet der vierte Evangelist lange Zusammenhänge, in denen das Selbstzeugnis des Christus in seinen Worten

und in seinen Taten beschrieben wird. Setzt sich der synoptische Jesus mit den einzelnen Gruppen des damaligen Judentums – Pharisäern, Schriftgelehrten, Priestern – auseinander, so erscheinen im Joh.-Ev. die Juden als eine geschlossene Front: »Die Juden waren übereingekommen, daß, wenn einer ihn (Jesus) als den Christus bekenne, er aus der Synagoge ausgeschlossen werden solle.« (9, 22; ferner 12, 42; 16, 2) Damit ist die Scheidung zwischen den Jüngern Jesu und der Synagoge vorausgesetzt, wie sie zu Ende des 1. Jahrh. von seiten der Synagoge vorgenommen wurde, als man in das täglich zu sprechende 18-Gebet die Verfluchung der Ketzer und der Judenchristen aufnahm und damit die endgültige Trennung von ihnen vollzog (s. S. 63). Diese Situation, die in dieser Weise noch nicht in den synoptischen Evangelien gegeben ist, bestimmt im Joh.-Ev. die Auseinandersetzung zwischen Jesus und den Juden (s. S. 133f.).

*c.* Zwischen *Johannes und Paulus* lassen sich gleichfalls keine unmittelbaren Beziehungen nachweisen. Anders als bei Paulus stellt für Joh. die Frage nach der Heilsbedeutung des Gesetzes kein Problem mehr dar. Die Thora ist der Juden Gesetz (8, 17), nicht das der christlichen Gemeinde. Der Evangelist spricht in einer anderen Begrifflichkeit als der Apostel Paulus. Von δικαιοσύνη θεοῦ, δικαιοῦσθαι ἐκ πίστεως, πίστις – im Joh.-Ev. wird nur das Verbum πιστεύειν verwendet – ist nicht die Rede. Die Gegenüberstellung von σάρξ und πνεῦμα, die sich zweimal findet (3, 6; 6, 63), ist nicht im paulinischen Sinn verstanden, sondern dient zur Unterscheidung der himmlischen und irdischen, der oberen und unteren Sphäre. Der Evangelist hat also offenkundig keine unmittelbare Berührung mit der paulinischen Theologie gehabt. Gleichwohl aber besteht zwischen der paulinischen und der joh. Theologie eine Verwandtschaft, die in der Art und Weise ihres Denkens und Redens begründet ist. Denn was Paulus am Begriff der δικαιοσύνη im Gegensatz zum νόμος klarmacht, das zeigt Joh. auf, indem er Christus als die ζωή, das allein wirkliche Leben, bezeugt. Diese Botschaft kann nur im πιστεύειν sachgemäß aufgenommen und beantwortet werden.

*d.* Das Joh.-Ev. setzt das *urchristliche Kerygma* voraus, wie es in bekenntnisartigen und hymnischen Sätzen der hellenistischen Christenheit enthalten ist (Phil. 2, 6–11; 1. Tim. 3, 16 u.a.). Der Evangelist läßt den joh. Christus selbst das Kerygma verkündigen. Gnostische Vorstellungen und jüdische Begriffe, die der Evangelist aus der Umwelt aufnimmt, werden von ihm dazu verwendet, um die Christusbotschaft in der Sprache seiner Zeit auszusagen.

## § 30 Die Christologie

*In der johanneischen Theologie wird die Christologie der urchristlichen Überlieferung selbständig weitergeführt und Jesus als der vom Vater Gesandte dargestellt, durch den allein Gott sich offenbart und seine Liebe kundtut. Die christologischen Hoheitstitel dienen ausnahmslos dazu, Jesus als den bevollmächtigten Sohn des Vaters zu verkündigen, der als der Menschensohn erhöht und verherrlicht wird, indem er sein Werk am Kreuz vollendet.*

Lit. s. zu §§ 11, 17, ferner: E. Schweizer, EGO EIMI, 1939, ²1965 – K. Kundsin, Charakter und Ursprung der johanneischen Reden, 1939 – W. Thüsing, Die Erhöhung und Verherrlichung Jesu im Johannesevangelium, 1960, ²1970 – H. Zimmermann, Das absolute ἐγώ εἰμι als die neutestamentliche Offenbarungsformel, BZ NF 4 (1960) 54–69. 266–276 – E. Haenchen, ›Der Vater, der mich gesandt hat‹, NTS (1962/63) 208–216 = Gott und Mensch, 1965, 68–77 – R. Schnackenburg, Die Messiasfrage im Johannesevangelium, in: Neutestamentliche Aufsätze, Festschrift für

J. SCHMID, 1963, 240–264 – DERS., Der Menschensohn im Johannesevangelium, NTS 11 (1964/65) 123–137 – J. BLANK, Krisis, Untersuchungen zur johanneischen Christologie und Eschatologie, 1964 – E. KÄSEMANN, Jesu letzter Wille nach Johannes 17, 1966, [4]1980 – G. BORNKAMM, Zur Interpretation des Johannes-Evangeliums. Eine Auseinandersetzung mit Ernst KÄSEMANNS Schrift ›Jesu letzter Wille nach Johannes 17‹, EvTh 28 (1968) 8–25 = Geschichte und Glaube I, Ges. Aufsätze III, 1968, 104–121 – J. RIEDL, Das Heilswerk Jesu nach Johannes, 1973.

*a.* Die Verfasser des Joh.-Ev. und der joh. Briefe verwenden die *Hoheitstitel der urchristlichen Christologie.* Joh. 1 werden die Hoheitsaussagen gleichsam in einer Übersicht vorgestellt: Jesus ist der präexistente und Fleisch gewordene Logos (1, 1. 14), der Eingeborene (1, 14), der Christus/Messias (1, 21. 41), der Prophet (1, 21), das Lamm Gottes (1, 29. 36), der Sohn Gottes (1, 34. 49), der ἐκλεκτὸς τοῦ θεοῦ (1, 34), der Lehrer (1, 38), der, von dem Mose und die Propheten geschrieben haben (1, 45), der König Israels (1, 49), der Menschensohn (1, 51). Zu nennen sind ferner die Bezeichnungen σωτὴρ τοῦ κόσμου (4, 42) und »der Heilige Gottes« (6, 69) sowie der κύριος-Titel, der erst im Zusammenhang mit der Osterbotschaft seinen vollen Klang erhält (20, 2. 13. 15. 18. 25. 28). Indem der Evangelist sich zur Ausrichtung des Christuszeugnisses der literarischen Gestalt des Evangeliums bedient, zeigt er an, daß auch er das Kerygma vom gekreuzigten und auferstandenen Christus entfalten will, »damit ihr glaubt, daß Jesus der Christus ist, der Sohn Gottes, und durch den Glauben Leben habt in seinem Namen« (20, 31).
Die Hoheitstitel werden nicht mehr in der unterschiedlichen Bedeutung gebraucht, die ihnen ursprünglich eigen war, sondern zur einheitlichen Aussage der Christusbotschaft zusammengefaßt. Der Sohn Gottes ist der Menschensohn, so daß beide Titel ohne erkennbaren Bedeutungsunterschied verwendet werden können: »Niemand ist in den Himmel gestiegen außer dem, der vom Himmel gekommen ist, dem *Menschensohn.* Und wie Mose die Schlange in der Wüste erhöht hat, so muß der *Menschensohn* erhöht werden, damit jeder, der an ihn glaubt, ewiges Leben habe. Denn so sehr hat Gott die Welt geliebt, daß er seinen *eingeborenen Sohn* gab, damit jeder, der an ihn glaubt, nicht verlorengehe, sondern ewiges Leben habe.« (3, 14–16) Auch im Joh.-Ev. findet sich der Titel Menschensohn wie bei den Synoptikern ausschließlich in Jesusworten: Der Menschensohn ist vom Himmel herabgekommen – schon jetzt, nicht erst bei der Parusie (3, 13). Er muß erhöht werden (3, 14; 6, 62; 8,28; 12, 34), um verherrlicht zu werden (12, 23; 13, 31). Er hält das Gericht in Vollmacht (5, 27). Die Engel steigen hinauf und herab auf den Menschensohn (1, 51); er bleibt während seines Erdenwirkens in ununterbrochener Verbindung mit Gott. In den joh. Worten vom Menschensohn wird von seinem Leiden zugleich als seinem Erhöht-Werden gesprochen und auf diese Weise die Rede vom leidenden Menschensohn mit der von seiner Herrlichkeit verknüpft.
Auch der Verfasser des 1. Joh. geht vom gemeinchristlichen Bekenntnis aus, um es gegen Fehldeutungen abzugrenzen. Wiederholt werden bekenntnisartige Wendungen der überkommenen Christologie zitiert, wie: 'Ιησοῦς ἐστιν ὁ Χριστός (2, 22; 5, 5); 'Ιησοῦς ἐστιν ὁ υἱὸς τοῦ θεοῦ (4, 15; 5, 5); 'Ιησοῦν Χριστὸν ἐν σαρκὶ ἐληλυθότα (4, 2; vgl. auch 2. Joh. 7); οὑτός ἐστιν ὁ ἐλθὼν δι' ὕδατος καὶ αἵματος, 'Ιησοῦς Χριστός (5, 6). Wie aber werden die überkommenen Titel und Bekenntnissätze im Zusammenhang der joh. Theologie ausgelegt?
*b.* Im Mittelpunkt der joh. Christologie steht die immer wiederkehrende Aussage, *daß der Vater den Sohn gesandt hat.* Der Vater hat ihn geheiligt und in die Welt

geschickt (10, 36). Wer daher den Sohn nicht ehrt, der ehrt den Vater nicht, von dem er ausgegangen ist (5, 23). Daß er vom Vater kommt, bezeugen seine Werke (5, 36). »Das ist das Werk Gottes, daß ihr glaubt an den, den er gesandt hat.« (6, 29) Er ist also nicht von sich selbst gekommen (7, 28; 8, 42; 13, 3). Er tut daher nicht die eigenen Werke, sondern die des Vaters (4, 34; 5, 17. 19ff. 30. 36; 8, 28; 14, 10; 17, 4. 14). Er erfüllt nicht seinen Willen, sondern den des Vaters (4, 34; 5, 30; 6, 38; 10, 25. 37). Niemand hat jemals Gott gesehen, der unsichtbar, den Menschen unerreichbar und unzugänglich ist. Aber der Eingeborene, Gott von Art, der im Schoß des Vaters war, der hat Kunde gebracht (1, 18). Allein der Sohn und niemand anders bringt daher die Offenbarung. Wer darum ihn gesehen hat, der hat den Vater gesehen (14, 9). Ja, noch mehr: »Ich und der Vater sind eins.« (10, 30) In Jesus als seinem Gesandten offenbart sich der Vater, nur in ihm. Durch ihn tut er seine Liebe kund.

Der Sohn, der vom Vater ausgegangen ist, ist Fleisch, d.h. wirklich Mensch geworden (1, 14). Wie das Wunder der Menschwerdung geschah, ist nicht Gegenstand der Überlegung. Jesus wird nicht Sohn einer Jungfrau, sondern der Sohn des Joseph aus Nazareth genannt (1, 45), dessen Mutter und Brüder man kennt (2, 3; 7, 10 u.ö.). Eben dieser Mensch Jesus von Nazareth – darin besteht das Ärgernis – ist als der Sohn eins mit dem Vater und handelt in der Vollmacht des Vaters, die er ihm gegeben hat. Dieser Anspruch wird von den Juden als Gotteslästerung zurückgewiesen, weil Jesus Gott seinen Vater nennt und sich Gott gleich macht (5, 18). Doch darum eben geht es, daß in seinem Wort der Vater selbst redet und in ihm seine Liebe offenbart, die er aller Welt zuwendet (3, 16).

*c.* Dieser Anspruch wird am schärfsten in den ἐγώ εἰμι-*Sprüchen* zum Ausdruck gebracht. Er ist das Brot des Lebens (6, 35. 48. 51), das Licht der Welt (8, 12), die Tür (10, 9), der gute Hirte (10, 11), die Auferstehung und das Leben (11, 25), der Weg, die Wahrheit und das Leben (14, 6), der rechte Weinstock (15, 1). Die Struktur dieser Sätze entspricht der Redeweise, in der Offenbarung kundgetan wird. Ihr Charakter tritt am klarsten hervor, wenn man das ἐγώ nicht als Subjekt, sondern als Prädikat versteht (s. Bultmann, Joh.-Ev. 167 Anm. 2). Dann sind die Sätze als Rekognitionsformeln zu bestimmen, die auf die Frage antworten: Wer ist der Erwartete? Antwort: Ich bin es. So weist nach Deuterojesaja Jahwe sich im Unterschied zu den sog. anderen Göttern als der allein wahre Gott aus: »Wer tut es und macht es und ruft alle Menschen nacheinander von Anfang her? Ich bin es, Jahwe, der Erste und der Letzte.« (Jes. 41, 4) Jedermann strebt nach Brot des Lebens, nach dem Licht der Welt. Dieses Suchen wird ans Ziel gebracht, indem erklärt wird: Er ist es, er allein. Der Ausschließlichkeitsanspruch wird unterstrichen, indem zu ἄρτος die Worte τῆς ζωῆς hinzugefügt werden (6, 35. 48. 51), der Hirte als ὁ καλός (10, 11), der Weinstock als ἡ ἀληθινή charakterisiert wird (15, 1) usw. Er ist *das* Brot schlechthin, außer und neben dem es kein anderes Leben spendendes Brot gibt. Weil diese Aussagen von Gottes Offenbarung handeln, in der er uns seine Liebe zuwendet, folgt auf das ἐγώ εἰμι-Wort meistens ein soteriologischer Nachsatz (Kundsin): »Wer zu mir kommt, wird nimmermehr hungern, und den, der an mich glaubt, wird nimmermehr dürsten.« (6, 35) Christus ist das Brot des Lebens, weil er uns das Leben gibt. Zu ihm kommen bedeutet nichts anderes als: an ihn glauben. Im Glauben an Jesus als den Sohn, der vom Vater gesandt wurde, wird die ζωή empfangen als das allein wahre, wirkliche Leben. Weil Christus das Licht der Welt ist, gilt: »Wer mir nachfolgt, der wird nimmermehr in der Finsternis wandeln.« (8, 12) Daß er Auferstehung und Leben ist, bedeutet: »Wer an mich glaubt, der wird leben, auch wenn er stirbt. Und jeder, der lebt und glaubt an mich, wird in Ewigkeit nicht sterben.« (11, 25f.)

*d.* Der Evangelist interpretiert das *Kerygma von Kreuz und Auferstehung Christi*, indem er es mit der Darstellung der gesamten Wirksamkeit Jesu verbindet und zu einer Einheit verschmilzt. Jesu Erdenweg läuft auf das Ziel zu, das im Augenblick seines Kreuzestodes erreicht ist (19, 30). Auf diese Stunde drängt alles hin, was von Jesu Wirksamkeit erzählt wird. Zunächst ist die ὥρα noch nicht da (7, 30; 8, 20). Dann aber heißt es: »Vor dem Passafest, da Jesus wußte, daß seine Stunde gekommen war, daß er hinginge aus dieser Welt zum Vater.« (13, 1; vgl. 12, 23; 17, 1) Es ist die Stunde, da der Menschensohn erhöht wird, ἵνα πᾶς ὁ πιστεύων ἐν αὐτῷ ἔχῃ ζωὴν αἰώνιον (3, 14f.). Der Gekreuzigte wird von Gott verherrlicht und gewinnt als der Auferstandene den Sieg.

Da im joh. Bericht von Jesu Wirksamkeit die Offenbarung seiner δόξα so stark hervorgehoben wird, könnte die Meinung aufkommen, als schreite ein Gott in Menschengestalt über die Erde. Dann müßte man dem Evangelisten geradezu einen »naiven Doketismus« zuschreiben (so KÄSEMANN). Aber der Evangelist betont am Anfang seines Buches mit den hymnischen Worten des Prologs, daß der ewige λόγος Fleisch wurde, in die Niedrigkeit und Hinfälligkeit menschlichen Lebens einging. Und gegen Schluß seines Buches hebt er hervor, daß am Kreuz Jesu Werk vollendet wurde (19, 30). Der Tod Christi ist nach Joh. nicht etwa nur Durchgang zur Herrlichkeit, »sondern im eigentlichen Sinne ihr Durchbruch« (BORNKAMM). Man wird daher nicht von einem naiven Doketismus des Joh.-Ev. reden dürfen, sondern vielmehr seine Christologie von der theologia crucis her zu begreifen haben, die allerdings mit dem Osterzeugnis so eng verklammert ist, daß Jesu Weg an das Kreuz zugleich als seine Erhöhung und Verherrlichung verstanden wird. Darum hält der Evangelist nicht nur an der überkommenen Osterüberlieferung fest (20), sondern hebt er die Wirklichkeit der Auferstehung nachdrücklich hervor (20, 19–29). Und wenn dem ungläubigen Thomas gesagt wird, selig seien, die nicht sehen und doch glauben (20, 29), so wird damit nicht aufgehoben, was geschehen ist, sondern vielmehr gezeigt, wie allein der Sinn des Ereignisses der Offenbarung begriffen und festgehalten werden kann: im Glauben, der in Christus das Leben erkennt.

Gelegentlich werden auch in den joh. Schriften gemeinchristliche Sätze über die Heilsbedeutung des Todes Christi aufgenommen. Im Munde des Täufers heißt es, er sei das Lamm Gottes, das die ἁμαρτία der Welt trägt, d.h. wegträgt (1, 29. 36). Er hat das Leben für uns gelassen (1. Joh. 3, 16). Zweimal wird im 1. Joh. Christus ἱλασμὸς περὶ τῶν ἁμαρτιῶν ἡμῶν genannt (2, 2; 4, 10) und darauf hingewiesen, daß das Blut Jesu uns von aller Sünde reinige (1. Joh. 1, 7. 9; s. S. 144). Während jedoch die urchristliche Aussage, daß Christus um unserer Übertretungen willen dahingegeben wurde (Röm. 4, 25), ausschließlich auf das Leiden und Sterben Christi bezogen ist und in diesem Sinne auch in den synoptischen Leidensworten davon gesprochen wird, daß der Menschensohn »dahingegeben wird« (Mk. 8, 31 Par.; 9, 31 Par.; 10, 32–34 Par.), bezieht die joh. Theologie die Hingabe auf Jesu gesamten Erdenweg (Joh. 3, 16). Indem der Vater ihn in die Welt sandte, gab er ihn dahin, damit er seinen Weg gehe, bis die Stunde da sei, in der er an das Kreuz erhöht wird.

*e.* Der λόγος-Begriff findet sich nur im Prolog des Joh.-Ev. (1, 1. 14), dem ein urchristlicher Hymnus zugrundeliegt, und im Eingang des 1. Joh.: »Im Anfang war der Logos, und der Logos war bei Gott, und Gott war der Logos.« (1, 1)

An diese Worte klingt der Satz an: »Was von Anfang war ... was wir gehört haben ... vom Wort des Lebens.« (1. Joh. 1, 1) Dabei wird jedoch ὁ λόγος durch den Genitiv τῆς ζωῆς näher bestimmt (s. S. 143). Der absolut gebrauchte Begriff ὁ λόγος kann nicht unmittelbar aus at.lich-jüdischer Überlieferung abgeleitet werden. Zwar weisen die ersten Sätze des Joh.-Ev. unverkennbare Anklänge an Gen. 1 auf, aber im biblischen Schöpfungsbericht wird nicht vom Wort schlechthin gesprochen. Der joh. Rede vom λόγος kommt die jüdische Weisheitsspekulation recht nahe. Die Weisheit war vor aller Zeit bei Gott. Als Schöpfungsmittlerin war sie zugegen, als Gott den Kosmos ins Dasein rief. Sie wollte in Israel Wohnung nehmen, aber sie fand keine bleibende Stätte und kehrte in die himmlische Welt zurück. Der Hymnus von Joh. 1 knüpft offensichtlich an diese Gedanken an, aber er nennt nicht die σοφία, sondern den λόγος. Die jüdischen Vorstellungen, die hinter seiner Aussage stehen, sind in die Sprache gnostischen Denkens übersetzt worden, die vom Logos als göttlichem Offenbarer redete, indem sie ihn als ein Zwischenwesen zwischen Gott und der Welt vorstellte. Doch während die Gnosis wie der urchristliche Hymnus von der Präexistenz des Logos reden könnte, würde sie niemals in das Bekenntnis einstimmen können, daß der Logos Fleisch wurde (1, 14). Die Gnosis könnte nur an eine Verhüllung des Ewigen im menschlichen Gewand denken. Der Hymnus aber spricht aus, daß der Logos Mensch wurde, daß Jesus von Nazareth der Gesandte des Vaters ist, der mit dem Vater eins ist. Anders als die Gnosis verfolgen die Sätze des Hymnus kein spekulativ-kosmologisches Interesse, sondern handeln von der Offenbarung Gottes in Christus, auf die der Glaube antwortet: »Und wir sahen seine δόξα, eine δόξα als des Eingeborenen vom Vater, voller Gnade und Wahrheit.« (1, 14) Nicht im sinnlichen Wahrnehmen, sondern allein im Sehen des Glaubens wird erkannt, daß Jesus der vom Vater Gesandte ist. »Wer an mich *glaubt*, der *glaubt* nicht an mich, sondern an den, der mich gesandt hat. Und wer mich *sieht*, der *sieht* den, der mich gesandt hat.« (12, 44f.) Am Ende des Ev. kann daher der Evangelist über die Aussagen des urchristlichen Bekenntnisses noch hinausgehen, indem er Jesus nicht nur Sohn Gottes, sondern wie der Prolog (1, 1) θεός nennt. Thomas fällt anbetend dem Auferstandenen zu Füßen und bekennt: »Mein Herr und mein Gott.« (20, 28)

## § 31 Der Kosmos

*Die im Unglauben verharrende Menschheit, die Gottes Liebe abweist und die Finsternis dem Licht vorzieht, wird in der johanneischen Theologie als Kosmos bezeichnet. Die Juden treten als seine typischen Repräsentanten auf, die Jesus nicht als den Christus anerkennen, nicht begreifen, daß die Schrift für ihn zeugt, und daher in der Lüge und im Tod bleiben.*

E. Grässer, Die antijüdische Polemik im Johannesevangelium, NTS 11 (1964/65) 74–90 = Text und Situation, 1973, 50–69 – O. Böcher, Der johanneische Dualismus im Zusammenhang des nachbiblischen Judentums, 1965 – H. Braun, Qumran und das NT, 1966, I, 96–138; II, 118–144 – L. Schottroff, Der Glaubende und die feindliche Welt. Beobachtungen zum gnostischen Dualismus und seiner Bedeutung für Paulus und das Johannesevangelium, 1970 – J. Becker, Beobachtungen zum Dualismus im Johannesevangelium, ZNW 65 (1974) 71–87.

*a.* Wenn der vierte Evangelist vom *Kosmos* redet, leitet ihn weder ein kosmologisches Interesse noch sinnt er über Vorgang und Vollzug der Schöpfung nach.

Gelegentlich wird die καταβολὴ κόσμου erwähnt (17, 24); und im Unterschied zur Gnosis wird daran festgehalten, daß die Welt Gottes Schöpfung ist und bleibt. Aber wenn vom Kosmos gesprochen wird, dann ist vor allem an die Menschen in der Welt gedacht. So heißt es schon im Prolog vom Logos: »Er war im Kosmos, aber der Kosmos erkannte ihn nicht an.« (1, 10) Das heißt: Die Menschen nahmen den Logos nicht an. Gott aber liebt den κόσμος so sehr, »daß er seinen eingeborenen Sohn gab, damit jeder, der an ihn glaubt, nicht verlorengehe, sondern ewiges Leben habe« (3, 16). Gott sandte den Sohn in den κόσμος (3, 17; 10, 36; 17, 18 u.ö.), Jesus kam in die Welt (16, 28) als σωτὴρ τοῦ κόσμου (4, 42; 1. Joh. 4, 14). Damit wurde allen Menschen das Angebot des Heils gemacht. Aber der κόσμος verschloß sich feindlich gegen ihn und wies ihn ab. Er haßt Jesus und seine Jünger (15, 18), weil er nur das Seine liebt, die Jünger aber nicht ἐκ τοῦ κόσμου sind (15, 19; 1. Joh. 2, 15f. u.ö.). Der κόσμος ist daher in der Finsternis, weil er sich im Unglauben gegenüber dem Licht verschlossen hat.
Mit dem Begriff κόσμος meint der Evangelist somit nicht – wie es dem ursprünglichen Sinn dieses Wortes entspräche – das geordnete Ganze der Welt, in der göttliche Harmonie waltet. Sondern unter dem κόσμος versteht er die auf sich selbst gestellte Menschheit, die ohne Gott sein will und den Erweis seiner Liebe zurückstößt. Der κόσμος steht unter der Herrschaft des ἄρχων τοῦ κόσμου τούτου (12, 31; 14, 30; 16, 11), so daß ὁ κόσμος ὅλος ἐν τῷ πονηρῷ κεῖται (1. Joh. 5, 19). Daß es um ihn so bestellt ist, geht nicht auf eine zwingende Fügung des Schicksals zurück. Während die Gnosis die Entstehung der Welt, in der die Menschen leben, darauf zurückführt, daß das göttliche Licht aus der himmlischen Welt herabgefallen, in die irdische Materie verstrickt und ins Gefängnis gebannt ist, sieht Joh. die Situation des von Gott getrennten κόσμος als Folge seiner Schuld. Der κόσμος hat nicht begriffen und nicht begreifen wollen, daß Jesus das φῶς τοῦ κόσμου ist (8, 12). Infolge dieser negativen Entscheidung ist der κόσμος verfinstert und verharrt in Feindschaft gegen Jesus und seine Jünger. Christus aber hat den Sieg über die Finsternis und damit auch über den κόσμος davongetragen (1. Joh. 5, 4f.). Wer an ihn glaubt, der ist mit ihm Sieger über den Kosmos und kann der Mahnung gehorsam sein, den κόσμος nicht zu lieben (1. Joh. 2, 15), weil er weiß, daß der κόσμος und alle seine ἐπιθυμία vergeht (1. Joh. 2, 17).
*b.* Als Repräsentanten des Kosmos treten im Joh.-Ev. die *Juden* auf. Bisweilen ist von ihnen im allgemein gebräuchlichen Sinn die Rede, um die Bewohner Judäas zu bezeichnen. So nennt die samaritanische Frau Jesus einen Ἰουδαῖος (4, 9). Wiederholt werden Bräuche und Feste der Juden erwähnt (2, 6. 13; 5, 1; 6, 4; 7, 2; 19, 40). Nikodemus wird als ein Oberster unter den Juden vorgestellt (3, 1). In solchen Bemerkungen ist kein polemischer Klang enthalten, doch wird ein gewisser Abstand spürbar, der die Christen von den Juden trennt. Die Feste der Juden gehen die Gemeinde nichts mehr an, und das Gesetz der Juden ist nicht das der Christen (8, 17; 10, 34). Einige aus den Ἰουδαῖοι kommen jedoch zum Glauben an Jesus (8, 31; 11, 45; 12, 11).
An den meisten Stellen, an denen der Evangelist von den Juden spricht, werden sie als Vertreter des ungläubigen Kosmos angeführt, die sich gegen Jesus wenden und ihn abweisen. Gelegentlich werden dabei von der Menge die Ἰουδαῖοι in der Weise unterschieden, daß sie als eine Art Behörde erscheinen. So kommen zur Festnahme Jesu die Kohorte, ihr Führer und die ὑπηρέται τῶν Ἰουδαίων (18, 22). Die Juden schicken eine Gesandtschaft, die aus Priestern und Leviten als den für Fragen der Reinheit Zuständigen besteht, damit sie von Johannes dem Täufer in Erfahrung bringen sollen, wer er denn sei (1, 19). Meistens aber wird

keine Differenzierung vorgenommen – weder zwischen der Menge und ihren Führern noch zwischen den einzelnen Gruppen und Gemeinschaften, die es innerhalb des Judentums gab. Jesus und seine Jünger sind scharf geschieden von den Juden, die sich geschlossen gegen ihn wenden. Als Jesus sagte, er und der Vater seien eins, heben die Juden Steine auf, um ihn zu töten (10, 31). Der Streit um Jesu Übertretung des Sabbatgebots führt zur grundsätzlichen Auseinandersetzung zwischen ihm und den Juden, die ihn verfolgten, weil er den Gelähmten am Sabbat geheilt hatte (5, 16). Jesus aber begründet sein Tun damit, daß sein Vater ständig wirke und daher auch sein Wirken keine Unterbrechung dulde (5, 17). Sein Anspruch, mit dem Vater eins zu sein, veranlaßt jedoch die Juden, um so mehr seinen Tod zu betreiben, weil er nicht nur den Sabbat abschaffte, sondern auch Gott seinen Vater nannte und so sich Gott gleich machte (5, 18).

Warum verschließen sich die Juden gegenüber Jesu Botschaft? Sie forschen in den Schriften, begreifen dabei aber nicht, daß die Schrift von Jesus zeugt (5, 39f.) und über ihrer Abweisung Jesu Mose zu ihrem Ankläger wird (5, 45). Sie berufen sich auf das Gesetz, obwohl sie selbst das Gesetz nicht halten (7, 19–24). Sie meinen zu wissen, wie Gott handeln wird und wie die Offenbarung aussehen müßte. Der Messias muß in Bethlehem als Davidide geboren werden (7, 42). Jesus aber erfüllt diese Bedingung nicht. Denn was kann schon aus Nazareth, diesem verlorenen kleinen Ort, Gutes kommen? (1, 46) Anders als das Mt.- und Lk.-Ev. setzt das Joh.-Ev. nicht eine Überlieferung von Jesu Geburt in Bethlehem voraus und bestreitet nicht, daß seine Herkunft der allgemeinen Messiaserwartung widerspricht. In der wunderbaren Speisung der 5000 sieht man eine Wiederholung des Mannawunders und will daraufhin Jesus zum König machen (6, 15). Man glaubt in Jesu Tat einen Erweis messianischer Vollmacht erfahren zu haben, hat aber dabei völlig verkannt, daß das σημεῖον über sich hinauszeigt auf die Offenbarung des Vaters im Sohn, die in Kreuz und Erhöhung Christi geschieht. Ihr aber setzen die Juden abermals ihr Wissen entgegen, indem sie geltend machen: »Wir haben aus dem Gesetz gehört, daß der Christus in Ewigkeit bleibt. Wie kannst du sagen, daß der Menschensohn erhöht werden muß?« (12, 34) Die Juden meinen, im Gesetz eine feste Norm zu besitzen, an der sie messen können, ob sich Gottes Offenbarung ereignet oder nicht. Wenn Jesus der Messias ist, muß er sich an dieser Norm ausweisen. Dabei aber verstehen sie nicht, daß Gottes Offenbarung alles in Frage stellt, was die Menschen sind, denken und urteilen.

Trotz aller scharfen Polemik, die der Evangelist gegen die Juden richtet, ist er weit entfernt von einer antisemitischen Haltung, wie sie von manchen Kreisen der hellenistischen Welt eingenommen wurde, sondern zeigt an einzelnen Beispielen, wie Juden sich als wahre Israeliten verhalten. Philippus sagt zu Nathanael: »Wir haben den gefunden, von dem Mose im Gesetz und die Propheten geschrieben haben.« (1, 45) Nathanael kommt daraufhin zu Jesus und wird mit den Worten begrüßt: »Siehe, ἀληθῶς Ἰσραηλίτης, in dem kein Falsch ist.« (1, 47) Der rechte Israelit erkennt in Jesus den König Israels, wie die Schrift ihn verheißen hat (1, 49; 12, 13). »Das Heil kommt von den Juden.« (4, 22) Aber da die Juden den σωτὴρ τοῦ κόσμου abweisen, bleiben sie dem Kosmos verhaftet, verfallen der Finsternis und verlieren das Heil.

*c.* Wie tief die Scheidung ist, die sich durch die Offenbarung und die gegensätzliche Antwort der Menschen vollzieht, wird durch den *johanneischen Dualismus* aufgezeigt. Licht und Finsternis, Wahrheit und Lüge, Tod und Leben, Oben und

Unten stehen einander gegenüber. Dabei sind diese Begriffe nicht wie in der Gnosis als Ausdruck eines metaphysischen Gegensatzes verstanden, nach dem zwischen himmlischer Lichtsubstanz und irdischer Materie unterschieden wird. Sondern hier und jetzt vollzieht sich die Scheidung zwischen Licht und Finsternis, Wahrheit und Lüge, Tod und Leben. Dieser geschichtlich begriffene Dualismus weist Züge auf, wie sie in vergleichbarer Weise auch in der Lehre der Gemeinde von Qumran ausgeprägt sind. Die Söhne des Lichts stehen in einem erbitterten Kampf gegen die Söhne der Finsternis. Licht herrscht in der Heilsgemeinde, die dem Gesetz gehorsam ist. Finsternis aber waltet unter der Herrschaft Belials und der satanischen Mächte, denen alle verfallen sind, die dem göttlichen Willen und Gebot nicht Folge leisten. Der Kampf zwischen Licht und Finsternis aber kann nur so bestanden werden, daß der Mensch umkehrt zum Gesetz des Mose und sich zum uneingeschränkten Gehorsam gegen die Thora verpflichtet. Der Gegensatz, von dem die Gemeinde von Qumran spricht, ist am Verhalten gegenüber dem Gesetz orientiert. Die joh. Theologie aber begreift den Dualismus von der Christologie her. »Das Licht scheint in der Finsternis, aber die Finsternis hat es nicht angenommen.« (1, 5) Christus ist das Licht der Welt (8, 12). Darum ergeht nun der Aufruf: »Solange ihr das Licht habt, glaubt an das Licht, damit ihr Söhne des Lichtes werdet.« (12, 36) In der Antwort des Glaubens oder aber des Unglaubens erweist sich, auf welche Seite die Menschen gehören. Es wird jedoch nicht wie in der Gnosis über die Entstehung von Licht und Finsternis spekuliert, sondern lediglich festgestellt: Die Finsternis ist da, weil das Licht abgewiesen wurde. Die Menschen bedürfen des Lichtes, um leben zu können. Wer in dunkler Nacht umhertappt, wird sich stoßen (11, 10). Wer sich aber dem Licht öffnet, der befindet sich nicht mehr in der Finsternis. Darum ergeht die Aufforderung, jetzt das Licht anzunehmen: »Noch eine kleine Weile ist das Licht unter euch. Wandelt, solange ihr das Licht habt, daß euch die Finsternis nicht überfalle. Wer in der Finsternis wandelt, weiß nicht, wohin er geht.« (12, 35)
Wie der Gegensatz von Licht und Finsternis so bezeichnet auch die Gegenüberstellung von Wahrheit und Lüge, Leben und Tod die Scheidung, die sich angesichts der Offenbarung vollzieht. Durch den Fleisch gewordenen Logos offenbarte Gott seine χάρις und ἀλήθεια (1, 14). Jesus kam in die Welt, ἵνα μαρτυρήσω τῇ ἀληθείᾳ (18, 37). Wer aus der Wahrheit ist, der hört seine Stimme (ebda.) und begreift, daß allein die Wahrheit frei macht (8, 32). Christus sagt die Wahrheit (8, 45), weil er selbst die Wahrheit und das Leben ist (14, 6). Die ζωή wird dabei von der ψυχή als dem physischen Leben unterschieden. Sie allein ist wirkliches Leben, wie Gott es schafft und gibt (5, 21. 26 u. ö.). »Das aber ist das ewige Leben, daß sie dich erkennen, den allein wahrhaftigen Gott, und den du gesandt hast, Jesus Christus.« (17, 3) Im Glauben wird verstanden, daß Jesus gekommen ist, ἵνα ζωὴν καὶ περισσὸν ἔχωσιν (10, 10), daß er die Auferstehung und das Leben ist (11, 25). Wer ihm folgt, der ist aus der Finsternis befreit, der Lüge entnommen und dem Tod entrissen.

## § 32 Die eschatologische Krisis

*Die eschatologische Krisis wird im Johannesevangelium nicht als zukünftiges apokalyptisches Ereignis, sondern als gegenwärtiges Geschehen verstanden. In der Annahme des Wortes Jesu geschieht die Befreiung aus dem Tod zum Leben, das im erkennenden Glauben ergriffen wird.*

R. BULTMANN, Die Eschatologie des Johannesevangeliums, ZZ 6 (1928) 4–22 = Glauben und Verstehen, I, 1933, 134–152 – J. BLANK, Krisis. Untersuchungen zur johanneischen Christologie und Eschatologie, 1964 – P. RICCA, Die Eschatologie des Vierten Evangeliums, 1966 – E. KÄSEMANN, Jesu letzter Wille nach Johannes 17, 1966, [4]1980 – J. HEISE, Bleiben. Menein in den johanneischen Schriften, 1967.

*a.* Nach dem Verständnis des Joh.-Ev. ereignet sich die eschatologische *Krisis* bereits hier und jetzt. Der Vater hat den Sohn nicht gesandt, damit er den Kosmos richte, sondern damit der Kosmos durch ihn gerettet werde (3, 17). Wo er abgewiesen wird, da bleiben Finsternis und Tod; wo er angenommen wird, da sind Licht und Leben. Daher vollzieht sich ihm gegenüber die κρίσις, die als Scheidung und zugleich als Gericht zu verstehen ist. »Ich bin nicht gekommen, daß ich den Kosmos richte, sondern daß ich den Kosmos rette« – sagt der johanneische Christus –; aber »wer mich verachtet und meine Worte nicht annimmt, der hat schon seinen Richter; das Wort, das ich geredet habe, richtet ihn (am Jüngsten Tag).« (12, 47f.) Die Krisis, die gegenüber Jesu Wort eintritt, besteht darin, »daß das Licht in die Welt gekommen ist, und die Menschen haben die Finsternis mehr geliebt; denn ihre Werke waren böse« (3, 19). »Wer an den Sohn glaubt, hat ewiges Leben; wer dem Sohn nicht gehorcht, wird kein Leben sehen, sondern der Zorn Gottes bleibt auf ihm.« (3, 36) Nicht erst im zukünftigen Endgericht, sondern schon jetzt fällt die Entscheidung über ewiges Verderben oder ewiges Leben.
*b.* Dieses Verständnis von Glauben und Unglauben, Leben und Tod kennzeichnet die *johanneische Eschatologie.* »Wer mein Wort hört und dem glaubt, der mich gesandt hat, der kommt nicht in das Gericht, sondern ist hinübergeschritten aus dem Tod in das Leben.« (5, 24; vgl. auch 8, 51) Denn Christus ist die Auferstehung und das Leben. Wer an ihn glaubt, wird leben, auch wenn er stirbt. Und jeder, der lebt und an ihn glaubt, wird in Ewigkeit nicht sterben (11, 25). Was in der urchristlichen Eschatologie als zukünftige Erfüllung erwartet wurde, ist in diesen Sätzen als gegenwärtige Zueignung des Heils beschrieben. Der Sieg über den Tod wird da gewonnen, wo im Glauben Jesus als die Auferstehung und das Leben angenommen wird. An anderen Stellen ist jedoch im überlieferten Text des Joh.-Ev. von der zukünftigen Auferstehung der Toten (5, 28f.) und dem Jüngsten Tag (6, 39.40.44.54; 12, 48) die Rede. Diese Aussagen sind als redaktionelle Glossen zu beurteilen, die dazu dienen sollen, die joh. Eschatologie an die allgemeine urchristliche Erwartung anzugleichen, die sich auf den Jüngsten Tag richtet (BULTMANN). Aber selbst wenn man diese Stellen nicht als sekundär ansehen will, kann doch kein Zweifel darüber bestehen, daß die eschatologischen Aussagen des Joh.-Ev. übereinstimmend die letzte Entscheidung betonen, die in der Annahme oder Ablehnung des Wortes Jesu über Leben oder Tod fällt. Indem der Evangelist hervorhebt, daß die eschatologische Krisis in der Gegenwart geschieht, wird das Problem überwunden, das sich aus der Parusieverzögerung für die urchristliche Eschatologie ergeben hatte (s. S. 60f.). Denn nun gilt das Wort des joh. Christus: »Wer glaubt, der wird nicht gerichtet; wer nicht glaubt, der ist schon gerichtet, weil er nicht geglaubt hat an den Namen des einzigen Sohnes Gottes.« (3, 18)
Die Eschatologie des Joh.-Ev. verzichtet auf die Verwendung apokalyptischer Begriffe und Vorstellungen, mit denen man die Zukunft zu beschreiben suchte. Doch obwohl der Evangelist nicht mit der urchristlichen Eschatologie von der Ankunft des Menschensohns auf den Wolken des Himmels spricht, richtet auch er den Blick in die Zukunft. Mit der urchristlichen Tradition heißt es: »Wer sein Leben in dieser Welt haßt, der wird es bewahren zum ewigen Leben.« (12, 25) Wo

Jesus im Glauben als die Auferstehung und das Leben begriffen ist, da ist das Leben und mit ihm die Zukunft gewonnen. Die Seinen werden mit Jesus beim Vater weilen; denn in seines Vaters Haus sind viele Wohnungen, und er geht hin, ihnen die Stätte zu bereiten (14, 2). »Vater, ich will, daß, wo ich bin, auch die bei mir seien, die du mir gegeben hast, damit sie meine Herrlichkeit sehen, die du mir gegeben hast. Denn du hast mich geliebt vor Grundlegung der Welt.« (17, 24) Die Gemeinschaft mit dem erhöhten Herrn wird Abschluß und Vollendung des gegenwärtigen Geschehens bringen; denn dann wird die Einheit mit ihm nicht mehr durch den Kosmos gestört, die δόξα nicht mehr durch die σάρξ verhüllt sein (KÄSEMANN). Zwar müssen die Christen den physischen Tod erleiden; aber weil sie in Christus ewiges Leben haben, kann der leibliche Tod ihnen dieses Leben, das in Ewigkeit währt, nicht nehmen.

*c.* Die eschatologische Krisis ist also im *Glauben* schon entschieden. Der Täufer war gesandt, ἵνα πάντες πιστεύσωσιν δι' αὐτοῦ (1, 7). Das Zeugnis, das vom Christusgeschehen ausgerichtet wird, findet in der glaubenden Annahme die einzig angemessene Antwort (3, 15f.). Der Glaube, von dem im Joh.-Ev. immer mit dem Verbum πιστεύειν gesprochen wird, ist Glaube an Jesus als den Gesandten Gottes, den Sohn des Vaters. Dieser Inhalt des Glaubens wird wiederholt in ὅτι-Sätzen angegeben. Als Jesus an die Jünger die Frage richtet, ob sie auch fortgehen wollten, antwortet Petrus als Sprecher des Jüngerkreises: »Herr, zu wem sollen wir gehen? Du hast Worte des ewigen Lebens. Und wir haben geglaubt und erkannt, daß du bist der Heilige Gottes.« (6, 68f.) Der Glaube nimmt an Jesu Werken wahr, daß der Vater in ihm ist und er im Vater (10, 38). Er bekennt, »daß du bist der Christus, der Sohn Gottes, der in die Welt kommt« (11, 27). Die Glaubenden »haben wahrhaft erkannt, daß ich von dir ausgegangen bin, und geglaubt, daß du mich gesandt hast« (17, 8).

Der Glaube entsteht aus dem verkündigten und bezeugten Wort, er nimmt Jesu Worte an (5, 47; 12, 48; 17, 8) und erkennt die Wahrheit der μαρτυρία (3, 11.32f.). Der Begriff μαρτυρία/μαρτυρεῖν stammt aus dem Rechtsleben und bezeichnet die Zeugenaussage, die vor Gericht abgegeben wird. In der joh. Theologie ist mit der μαρτυρία das verbindliche Zeugnis für die Wahrheit der Offenbarung Gottes in Christus gemeint. Damit wird nicht ein objektiver Beweis erbracht, dessen zwingender Überzeugungskraft sich niemand entziehen könnte. Vielmehr zielt die μαρτυρία darauf ab, im Glauben angenommen zu werden. Sie hat zum Inhalt, ὅτι ὁ πατήρ με ἀπέσταλκεν (5, 36). Jesus ist gekommen, ἵνα μαρτυρήσω τῇ ἀληθείᾳ (18, 37). Wie Jesus so haben auch seine Zeugen nichts anderes zu tun, als die μαρτυρία auszurichten: περὶ τοῦ φωτός (1, 7), ὅτι οὗτός ἐστιν ὁ υἱὸς τοῦ θεοῦ (1, 34).

Glaube ist nach dem Verständnis der joh. Theologie auf der einen Seite die Antwort, die das zugesprochene Wort annimmt. Der Gegensatz zum Glauben ist der Ungehorsam, der sich versagt (3, 36). Auf der anderen Seite aber ist der Glaube von Gott gewirkt: »Niemand kann zu mir kommen, außer wenn ihn der Vater, der mich gesandt hat, zieht ... Jeder, der vom Vater gehört und gelernt hat, kommt zu mir.« (6, 44f.) Dabei werden das Kommen zu Jesus und das Ziehen des Vaters nicht in synergistischem Sinn miteinander verbunden, als werde das eine durch das andere ergänzt, so daß beides zusammenwirkt. Sondern Gottes Ziehen ereignet sich eben in der Antwort des Glaubens, im Kommen zu Jesus. Der Glaube begreift, daß er nicht auf sich selbst gestellt, sondern auf Gott gegründet ist. Daher gilt: »Wer aus der Wahrheit ist, der hört meine Stimme.« (18, 37) Die Schafe hören auf die Stimme des guten Hirten (10, 3.16.27). Statt vom Hören kann auch vom Sehen die Rede sein; gemeint ist dann gleichfalls der Glaube, der begreift, daß im Handeln Jesu die Herrlichkeit des Gottessohnes aufleuchtet (s. S. 131).

Wiederholt werden πιστεύειν und γινώσκειν als eng zusammengehörige Begriffe genannt: »Wir haben geglaubt und erkannt, daß du bist der Heilige Gottes.« (6, 69) Der Gegensatz zur Gnosis ist auch hier wieder deutlich bezeichnet (s. S. 127). Es wird nicht zwischen niedriger stehenden Pistikern und höher bewerteten Gnostikern unterschieden. Sondern rechter Glaube ist erkennender Glaube. Darin hebt er sich vom Schein-Glauben ab, der sich auf Mirakel gründet (2, 23f.; 7, 31; 10, 42; 11, 45; 12, 11) und den σημεῖα-Charakter der Taten Jesu verkennt. Zwar wird von der Wirklichkeit der Taten Jesu nichts abgestrichen, sondern die Realität seiner Wunder nachdrücklich hervorgehoben; aber die Zeichen deuten auf die eine Wahrheit hin, daß Jesus der Christus ist, den der Vater gesandt hat (s. S. 129f.). Das begreift der Glaube, der am Wort festhält (8, 51; 14, 23; 15, 20; 17, 6). »Wenn ihr in meinem Wort bleibt, ... werdet ihr die Wahrheit erkennen.« (8, 31f.) Die Glaubenden bleiben in Jesus und er in ihnen (15, 4–7; 1. Joh. 2, 6. 27f.; 3, 6. 24 u. ö.). Zwar scheinen diese Wendungen mystischen Klang zu haben, aber sie bezeichnen nicht ein mystisches Verhältnis, sondern die Christuszugehörigkeit der Glaubenden. Im Erkennen ist der Glaube seines Grundes und Inhalts gewiß. Das Erkennen gehört daher für den Evangelisten so eng mit dem Glauben zusammen, daß er mit denselben Worten den Inhalt des Glaubens wie auch des Erkennens angibt: Glauben, daß der Vater Jesus gesandt hat (11, 42; 17, 8. 21), bedeutet: erkennen, daß er ihn gesandt hat (17, 3). Die ἀλήθεια ist Gegenstand des Erkennens (8, 32) wie des Glaubens an den, der die Wahrheit ist (14, 6). Der Kosmos aber versteht das nicht. Er urteilt κατὰ τὴν σάρκα (8, 15) und orientiert sich so allein an den innerweltlichen Möglichkeiten. Ihm bleibt es daher unbegreiflich, daß es eine neue Geburt geben könnte. Kann denn ein Mensch wieder in den Mutterleib zurückkehren und noch einmal geboren werden? (3, 4) Der Welt muß es schlechthin unverständlich erscheinen, daß in Jesu Wort Leben und Heil angeboten werden als Gottes neue Schöpfung. Aber weil sie sich dem Zeugnis verschließt, wird sie der Sünde überführt und ist das Urteil des Gerichts über sie ergangen (16, 8).

## § 33 Der Geist der Wahrheit

*Durch den Geist der Wahrheit, wie er in den johanneischen Abschiedsreden verheißen ist, handelt der gegenwärtige Christus an seiner Gemeinde. Sein vollmächtiges Zeugnis weckt Glauben, führt aber auch das Gericht über den Unglauben herbei. Gott wird im Geist und in der Wahrheit von Jesu Jüngern angebetet, die an Jesu Wort bleiben und einander in der Liebe dienen.*

G. Bornkamm, Der Paraklet im Johannesevangelium, in: Festschrift R. Bultmann, 1949, 12–35, Neufassung in: Geschichte und Glaube I, Ges. Aufsätze III, 1968, 68–89 – E. Schweizer, Der Kirchenbegriff im Evangelium und den Briefen des Johannes, Studia Evangelica I, 1959, 363–381 = Neotestamentica, 1963, 254-271 – E. Lohse, Wort und Sakrament im Johannesevangelium, NTS 7 (1960/61) 110–125 = Die Einheit des NT, 1973, 193–208 – O. Betz, Der Paraklet, 1963 – R. E. Brown, The Paraclete in the Fourth Gospel, NTS 13 (1966/67) 113–132 – ders., The ‹Paraclete› in the Light of Modern Research, Studia Evangelica IV, 1968, 158–165 – U. B. Müller, Die Parakletenvorstellung im Johannesevangelium, ZThK 71 (1974) 31–77.

*a.* Jesus verheißt seinen Jüngern den *Geist*. Diese Verheißung kann in den joh. Abschiedsreden auch so ausgedrückt werden, daß vom Wiedersehen Jesu mit den

Jüngern (14, 19; 16, 16. 19. 22 u. ö.) und vom Kommen Jesu zu ihnen (14, 3. 18. 23. 28 u. ö.) die Rede ist. Dabei wird nicht mehr in den Bildern und Vorstellungen der apokalyptischen Parusieerwartung gesprochen, sondern das Kommen Jesu wird verwirklicht im Kommen des Geistes, der als der (andere) Paraklet verheißen wird: »Und ich werde den Vater bitten, und er wird euch einen anderen Parakleten (1. Joh. 2, 1 wird der Erhöhte als Paraklet bezeichnet, d. h. er ist der erste Paraklet) geben, daß er bei euch sei in Ewigkeit: den Geist der Wahrheit, den die Welt nicht empfangen kann, weil sie ihn nicht sieht und nicht erkennt.« (14, 16f.) »Der Paraklet aber, der heilige Geist, den der Vater in meinem Namen senden wird, der wird euch über alles unterweisen und euch an alles erinnern, was ich euch gesagt habe.« (14, 26) »Wenn der Paraklet kommt, den ich euch senden werde vom Vater, der Geist der Wahrheit, der vom Vater ausgeht, der wird von mir zeugen.« (15, 26) »Es ist euch gut, daß ich fortgehe. Denn wenn ich nicht fortgehe, so kommt der Paraklet nicht zu euch. Wenn ich aber hingehe, werde ich ihn zu euch schicken.« (16, 7) »Wenn aber jener kommen wird, der Geist der Wahrheit, wird er euch in alle Wahrheit leiten. Denn er wird nicht von sich selbst reden, sondern was er hört, das wird er reden, und was da kommt, wird er euch verkündigen.« (16, 13)

In diesen Parakletsprüchen wird ein einheitliches Bild gezeichnet. Der Paraklet kommt als Beistand zu den Jüngern. Damit wird urchristliche Überlieferung von der Zusage Jesu aufgenommen, daß der Geist den Jüngern beistehen wird. Wenn sie in der Verfolgung vor Gericht gestellt werden, dann wird ihnen der Geist eingeben, was sie sagen sollen (Mk. 13, 11 Par.). Diese Zusage an die Jünger Jesu ist im Joh.-Ev. unter Aufnahme von Vorstellungen, die das Judentum über den Geist entwickelt hatte, neu formuliert worden. Dabei sind vor allem die Bezeichnung des Geistes als Fürsprecher und der Gedanke von Bedeutung, den die Gemeinde von Qumran vom Geist der Wahrheit als eschatologischem Beistand der Gemeinde ausgebildet hatte. In den Parakletsprüchen sind diese Motive mit dem urchristlichen Verständnis des Geistes verbunden und zu einem geschlossenen Bild zusammengefügt worden. Wenn vom Paraklet als dem Beistand der Gläubigen in dieser Welt die Rede ist, so wird dabei von ihm weithin dasselbe ausgesagt wie von Jesus. Wie Jesus vom Vater gesandt ist (s. S. 129f.), so wird auch der Paraklet vom Vater gesandt (14, 16. 26; 15, 26). Wie Jesus vom Himmel herabkam und in sein Eigentum eintrat (1, 11 u. ö.), so kommt der Geist zu den Jüngern (15, 26; 16, 7. 12). Wie Jesus nicht aus dem Kosmos kam und von ihm nicht erkannt wurde (1, 10 u. ö.), so kann der Kosmos auch den Parakleten nicht begreifen (14, 17). Wie Jesus nicht von sich selbst redet und seine Lehre nicht die seine, sondern von Gott ist (7, 16f.; 12, 49; 14, 24), so redet auch der Paraklet nicht von sich selbst (16, 13). Wie Jesus die Wahrheit ist (14, 6) und für die Wahrheit Zeugnis ablegt (18, 37), so lehrt der Paraklet die Wahrheit und führt in die Wahrheit (14, 26; 16, 13). Und wie Jesus Zeugnis ablegt für sich (8, 14) und die Welt der Sünde überführt (3, 20; 7, 7 u. ö.), so legt auch der Geist Zeugnis ab gegen die Welt und überführt sie der Sünde (15, 26; 16, 8).

Der Paraklet erfüllt also weithin dieselben Funktionen, die Jesus ausübte. Er lehrt (14, 26), er leitet in alle Wahrheit (16, 13), er ist Prophet (16, 13: »Was da kommt, wird er euch verkündigen«), er richtet (16, 8–11). Das heißt: Nach Jesu Fortgang setzt der Geist Jesu Wirken fort, so daß er die Gemeinde lehrt und die Welt vor die eschatologische Krisis stellt. Dieses Leiten durch den Geist ist aber nicht so zu verstehen, als würde zu neuer Wahrheit und neuen Inhalten geführt. Sondern der Geist weist in alle Wahrheit, indem er immer tiefer verstehen lehrt, daß Jesus

Weg, Wahrheit und Leben ist (14, 6). Der Paraklet ist also in streng christologischem Bezug verstanden. Er ist geradezu der Christus praesens, der in seinem wirkungsmächtigen Wort gegenwärtige Herr.

*b.* Das *neue Leben* der Glaubenden ist begründet durch den Geist, der als Gottes eschatologisches Handeln erfahren wird. Die Geburt aus dem Geist geschieht nicht als eine Wiederholung der natürlichen Geburt, sondern als Gottes Tat, die ebenso unverfügbar ist wie der Wind: »Der Wind weht, wo er will (der Evangelist geht dabei von der Bedeutung πνεῦμα = Geist zu der anderen = Wind über) und du hörst sein Sausen; aber du weißt nicht, woher er kommt und wohin er geht. So ist es mit jedem, der aus dem Geist geboren ist.« (3, 8) Im 1. Joh. wird wiederholt ausgeführt, daß der Geist, dessen Gabe auch als χρῖσμα bezeichnet werden kann (2, 20. 27), das neue Leben eröffnet: »Daran erkennen wir, daß er in uns bleibt, an dem Geist, den er uns gegeben hat.« (3, 24; s. auch 4, 13)

Daß das neue Leben durch den Geist begründet und getragen ist, wird durch die Präposition ἐκ angezeigt, die das Woher des jeweiligen Bestimmt-Seins angibt. Der aus dem πνεῦμα Geborene (3, 8 u. ö.) ist nicht mehr ἐκ τοῦ κόσμου (8, 23; 1. Joh. 2, 16; 4, 5). Zwar lebt er noch in der Welt und muß daher auch Haß und Verfolgung erdulden, aber er ist nicht mehr vom Kosmos, sondern vom Geist bestimmt. Die Glaubenden haben teil am Sieg Christi über den Kosmos (1. Joh. 5, 4): »Im Kosmos habt ihr θλῖψις; aber seid getrost, ich habe den Kosmos besiegt.« (16, 33) Diesen Sieg hat Jesus errungen, weil er den höchsten Erweis seiner Liebe durch die Hingabe seines Lebens erbrachte: »Niemand hat größere Liebe als die, daß er sein Leben für seine Freunde einsetzt.« (15, 13) Aus dem Zusammenhang geht hervor, daß die Jünger die Freunde sind, für die Jesus sein Leben gibt: »Ihr seid meine Freunde.« (15, 14)

In der Liebe bleiben die Jünger mit Jesus verbunden. Darum wird ihnen das Gebot eingeprägt: »Ein neues Gebot gebe ich euch, daß ihr einander liebet, wie ich euch geliebt habe, daß so auch ihr einander liebet. Daran wird jedermann erkennen, daß ihr meine Jünger seid, wenn ihr Liebe untereinander habt.« (13, 34) Neu wird das Gebot genannt, weil es das neue Leben der Glaubenden auszeichnet. Auf der anderen Seite aber gilt es immer schon und kann daher 1. Joh. 2, 7 nicht das neue, sondern das alte Gebot heißen. Bleiben in der Gemeinschaft mit Jesus und dem Vater ist allein in der Liebe möglich. (15, 9f.) Der Wandel im Licht vollzieht sich daher in der Liebe zu den Brüdern. »Geliebte, wenn uns Gott so geliebt hat, müssen auch wir einander lieben.« (1. Joh. 4, 11) »Wir lieben; denn Gott hat uns zuerst geliebt.« (1. Joh. 4, 19) Wenn ἀγαπᾶν absolut gebraucht wird, ist zugleich die Liebe zu Gott und zu den Brüdern gemeint, die untrennbar zusammengehören. Wo Liebe ist, da zeigt sich, daß wir im neuen Leben stehen (1. Joh. 3, 14). Wer aber behauptet, Gott zu lieben, während er doch seinen Bruder haßt, der ist ein Lügner (1. Joh. 4, 20).

*c.* Der Geist leitet die *Gemeinde*. Im Evangelium und dem 1. Joh. ist weder von der ἐκκλησία die Rede – das Wort findet sich nur 3. Joh. 6. 9. f. von einer Ortsgemeinde – noch von Ämtern und Amtsträgern. Es fehlen auch die übrigen urchristlichen Prädikate, die die Gemeinde als die Heiligen, als das wahre Gottesvolk usw. auszeichnen (s. S. 62). Die, die zu Jesus gehören, werden seine μαθηταί genannt (13, 35; 15, 8 u. ö.), sie sind seine φίλοι (15, 13–15), sie sind mit ihm verbunden wie die Reben mit dem Weinstock (15, 1–17). Diese Verbundenheit mit Jesus gründet allein darin, daß die Jünger an ihm und in ihm bleiben, indem sie sein Wort festhalten. Wer aus der Wahrheit ist, der hört Jesu Stimme – wie die Schafe der Stimme des guten Hirten folgen. Die Gemeinschaft der Jünger

Jesu wird nicht durch Organisation oder Verfassung hergestellt, sondern sie erwächst allein daraus, daß die Glaubenden in dem Vater und dem Sohn sind und dadurch an der Einheit, wie sie zwischen Vater und Sohn besteht, teilhaben, ἵνα πάντες ἓν ὦσιν (17, 21), ἵνα ὦσιν ἓν καθὼς ἡμεῖς ἕν (17, 22). Die Schar der Jünger Jesu ist nicht mehr auf Israel begrenzt, sondern aus allen Völkern zusammengerufen. Seine Gemeinde wird ausgestattet mit der Vollmacht des Geistes, die ihr der Auferstandene verliehen hat (20, 22f.). Diese Vollmacht wird nicht an eine Institution gebunden, sondern ist wirksam durch das vom Geist bezeugte Wort Jesu.

*d.* Der rechte *Gottesdienst* der Gemeinde wird vom Geist getragen. Die alte Frage, an welcher Stätte Gott angebetet werden soll – ob auf dem Garizim, wie es die Samaritaner taten, oder in Jerusalem, wie es die Juden als allein dem Gesetz entsprechend ansahen –, wird aufgehoben, wo Gott im Geist und in der Wahrheit angebetet wird (4, 23). »Denn Gott ist Geist, und die ihn anbeten, die müssen ihn im Geist und in der Wahrheit anbeten.« (4, 24) Wo in dieser Weise zu Gott gebetet wird, da ist das Gebet der Erhörung gewiß. »Wenn ihr in mir bleibt und meine Worte in euch bleiben, werdet ihr bitten, was ihr wollt, und es wird euch widerfahren.« (15, 7; s. ferner 14, 13f.; 15, 16; 16, 23f. 26) Dabei ist freilich nicht daran gedacht, daß wie in märchenhaften Erzählungen jeder nur denkbare Wunsch erfüllt wird. Sondern gemeint ist, daß das im Namen Jesu gesprochene Gebet bereits in sich selbst die Verwirklichung trägt, weil die Glaubenden, die so beten, in der Gemeinschaft mit Christus stehen. Somit ist das der Erhörung gewisse Gebet Ausdruck des Glaubens, der im Vertrauen zu seinem Herrn von Angst und Sorge befreit ist.

Da die vom Evangelisten bezeugte Botschaft auf die μαρτυρία ausgerichtet ist, die Glauben herausfordert und weckt, treten die gottesdienstlichen Handlungen von Taufe und Abendmahl ganz hinter dem Wort zurück. Im Gespräch zwischen Jesus und Nikodemus heißt es von der neuen Geburt, die aus dem Geist geschieht: »Amen, Amen, ich sage dir: Wer nicht aus Wasser und Geist geboren wird, der kann nicht in die Gottesherrschaft eingehen.« (3, 5) Die traditionelle Redeweise vom Eingehen in die Gottesherrschaft, die sonst im Joh.-Ev. nicht vorkommt, ist hier mit der neuen Geburt verbunden. Wenn dabei neben dem Geist auch das Wasser genannt wird, so ist darin mit hoher Wahrscheinlichkeit die Hand der kirchlichen Redaktion zu erkennen, die die Geburt aus dem Geist mit der Taufe verknüpft (s. E 109). In die Rede von Jesus als dem Lebensbrot ist ein Abschnitt eingefügt, der einen Zusammenhang mit dem Abendmahl als der Feier herstellt, in der die Gabe dieses Brotes empfangen wird (6, 51 b-58). Zwar ist umstritten, ob diese Verse auf den Evangelisten zurückgeführt werden können. Aber der Bruch im Gedankengang ist unverkennbar. Zunächst heißt es, daß das Brot des Lebens im Glauben an den Gesandten Gottes zuteil wird (6, 29). Wer zu ihm kommt, d.h. an ihn glaubt, der wird die Wahrheit erfahren, daß er das Lebensbrot ist, das allen Hunger stillt (6, 35). Wer glaubt, der hat ewiges Leben (6, 47). Dann aber ist von V. 51b an nicht mehr davon die Rede, daß Jesus das Lebensbrot ist, das im Glauben angenommen wird, sondern wird gesagt: »Das Brot, das ich geben werde, ist mein Fleisch, das für den Kosmos gegeben wird.« Der anschließende Abschnitt verwendet die Terminologie urchristlicher Abendmahlsüberlieferung und gibt dadurch der Rede vom Lebensbrot eine sakramentale Wendung, durch die eine Angleichung an die gemeinchristliche Lehre vom Abendmahl vorgenommen wird. So redet ein späterer Redaktor, nicht aber der Evangelist.

Zwar erwähnt der Evangelist mit der Tradition, daß Johannes taufte (1, 19–34; 3, 23 u. ö.); ihm kommt es aber allein auf die Hervorhebung der μαρτυρία des Johannes an. Auch kennt er die Überlieferung vom letzten Mahl Jesu mit seinen Jüngern; er spricht jedoch in diesem Zusammenhang nicht von der Einsetzung des Abendmahls, sondern vom beispielhaften Liebesdienst Jesu in der Fußwaschung (13, 1–30). Alles, was von Jesus berichtet wird, wird unter das Leitmotiv gerückt: Zeugnis von der offenbarten Herrlichkeit zu geben, um zur glaubenden Annahme einzuladen (10, 37 f.). Infolge dieser Konzentration auf das Wort, in dem die Begegnung mit Jesus als dem Gesandten Gottes geschieht, ist im vierten Evangelium von den Sakramenten nicht die Rede. Wer Jesu Wort hört und dem glaubt, der ihn gesandt hat, der hat ewiges, d.h. wirkliches Leben (5, 24; s. ferner 6, 63; 15, 3 u. ö.).

## § 34 Die johanneischen Briefe und ihr Verhältnis zum Johannesevangelium

*Die johanneischen Briefe verteidigen das Christusbekenntnis gegen eine doketische Christologie und prägen die Mahnung zur Bruderliebe ein. Im Unterschied zum vierten Evangelium beziehen sie sich stärker auf die gemeinchristliche Lehre, indem sie ihre Botschaft mit der Berufung auf die Überlieferung begründen und in engerer Anlehnung an geläufige kirchliche Redeweise formulieren.*

C. H. Dodd, The First Epistle of John and the Fourth Gospel, BJRL 21 (1937) 129–156 – E Käsemann, Ketzer und Zeuge, ZThK 48 (1951) 292–311 = EVB I, 168–187 – H. Conzelmann, Was von Anfang war, in: Neutestamentliche Studien für R. Bultmann, 1954, ²1957, 194–201 = Theologie als Schriftauslegung, 1974, 207–214 – G. Klein, »Das wahre Licht scheint schon.« Beobachtungen zur Zeit- und Geschichtserfahrung einer urchristlichen Schule, ZThK 68 (1971) 261–326.

*a.* Die Frage, ob die drei Joh.-Briefe auf einen oder mehrere *Verfasser* zurückzuführen sind, kann nicht sicher beantwortet werden (s. E 121). Auf der einen Seite sind die Briefe durch die Thematik vom rechten Bekenntnis und der daraus folgenden Verpflichtung zur Bruderliebe untereinander verbunden. Auf der anderen Seite werden in II und III verschiedene Begriffe verwendet, die in I nicht vorkommen. Da jedoch der kurze Umfang von II und III keine ausreichende Basis bietet, um auf stilistische Beobachtungen ein sicheres Urteil gründen zu können, wird man nicht mehr sagen können, als daß II und III aus derselben theologischen Schule hervorgegangen sind wie I. Bei aller sachlichen Verwandtschaft, in der die Joh.-Briefe zum Joh.-Ev. stehen, hebt sich doch ihr theologischer Standort von dem des Evangelisten deutlich ab.

*b.* Der *1. Joh.* verfolgt *zwei Themen*, denen er sich im Wechsel der Gedankenführung immer wieder zuwendet: den Wandel im Licht, der sich in der *Bruderliebe* vollzieht, und die *Abwehr der Irrlehre* im Festhalten am christologischen Bekenntnis. Um doketische Ansichten zurückzuweisen, beruft sich der Verf. auf überkommene Bekenntnisformulierungen und verleiht ihnen eine scharfe antidoketische Spitze: Jesus Christus ist im Fleisch gekommen (4, 2). Heißt es, er sei durch Wasser und Blut gekommen (5, 6), so wird auf Jesu Taufe und Kreuz hingewiesen, um die Realität der Inkarnation zu unterstreichen. Die Auseinandersetzung mit den Häretikern ist so schwierig, weil sie aus der Gemeinde hervorgegangen sind. Die Scheidung zwischen dem πνεῦμα τῆς ἀληθείας und dem πνεῦμα τῆς πλάνης muß jedoch vollzogen werden (4, 6). Denn mit der falschen Christologie hängt eine falsche Ethik zusammen. Weil die Gnostiker die Leiblichkeit nicht ernst nehmen, mißdeuten sie nicht nur die Lehre von der Fleischwerdung Christi, sondern verachten sie auch die Bruderliebe. Sie meinen, über die ἁμαρτία erhaben zu sein (1, 8. 10), und halten die Gebote nicht (2, 3f.; 5, 2f.). Gleichgültigkeit gegenüber den Brüdern (2, 9–11; 3, 10. 14; 4, 8. 20; 5, 2) aber bedeutet geradezu Brudermord, wie das Beispiel von Kain und Abel zeigt (3, 12). Glaube und Tat müssen eine Einheit bilden, die nicht aufgelöst werden darf. Denn am Vollzug der Bruderliebe erweist sich, daß wir vom Tod zum Leben hinübergeschritten sind (3, 14).

Im 1. Joh. kann es einerseits heißen, der Glaubende sündige nicht (3, 9; 5, 18). Andererseits aber wird gesagt: »Wenn wir behaupten, daß wir keine Sünde haben, so betrügen wir uns selbst, und die Wahrheit ist nicht in uns.« (1, 8) Damit wird ein paradoxer Sachverhalt bezeichnet: Wir sündigen nicht und sündigen doch. Eine Entsprechung zur reformatorischen Lehre vom Christen als »simul iustus et peccator« (LUTHER) läßt sich nicht in der paulinischen Theologie – zu vergleichen wäre am ehesten das Verhältnis von Indikativ und Imperativ bei Paulus (s. S. 98f.) –, wohl aber im 1. Joh. aufweisen. Weil die Glaubenden von der Sünde frei geworden sind, darum werden sie zum Wandel im Licht und zur Bewährung des Glaubens in der Liebe gerufen. Darin wird der Sieg des Glaubens über den Kosmos sichtbar, daß wir die Gebote Gottes halten (5, 1–4). Und seine Gebote sind nicht schwer (5, 3) – weil der Glaube am Sieg Christi über die Welt teilhat.

*c.* Wie verhält sich die *Theologie des 1. Joh. zu der des Joh.-Ev.?* Die starken Gemeinsamkeiten, die den Brief (bzw. die Briefe) und das Joh.-Ev. miteinander verbinden, sind schon an der hier wie dort verwendeten Terminologie, vor allem aber an den inhaltlichen Aussagen deutlich abzulesen. Das Christuszeugnis wird unter besonderer Betonung der Inkarnation entfaltet und gegen gnostische Vorstellungen abgehoben. Das Leben der Glaubenden, die am Sieg Christi über den Kosmos teilhaben, vollzieht sich als Wandel im Licht. Das Gebot der Bruderliebe wird immer wieder als das eine Gebot Gottes betont, das unbedingt zu befolgen ist. Die Jünger sind von vollkommener Freude erfüllt, die neue Geburt hat den Grund ihres Lebens gelegt. Diese weitgehenden Übereinstimmungen zwischen dem Joh.-Ev. und den Joh.-Briefen könnten die Annahme nahelegen, daß sie auf denselben Verfasser zurückzuführen seien.

Bei genauerem Zusehen zeigen sich jedoch auch einige nicht unerhebliche Unterschiede zwischen den Joh.-Briefen und dem Joh.-Ev. (s. E 119). Im Prooemium des Briefes, der eher einem Traktat gleicht, heißt es: »Was von Anfang war, was wir gehört, was wir gesehen haben mit unseren Augen, was wir geschaut und unsere Hände betastet haben, vom Wort des Lebens . . . was wir gesehen und gehört haben, verkündigen wir auch euch.« (1, 1. 3) Hier wird nicht wie zu Beginn des Joh.-Ev. gesagt: »Im Anfang war der Logos.« (Joh. 1, 1; s. S. 131 f.) Wenn vielmehr von dem, was am Anfang war, die Rede ist, so wird damit nicht der Anfang vor aller Zeit, sondern der Beginn christlicher Tradition bezeichnet. Die Zeugen, welche die legitime kirchliche Lehre überliefert haben, bürgen dafür, daß durch die sachgerechte Weitergabe das Wort des Lebens unverfälscht die Hörer erreicht.

In der Entfaltung seiner Lehre knüpft der Verfasser des 1. Joh. in weit größerem Umfang als der vierte Evangelist an die gemeinchristliche Verkündigung an (DODD): 1. Im 1. Joh. wird mit Ausdrücken der geläufigen eschatologischen Erwartung von der παρουσία (2, 28; 3, 2) und der ἡμέρα τῆς κρίσεως (4, 17) gesprochen. Diese Begriffe sind nicht auf eine spätere Redaktion (gegen BULTMANN, s. E 117), sondern auf den Verfasser des 1. Joh. selbst zurückzuführen. Der vierte

Evangelist aber legt den Ton ganz auf die Gegenwart, in der sich die eschatologische Krisis vollzieht (3, 18; 5, 24 u. ö.; s. S. 136). 2. Im 1. Joh. wird wiederholt vom stellvertretenden Tod Christi und der dadurch bewirkten Versöhnung und Sühne gesprochen (1, 7. 9; 2, 2; 4, 10; 5, 7f.): Christi Blut reinigt uns von aller Sünde. Diese Sätze sind gleichfalls nicht einem Redaktor des 1. Joh., sondern dem Verfasser selbst zuzuweisen. Im Joh.-Ev. dagegen wird erst vom Redaktor unterstrichen, daß aus der Seitenwunde Christi Blut und Wasser hervortraten und die Sakramente von Taufe (3, 5) und Abendmahl (6, 51b–58) in Christi Tod gestiftet sind (19, 34b. 35; s. S. 141). 3. Auch die Aussagen des 1. Joh. über den Geist halten sich im Rahmen der gemeinchristlichen Vorstellungen. Der Gedanke des Parakleten, der als der Geist der Wahrheit den Jüngern gegeben werden soll, ist dagegen nicht vorhanden. 4. Während nach dem Joh.-Ev. die Gegenwart durch den Gegensatz von Licht und Finsternis bestimmt ist (1, 4f.; 3, 19–21; 12, 35. 46), Christus das Licht der Welt genannt wird und die Glaubenden aus der Finsternis in das Licht getreten sind (8, 12), sind im 1. Joh. Licht und Finsternis in einem zeitlichen Nacheinander gesehen: »Die Finsternis vergeht, und das wahre Licht scheint schon.« (2,8) Die christologische Aussage (Joh. 8, 12) ist zu einer Aussage über Gott abgewandelt: ὁ θεὸς φῶς ἐστιν καὶ σκοτία ἐν αὐτῷ οὐκ ἔστιν οὐδεμία (1. Joh. 1, 5). Der 1. Joh. setzt also das Joh.-Ev. voraus und formt dessen Theologie um, weil mit der eschatologischen Qualifikation der Gegenwart, wie sie im Joh.-Ev. entfaltet ist, das Problem des Ablaufs der Zeit noch nicht hinreichend bewältigt war (Klein). Da der 1. Joh. im Unterschied zum vierten Evangelium die Bedeutung der Tradition für Leben und Handeln der Kirche so stark betont, läßt sich ihr gegenseitiges Verhältnis durchaus mit dem der Pastoralbriefe zu den authentischen Paulusbriefen vergleichen, so daß man den 1. Joh. – und mit ihm auch II und III – geradezu als joh. Pastoralbrief bezeichnen könnte (Conzelmann).

Die Feststellung der nicht unerheblichen Unterschiede, die zwischen der Theologie des 1. Joh. und des Joh.-Ev. zu beobachten sind, führt somit zu dem Urteil, daß die joh. Briefe aus einer johanneischen Schule hervorgegangen sind, die durch die Theologie des vierten Evangelisten geprägt ist. Die überkommene Lehre sucht man in der veränderten Situation zu Anfang des 2. Jahrh. neu auszusagen und bindet daher die Kirche an das christologische Bekenntnis und den Auftrag zur Bruderliebe.

# VI. Die apostolische Lehre der Kirche

L. Goppelt, Die apostolische und nachapostolische Zeit, 1962, ²1966 – H. Conzelmann, Geschichte des Urchristentums, 1969, ⁴1978 – H. Köster – J. M. Robinson, Entwicklungslinien durch die Welt des frühen Christentums, 1971.

Vorbemerkung:

Bezeichnet man das ausgehende Urchristentum als die nachapostolische Zeit (Goppelt), so beurteilt man die Vielfalt der Erscheinungen und Probleme mit Hilfe eines dogmatischen Begriffs, der den geschichtlichen Vorgängen nicht wirklich gerecht wird (s. S. 147). Redet man von einer Entwicklung – der Entwicklung zur alten Kirche (Bultmann) bzw. der Entwicklung nach Paulus (Conzelmann) –, so sucht man die verschiedenen theologischen Äußerungen entweder daraufhin zu befragen, zu welchen Ergebnissen sie schließlich führten, oder neigt dazu, sie an einem normativen Ursprung zu messen, von dem sie sich entfernt haben. Um Theologie und Lehre, wie sie in der Kirche gegen Ende des 1. Jahrh. entfaltet wurden, nicht von vornherein einem wertenden Urteil zu unterwerfen, empfiehlt es sich, eine möglichst weit gefaßte Überschrift zu wählen. Dabei sollte weder von apostolischer noch von nachapostolischer Zeit die Rede sein, sondern ist von der apostolischen Lehre der Kirche zu sprechen, in der die ursprüngliche Überlieferung bewahrt und weitergeführt werden soll. Dieses Verständnis, das die Kirche von ihrem Ort und Auftrag entwickelte, muß der Theologie des Apostels Paulus gegenübergestellt werden. Denn tatsächlich ist die paulinische Theologie von so grundlegender Bedeutung gewesen, daß zu Ende des 1. Jahrh. die Frage nach der Heilsbedeutung oder dem Ende des Gesetzes nicht mehr erörtert wurde. Weil Paulus dieses Problem überzeugend gelöst hatte, war fortan nicht mehr strittig, daß Menschen aller Völker allein durch den Glauben an Christus, nicht aber durch Erfüllung gesetzlicher Forderungen Glieder der Kirche werden. Die Weiterführung der paulinischen Theologie hat in den deuteropaulinischen Briefen deutliche Ausprägung erfahren. Sie ist aber auch in anderen Schriften zu erkennen, obgleich kein unmittelbarer Bezug auf Paulus genommen wird: sowohl im 1. Petr. als auch in der Apk., die an Gemeinden des früheren paulinischen Missionsgebiets gerichtet sind; darüber hinaus aber auch im Jak., der sich seinerseits gegen schlagwortartige Sätze wendet, die ursprünglich auf paulinische Begriffe zurückgehen, sowie im Hebr., der auf den Mitarbeiterkreis des Paulus ausdrücklich hinweist (13, 23). Obwohl die Nachwirkungen der paulinischen Theologie an vielen Stellen erkennbar sind, ist doch mit dem Ende der Gesetzesproblematik die Theologie der Rechtfertigung in den Hintergrund getreten und dann nur noch selten erwähnt worden.

## § 35 Das apostolische Erbe

*In der veränderten Situation zu Ende des 1. Jahrh. suchten die Gemeinden ihren Standort zu bestimmen, indem sie den Anfang der Kirche als Zeit der Apostel bezeichneten, deren Erbe der Kirche anvertraut ist. Den geschichtlichen Abstand, dessen man sich bewußt wird, überbrückt die apostolische Überlieferung, die die Vergangenheit mit der Gegenwart verbindet und in lehrhaften Sätzen die gültige Weisung für die Kirche aussagt.*

W. Marxsen, Der ‹Frühkatholizismus› im NT, 1958 – G. Klein, Die zwölf Apostel, 1961 – H. Küng, Der Frühkatholizismus als kontroverstheologisches Problem, ThQ 142 (1962) 385–424 = Kirche im Konzil, 1964, 125–145 = E. Käsemann (ed.), Das NT als Kanon, 1970, 175–204 – E. Käsemann, Paulus und der Frühkatholizismus, ZThK 60 (1963) 75–89 = EVB II, 239–252 – U. Luz, Erwägungen zur Entstehung des ‹Frühkatholizismus›. Eine Skizze, ZNW 65 (1974) 88–111 – S. Schulz, Die Mitte der Schrift, 1976 – F. Hahn, Das Problem des Frühkatholizismus, EvTh 38 (1978) 340–357 – A. Lindemann, Paulus im ältesten Christentum, 1979.

*a.* Der Kirche, die auf dem Grund der Apostel und Propheten erbaut wurde (Eph. 2, 20), ist das *apostolische* Erbe anvertraut. Die Namen der zwölf Apostel stehen auf den zwölf Grundsteinen der Mauer des himmlischen Jerusalem geschrieben (Apk. 21, 14). Diener der Kirche ist nach göttlichem Heilsplan der Apostel (Kol. 1, 24f.), der zugleich Diener des Evangeliums ist (Kol. 1, 23). Während Paulus den Auftrag seines apostolischen Dienstes vom Evangelium her begriff, das er zu verkündigen hat (Röm. 1, 1–5), ist für die Kirche der nachpaulinischen Zeit das apostolische Amt der Garant dafür, daß von ihm das rechte Evangelium herkommt, das der Kirche anvertraut ist. Sie hat es – wie die Pastoralbriefe einprägen – als die παραθήκη (1. Tim. 6, 20; 2. Tim. 1, 12. 14; 2, 2), deren Inhalt die ὑγιαίνουσα διδασκαλία (1. Tim. 1, 10; 2. Tim. 4, 3; Tit. 1, 9; 2, 1) ist, sorgsam zu wahren und weiterzugeben. Hält sie sich an den ihr verkündigten Ratschluß Gottes und haben die Amtsträger acht auf das Volk Gottes, so wird die Kirche den Versuchungen und Gefährdungen widerstehen können, die ihr durch Irrlehrer und reißende Wölfe drohen, die die Herde nicht schonen werden (Apg. 20, 27–30).
Obwohl Paulus der einzige Apostel war, von dessen Lehre man auf Grund seiner Briefe genauere Kenntnis besaß, wurde die apostolische Norm vom Bild der zwölf Apostel bestimmt. Von diesem Verständnis ist der lukanische Apostelbegriff geprägt, von dem Paulus – abgesehen von Apg. 14, 4. 14 – ausgeschlossen bleibt. So bildet sich die Anschauung, daß am Anfang der Kirche die zwölf Apostel stehen, die als die Vertrauten Jesu die Christusbotschaft ausgerichtet und der Kirche weitergegeben haben. Dabei geht man aber nicht von einem tatsächlichen Ablauf der Geschichte, sondern von einer Idee aus, die dazu dienen soll, daß die Kirche ihrem Ursprung und Auftrag getreu leben und handeln kann.
Die apostolische Überlieferung suchte man in fest formulierte Sätze zu fassen, um mit ihrer Hilfe entscheiden zu können, was die Kirche zu glauben und zu lehren hat. Die Ausbildung der apostolischen Norm führte dazu, daß man Apostelbriefe sammelte und da, wo Fragen der Gemeinden beantwortet werden mußten, im Sinne des bzw. der Apostel Lösungen zu finden suchte. Weil die apostolische Lehre als Richtschnur für die Kirche angesehen wurde, konnten neu entstehende Schriften nur unter dem Namen eines Apostels oder eines angesehenen Lehrers der ersten Christenheit Anerkennung finden. Daher wurden die Deuteropaulinen als Schreiben des Apostels Paulus, die Petrusbriefe als Vermächtnis des Felsenapostels und der Jakobusbrief als Ermahnungen des Herrenbruders vorgestellt.

*b.* Umstritten ist die Frage, ob diese Orientierung der Kirche, die sie am apostolischen Erbe zu gewinnen suchte, als Ausdruck eines sich ausbildenden *Frühkatholizismus* zu beurteilen ist. In der älteren Forschung wandte man den Begriff des Frühkatholizismus nur auf die Zeit an, die sich an die Entstehung der nt.lichen Schriften anschloß. In Abwehr gnostischer Lehren bildete sich die frühkatholische Kirche aus, die sich eine Verfassung gab, das Amt zum Garanten der rechten Lehre machte, die Glaubensregel festlegte und apostolische Schriften im Kanon zusammenzustellen begann. Der Frühkatholizismus wurde somit deutlich vom Urchristentum unterschieden. Dieses Urteil wird auch heute von manchen Exegeten geteilt: die Grenze zwischen dem nt.lichen und dem zeitlich anschließenden Schrifttum decke sich im wesentlichen mit der Grenze zwischen apostolisch und frühkatholisch (GOPPELT).

In der neueren Diskussion ist der Begriff des Frühkatholizismus jedoch auch zur Differenzierung innerhalb des nt.lichen Schrifttums verwendet worden (KÄSEMANN). Als die Naherwartung der ersten Christenheit zurücktrat, entwickelte die Kirche eine geordnete Verfassung, richtete sie ihre Lehre an der Tradition aus und gab sie in der gottesdienstlichen Feier der Sakramente der Gewißheit Ausdruck, durch sie die Gegenwart des Heils zu erfahren. Die Auseinandersetzung mit der Gnosis mußte nicht erst im 2. Jahrh. vollzogen werden, sondern schon Paulus mußte sich gegen Pneumatiker in seinen Gemeinden wenden, und die Deuteropaulinen suchen die apostolische Lehre gegen gnostische Häresie abzugrenzen. Bahnt sich damit die Ausbildung der frühkatholischen Kirche an, so muß die scharf zugespitzte Frage lauten, ob nicht die paulinische Theologie selbst zugleich eine Voraussetzung des Frühkatholizismus ist, die freilich als kritisches Prinzip in ihm wirksam ist (KÄSEMANN). Von römisch-katholischen Theologen aber kann der Begriff des Frühkatholizismus in positivem Verständnis aufgenommen werden (KÜNG). Denn je vielfältiger sich das Bild des Urchristentums der kritischen Forschung darbietet, um so mehr kann die Ausbildung der frühkatholischen Kirche als Ausdruck des Reichtums beurteilt werden, der allein in der wahrhaft katholischen Kirche Raum zur Entfaltung fand.

Der unterschiedliche Gebrauch des Begriffs Frühkatholizismus zwingt zur Vorsicht bei seiner Verwendung. Schon Paulus bezieht sich oft auf ihm überkommene Überlieferung, er mißt die Ordnung der Gemeinde und den Gottesdienst am Kriterium der Auferbauung des Leibes Christi und verbindet Taufe und Abendmahl mit dem Kirchengedanken. Von Ansätzen zum Frühkatholizismus kann man erst da reden, wo die Berufung auf die Tradition dazu dienen soll, die Überlieferung durch Bindung an die rechtmäßig bestellten Inhaber des Amtes institutionell zu sichern und ihnen allein das Recht zuweist, die heilspendende Wirkung des Sakraments weitergeben zu können (s. CONZELMANN, Theol. NT 318). Im Frühkatholizismus kommen Recht und Ordnung der Kirche nicht mehr dienende Funktion für Verkündigung und Leben der Gemeinden zu. Sondern nach frühkatholischem Verständnis gewinnt das Recht in der Kirche grundlegende Bedeutung, so daß dann nur die hierarchisch geordnete Kirche als Mittlerin des Heils gilt (s. S. 154). Zwar ist nicht zu verkennen, daß im Schrifttum des ausgehenden Urchristentums sich manche Züge finden, in denen man Ansätze zu frühkatholischem Verständnis wahrnehmen kann – von ihnen wird in den folgenden §§ zu handeln sein –; aber die Ausbildung von Tradition, Verfassung, formulierter Lehre und Sakramentsverständnis darf nicht ohne weiteres schon als frühkatholisch bezeichnet werden. Denn mit solchem Urteil würden die unterschiedlichen Erscheinungen in unzulässiger Weise vereinfacht und an einem später ausgebildeten dogmatischen Maß gemessen, das die Kirche zu Ende des 1. Jahrh. noch nicht kannte und nicht kennen konnte.

*c.* Der Kirche in der nachpaulinischen Zeit war eine Reihe von *Aufgaben* gestellt, die sie lösen mußte: 1. Die Parusieverzögerung zwang dazu, die Eschatologie neu zu bedenken (s. S. 158–160). 2. Die Kirche wurde sich dessen bewußt, daß sie eine Geschichte hat. Damit stellte sich das Problem, wie ihr Weg sich zu dem des Volkes Israel verhält und nach welchem Plan Gott den Lauf der Geschichte lenkt.

Paulus hatte im Zusammenhang der Frage nach der Offenbarung der Gerechtigkeit Gottes den Blick auf das Geschick Israels gelenkt und Gottes Barmherzigkeit als Ziel seiner Geschichte mit Israel und den Völkern bezeichnet (Röm. 9–11). Zu Ende des 1. Jahrh. nehmen die lukanische Geschichtstheologie einerseits (s. S. 122–125) und die apokalyptischen Betrachtungen der Geschichte andererseits (s. S. 159 f.) die Frage nach dem Verständnis der Geschichte auf und suchen sie mit Hilfe der Christologie so zu beantworten, daß Christus als Mitte bzw. als Ende der Geschichte dargestellt wird. 3. Gab es christliche Überlieferung von Anfang an, so mußte nun dafür Sorge getragen werden, daß zwischen rechter und falscher Tradition unterschieden wird, um die Kontinuität der Predigt des einen Evangeliums durchzuhalten (s. S. 154 f.). 4. Da die Kirche sich in der Welt zurechtfinden mußte, konnte sie nicht ohne Ordnung leben. Mit der Ausbildung der Verfassung aber wurden die Amtsträger aus der Gemeinde herausgehoben. Ihnen kommt besondere Verantwortung zu, weil sie die Kirche vor Schaden zu bewahren, die heilsame Lehre zu vertreten und für den rechten Vollzug der Sakramente zu sorgen haben (s. S. 153 f.). 5. Um den Christen Anweisungen zum Verhalten im Alltag zu bieten, mußten ihnen Lebensregeln gegeben werden, nach denen sie sich richten konnten (s. S. 155–158).
Diese Aufgaben, vor denen die Kirche um die Wende vom 1. zum 2. Jahrh. stand, konnten nicht dadurch gelöst werden, daß man überkommene Sätze unverändert wiederholte. Es mußte vielmehr versucht werden, das überlieferte Kerygma so auszusagen, daß es als Antwort auf die neu aufgegebenen Probleme zu Gehör kam. Damit aber stellt sich die Frage, ob die Kirche, die ihre Orientierung in der Welt finden mußte, sich dabei dessen bewußt blieb, daß sie die Schar der Auserwählten und Fremdlinge ist (1. Petr. 1,1), deren Heimat im Himmel ist (Phil. 3, 20). Oder wird sie sich in der Welt auf Dauer einrichten, das Kerygma in die Tradition so fest einbetten, daß es mit ihr verschmilzt, christliche Lebensregeln in ein neues Gesetz fassen und die Verfassung so ordnen, daß dem freien Walten des Geistes kein Raum mehr gewährt wird? Woran wird die Kirche Christi erkannt – an Tradition, Amt und Verfassung oder aber an der viva vox evangelii, die ihr Leben und Handeln bestimmt?

## § 36 Die Christologie

*In der kirchlichen Lehre wurden überwiegend formelhafte Wendungen als Aussagen über den Inhalt des christlichen Glaubens angeführt. Eigenständige Interpretationen des christologischen Bekenntnisses wurden jedoch im Kolosserbrief, der Christus als den Herrn über das All verkündigt, im Epheserbrief, der Christus als das Haupt der Kirche preist, und im Hebräerbrief vorgenommen, der am Bild des hohepriesterlichen Amtes und Opfers die Unvergleichlichkeit des Heilswerkes Christi aufzeigt.*

Lit s. zu §§ 11, 17, 30; ferner: A. Seeberg, Der Katechismus der Urchristenheit, 1903, ²1966 – H. Windisch, Zur Christologie der Pastoralbriefe, ZNW 34 (1935) 213–238 – R. Bultmann, Bekenntnis- und Liedfragmente im 1. Petrusbrief, CN 11 (1947) 1–14 = Exegetica, 1967, 285–297 – E. Lohse, Paränese und Kergygma im 1. Petrusbrief, ZNW 45 (1954) 68–89 = Die Einheit des NT, 1973, 307–328; zum Kol.: E. Lohse, Christologie und Ethik im Kolosserbrief, in: Apophoreta, Festschrift für E. Haenchen, 1964, 156–168 = Die Einheit des NT, 1973, 249–261; zum Eph.: H. Schlier, Christus und die Kirche im Epheserbrief, 1930 – F. Mussner, Christus, das All und die Kirche, 1955; zum Hebr.: E. Käsemann, Das wandernde Gottesvolk, 1939, ⁴1961 – E. Grässer, Der Glaube im Hebräerbrief, 1965 – G. Theissen, Untersuchungen zum Hebräerbrief, 1969.

*a. Formelhafte Wendungen* des christologischen Bekenntnisses sind nicht als Zitate eines urchristlichen Katechismus zu beurteilen, der schon in der ersten Christenheit ausgebildet worden wäre (so: SEEBERG). Vielmehr hat die erste Christenheit ihr christologisches Bekenntnis in unterschiedlichen Formulierungen zum Ausdruck gebracht (s. S. 16, 54f.; E 19–21). Erst im 2. Jahrh. hat man solche Wendungen zu größeren Zusammenhängen verbunden, die den Inhalt des christlichen Glaubens angeben sollten, wie er dann im Taufbekenntnis der römischen Gemeinde und im Apostolicum zusammengefaßt wurde.

In der kirchlichen Lehre wurden weithin überkommene Aussagen des christologischen Bekenntnisses angeführt, ohne näher erläutert oder ausgelegt zu werden. So findet sich in den *Pastoralbriefen* zwar wiederholt das Zitat eines Bekenntnis- oder Liedfragments, aber an keiner Stelle eine Aussage über das Werk Christi, die der Verfasser selbst formuliert hätte. Er bezieht sich auf das zuverlässige Wort (πιστὸς ὁ λόγος), auf das sich Glaube und Lehre der Kirche gründen. So folgt 1. Tim. 2, 5f. auf das Bekenntnis zum einen Gott und einen Mittler zwischen Gott und den Menschen die hellenisierte Fassung des Wortes vom Lösegeld (Mk. 10, 45 Par.): ἄνθρωπος Χριστὸς Ἰησοῦς ὁ δοὺς ἑαυτὸν ἀντίλυτρον ὑπὲρ πάντων (s. S. 54). Das Zitat eines urchristlichen Hymnus wird 1. Tim. 3, 16 durch die feierliche Einleitung eingeführt: ὁμολογουμένως μέγα ἐστὶν τὸ τῆς εὐσεβείας μυστήριον; dabei wird der Inhalt der christlichen Lehre als μυστήριον bezeichnet und dann durch die Aussagen des Liedes erläutert (s. E 23). 2. Tim. 4, 1 heißt es: »Ich beschwöre dich bei Gott und Jesus Christus, τοῦ μέλλοντος κρίνειν ζῶντας καὶ νεκρούς.« Die Aussage über Christus als den Weltenrichter geht auf die apokalyptische Erwartung zurück, der Menschensohn werde am Ende der Tage auf den Wolken des Himmels erscheinen und im Auftrag Gottes das Weltgericht halten. Vor seinem Thron müssen sich alle Menschen – die Lebenden und die Toten, die aus den Gräbern auferweckt werden – verantworten. Diese Erwartung ist dann in die formelhafte Wendung gefaßt worden, Christus werde die Lebenden und die Toten richten (Apg. 10, 42; 17, 31; 1. Petr. 4, 5).

Im *1. Petrusbrief* wird mit dem Hinweis auf das Gericht der Gedanke verbunden, auch den Toten sei das Evangelium verkündigt worden, damit sie bei Gott im Geist – d.h. im himmlischen Bereich – leben (1. Petr. 4, 6). Damit wird auf die mythologische Vorstellung von der Hadesfahrt Christi Bezug genommen, die in den bekenntnisartigen Sätzen 3, 18–22 ausgesagt ist: Christus ist »getötet im Fleisch (d.h. am Kreuz, auf Erden), lebendig gemacht aber im Geist (d.h. Aufnahme in die himmlische Welt), wobei er den Geistern im Gefängnis verkündigte« (3, 18f.). Dabei ist an die gefallenen Engel von Gen. 6 gedacht, die nach apokalyptischer Überlieferung das über sie ergangene Strafurteil im Hades verbüßen müssen. Während nach jüdischer Ansicht keine Möglichkeit der Rettung für sie besteht, heißt es nun, die Wirkung des Christusgeschehens reiche so weit, daß auch ihnen die frohe Botschaft gebracht und der Zugang zum Heil eröffnet wird. Der Verfasser des 1. Petrusbriefes verfolgt jedoch keine mythologischen Spekulationen über die Geister im Gefängnis, sondern hebt in seiner Auslegung der ihm vorgegebenen Aussage die weltweite Gültigkeit der Christusbotschaft hervor: Das Evangelium wurde auch den Verstorbenen gepredigt, damit auch sie das Heil empfangen möchten.

In den Bekenntnis- und Liedfragmenten, die der 1. Petrusbrief anführt, liegt der Nachdruck auf den Aussagen über das Leiden Christi: Er hat ein für allemal den Tod auf sich genommen (3, 18). »Christus litt für euch, er hinterließ euch ein Vorbild, damit ihr seinen Spuren nachfolgt.« (2, 21) Der Brief spricht eine leidende und von weiteren Leiden bedrohte Gemeinde an. Der Aufruf, standzuhalten und nicht zu weichen, wird durch den Hinweis auf Christi Passion unterstrichen. Wie er geduldig aushielt, so sollen auch die Seinen nicht verzagen, sondern seinen Fußstapfen nachfolgen.

Wenn in den urchristlichen Schriften, die gegen Ende des 1. Jahrh. abgefaßt wurden, christologische Aussagen zumeist nur in überlieferten Bekenntnissätzen enthalten sind, so wird man dieses Festhalten an überkommenen Wendungen noch nicht als frühkatholisch bezeichnen dürfen. Denn zwar wird nachdrücklich betont, daß die apostolische Tradition bewahrt werden muß; aber es wird nicht behauptet, daß allein das kirchliche Amt zu entscheiden vermöchte, was die rechte Lehre ist. Vielmehr haben die Amtsträger ihrerseits darauf bedacht zu sein, daß sie mit dem überlieferten Erbe behutsam umgehen und es umsichtig weitergeben. Von der Christologie ist jedoch in einigen Schriften nicht nur mit Zitaten überlieferter Wendungen die Rede, die als Ausdruck gemeinchristlicher Lehre angeführt werden, sondern im Kolosser- und Epheserbrief einerseits und im Hebräerbrief andererseits werden eigenständige christologische Entwürfe entfaltet.

*b.* Der *Kolosserbrief* lehrt, daß Christus Herr über das All ist. Der Brief ist an eine Gemeinde gerichtet, die sich mit einer sog. Philosophie auseinandersetzen muß, die Schutz und Hilfe gegen die bedrohenden Gewalten der kosmischen Mächte anbietet. Wenn man die Weltelemente (στοιχεῖα τοῦ κόσμου) verehrt und ihre Satzungen durch Beachtung heiliger Tage und Zeiten sowie Einhaltung bestimmter Tabuvorschriften befolgt, dann setze man sich zu ihnen in das rechte Verhältnis und brauche sich nicht vor ihnen zu fürchten. Die Gemeinde, die offensichtlich noch nicht weiß, wie sie sich diesen Gedanken gegenüber verhalten soll, wird an das Christusbekenntnis erinnert, wie es ihr aus dem Hymnus von Kol. 1, 15–20 vertraut ist. Darin wird Christus sowohl als Bild des unsichtbaren Gottes und Erstgeborener vor aller Schöpfung als auch als Anfang und Erstgeborener aus den Toten bezeichnet. Prädikate, die in der jüdischen Weisheitsspekulation verwendet wurden, werden auf ihn übertragen: Er ist Mittler der Schöpfung und Grund des Heils. Von diesem Bekenntnis aus argumentiert der Verfasser, um zu zeigen, daß in Christus alle Fülle der Gottheit leibhaftig wohnt (2, 9) und er das Haupt über alle Mächte und Gewalten ist (2, 10). In ihm allein ist das πλήρωμα, so daß Erfüllung nur durch ihn und nicht durch scheue Verehrung der kosmischen Engelmächte gewonnen werden kann. Das Kreuz Christi, in dem die Versöhnung gestiftet ist (1, 20; 2, 13f.), ist ein Geschehen weltweiten Ausmaßes; denn am Kreuz ist der Triumph über die Mächte und Gewalten gewonnen (2, 15). Daraus aber folgert der Kol., daß man der göttlichen Fülle nur so teilhaftig werden kann, daß man sich an den hält, der allein Träger der göttlichen Fülle ist. Wollte man jenen als Engelmächten vorgestellten Weltelementen in Befolgung ihrer Satzungen und in demütiger Dienstbereitschaft noch Tribut zollen, so würde das Heil in Christus verkannt und verfehlt. Denn wer zu Christus gehört, der steht auf der Seite des Herrn über das All und ist darum mit Christus den στοιχεῖα τοῦ κόσμου ein für allemal gestorben (2, 20). Vergebung der Sünden (1, 14; 2, 13), wie sie in der Taufe empfangen wurde, bedeutet Fülle des Heils, Leben und Seligkeit.

Der Verfasser des *Epheserbriefes* nimmt die Aussagen des Kol. auf und führt die darin angelegte ekklesiologische Interpretation der Christologie weiter (Kol. 1, 18). Dabei hat sich der Eph. nicht mehr polemisch mit einer gegnerischen Lehre auseinanderzusetzen, sondern er benutzt Vorstellungen und Ausdrücke, wie sie in der synkretistisch bestimmten Umwelt bereitlagen, um das Thema Christus und die Kirche abzuhandeln (s. E 57–60). Christus ist Herr über das All – das bedeutet: Er ist Haupt über die weltweite Kirche, in der er schon jetzt seine kosmische Herrschaft ausübt. Die trennende Mauer ist nicht mehr da. Damit ist jedoch nicht wie in der Gnosis die Wand gemeint, die den irdischen Bereich von der himmlischen Welt scheidet, sondern die Mauer, die einst zwischen Juden und Heiden stand (2, 11–22). Beide sind nun unter dem einen Haupt als das eine heilige Gottesvolk vereint, zum Leib Christi zusammengefügt.

*c.* Die Christologie des *Hebräerbriefes* wird von der Anfangslehre unterschieden, die in der Taufunterweisung vermittelt worden ist und folgende Stücke umfaßte: Umkehr von toten Werken, Glaube an Gott, Lehre von Taufen, Handauflegung, Auferstehung der Toten und ewigem Gericht (6, 1f.; s. E 27). Die vollkommene Lehre, zu der der Verfasser seine Leser führen will, wird immer wieder mit der Paränese verbunden, die zum Festhalten am Bekenntnis aufruft. Unter Verwendung homiletischer Überlieferung werden ausführliche Erläuterungen at.licher Schriftworte vorgetragen, die die Größe des Heilswerkes Christi aufzeigen sollen. Als der Sohn Gottes steht er höher als die Engel, als Mose und die Propheten. Als der Erstgeborene war er Schöpfungsmittler, als der zur Rechten Gottes Erhöhte ist er Herr über das All. Da er wirklich Mensch wurde, ist er mit den Menschen solidarisch geworden im Leiden als der barmherzige Hohepriester (2, 17f.).

Christus ist der himmlische Hohepriester nach der Ordnung Melchisedeks und dadurch den irdischen Priestern unendlich überlegen. Müssen diese nach der Ordnung des aaronitischen Priestertums zunächst sühnende Opfer für sich selbst darbringen und dann in ständiger Wiederholung für die Sünden des Volkes opfern, so ist Christus zugleich der Hohepriester und das Opfer, das er ein für allemal dargebracht hat, als er in das himmlische Heiligtum eingegangen ist. Das Geschehen von Kreuz und Auferstehung Christi wird also mit Hilfe kultischer Vorstellungen in seiner universalen Bedeutung aufgezeigt. Während Christus für Paulus das Ende des Gesetzes ist (s. S. 94), ist er für den Hebr. das Ende des Kultus, wie er im Gesetz geboten war. Der nach den Vorschriften des Gesetzes vollzogene Kultus stellt freilich für die Leser des Briefes kein aktuelles Problem mehr dar; denn das Gesetz gehört als eine überwundene Stufe bereits der Vergangenheit an (10, 1). Das kultische Bild vom Hohenpriester und seinem Opfer soll vielmehr dazu dienen, die unvergleichliche Bedeutung des Sühntodes Christi herauszustellen. Dabei wird jedoch der Rahmen des Bildes gesprengt. Denn das Opfer wurde auf Erden geschlachtet und ist identisch mit dem Hohenpriester, der sein Amt im himmlischen Heiligtum zu versehen hat. Nicht die at.lichen Opfer und Kulthandlungen schufen dauerhaft gültige Vergebung, sondern Christus allein ist es, »der Reinigung von den Sünden bewirkt und sich zur Rechten der Majestät in den Höhen niedergesetzt hat« (1, 3).

Mit dieser Entfaltung einer priesterlichen Christologie will der Verfasser die Gemeinde zur Nachfolge Christi aufrufen. Christus ist schon bei Gott erhöht, aber noch ist ihm nicht alles untertan (2, 8). Er sitzt zur Rechten Gottes und wartet, daß die Feinde zum Schemel seiner Füße niedergelegt werden (10, 13). Die Unterwerfung der Gegner hat also – wie im Blick auf die bedrängte Lage der Gemeinde betont wird – schon begonnen. Am Ende aber wird der Sieg Christi offenbar werden. Darum gilt es, nicht etwa jetzt abzufallen und die σωτηρία zu verlieren. Christus ist als der Vorläufer den Glaubenden vorangegangen (6, 20). Als Anfänger und Vollender des Glaubens hat er den Weg gebahnt (12, 2). Er ist der ἀρχηγὸς τῆς σωτηρίας (2, 10), Urheber und Wegführer zum Heil, hinter dem das wandernde Gottesvolk herziehen soll, dem himmlischen Ziel entgegen.

## § 37 Die Kirche

*Die Kirche, die im Kolosser- und Epheserbrief als der die Welt umspannende Leib Christi verstanden wird, erhielt zu Ende des 1. Jahrh. eine feste Ordnung der Ämter und des Gemeindelebens. Die Ausbildung der Verfassung sollte regeln, wie die verschiedenen Funktionen in der Gemeinde auf Dauer auszuüben sind. Den Amtsträgern wurde die Aufgabe gestellt, das apostolische Erbe unverfälscht zu bewahren und zwischen rechter und falscher Lehre zu unterscheiden.*

Lit. s. zu §§ 13, 22; ferner: H. v. CAMPENHAUSEN, Kirchliches Amt und geistliche Vollmacht in den ersten drei Jahrhunderten, 1953 – E. KÄSEMANN, Sätze heiligen Rechtes im Neuen Testament, NTS 1 (1954/55) 248–260 = EVB II, 69–82 – K. STENDAHL, Kirche im Urchristentum, RGG³ III, 1297–1304 – E. SCHWEIZER, Gemeinde und Gemeindeordnung im Neuen Testament , 1959, ²1962 – E. LOHSE, Christusherrschaft und Kirche im Kolosserbrief, NTS 11 (1964/65) 203–216 = Die Einheit des NT, 1973, 262–275 – DERS., Die Entstehung des Bischofsamtes in der frühen Christenheit, ZNW 71 (1980) 58–73 = Die Vielfalt des NT, 1982, 171–185.

*a.* Die Kirche, die weiterhin ἐκκλησία, die Schar der Heiligen, Berufenen usw. (s. S. 62) genannt wird, ist im *Kolosser- und Epheserbrief* als der *Leib Christi* bezeichnet. In dem Hymnus, von dem her der Verfasser des Kol. seine Argumentation aufbaut, wird gesagt, Christus sei Erstgeborener aller Schöpfung und Erstgeborener aus den Toten. In ihm wurde das All geschaffen und hat es seinen Bestand. Durch ihn wurde Frieden gestiftet auf Erden und im Himmel (Kol. 1, 15–20). Wenn in diesen Sätzen, die von der Erschaffung und Versöhnung des Alls handeln, Christus das Haupt des Leibes heißt, so ist der Begriff σῶμα ursprünglich in kosmologischem Sinn verstanden worden – entsprechend der verbreiteten hellenistischen Anschauung, daß die Weite des Kosmos als ein riesengroßer Leib vorzustellen sei, über dem die Gottheit das Haupt ist. Die christliche Gemeinde bekennt Christus als Herrn und Haupt über das All. Diese Aussage wird nun vom Verfasser des Kol. interpretiert, wenn er in den Hymnus die Worte τῆς ἐκκλησίας einfügt und damit zum Ausdruck bringt, daß die Kirche der weltweite Leib ist (1, 18), über dem Christus das Haupt ist (1, 24). Sie ist der Bereich der gegenwärtigen Christusherrschaft, der βασιλεία, in die Gott die Getauften hineingestellt hat (1, 13). Weil Christus Herr über alles ist, wird er allerorten unter den Völkern verkündigt (1, 27) und werden alle Menschen ermahnt und in aller Weisheit unterwiesen, damit jeder Mensch vollkommen in Christus hingestellt werde (1, 28).
Im Kol. ist von einer bestimmten Verfassung der Gemeinde nicht die Rede, wohl aber im Eph., der den Gedanken von Christus als dem Haupt der ἐκκλησία aufnimmt und weiterführt. Christus hat nicht nur den Aposteln, sondern auch den Propheten, Evangelisten, Hirten und Lehrern die Verkündigung des Wortes übertragen, um die Heiligen zum Dienst auszurüsten und den Leib Christi zu erbauen (4, 11f.). Das Wort, von dem die Kirche lebt, ist die Botschaft von dem Geheimnis, das einst den Menschen verborgen war, jetzt aber den heiligen Aposteln enthüllt und kundgemacht worden ist (3, 5). Die apostolische Kirche, die unter dem Haupt Christus steht, ist eine kosmische Größe. Denn Christus ist

das Haupt des Leibes, der die Fülle (πλήρωμα) dessen ist, der alles erfüllt (1, 23). Sie ist der eine Leib, zu dem Juden und Heiden zusammengefügt sind (2, 16). Durch Hervorhebung des Amtes und der Lehre des Apostels sucht man die Kontinuität der Kirche zu wahren. Die Theologie des Paulus ist dabei an gemeinchristliche Vorstellungen und Aussagen angeglichen. Von der δικαιοσύνη θεοῦ, Christus als dem Ende des Gesetzes und seinem Sieg über die zwingende Gewalt der ἁμαρτία ist nicht die Rede. Statt dessen wird der urchristliche Begriff der Vergebung der Sünden verwendet (Kol. 1, 14; 2, 13; Eph. 1, 7) und mit der Theologie des Kreuzes verbunden, wenn betont wird, daß Versöhnung und Friede durch Christi Kreuzesblut gestiftet sind (Kol. 1, 20; 2, 13; Eph. 2, 16).

*b.* Die Gemeinden mußten sich eine *Verfassung* geben; denn die Kirche konnte nicht ohne Ordnung leben. Auf die viel erörterte Frage, ob das Kirchenrecht dem Wesen der Kirche widerspreche, weil sie als Kirche des Geistes eine charismatische Gemeinschaft sei (SOHM), ist zu antworten, daß tatsächlich die Kirche zu keiner Zeit ohne Ordnung gelebt hat. Am Anfang wußten sich die Gemeinden vom Geist geleitet, Charismatiker traten in den gottesdienstlichen Versammlungen auf, und Propheten richteten das Wort aus. Sie proklamierten das heilige Gottesrecht in streng gefaßten Formulierungen, wie z. B.: »Wenn einer den Tempel Gottes verdirbt, den wird Gott verderben. Denn der Tempel Gottes ist heilig, der seid ihr.« (1. Kor. 3, 17) Damit wird die Drohung ausgesprochen, Gott werde den Frevler, der schändlich an der Gemeinde handelt, nach dem göttlichen ius talionis strafen. Zu Beginn der Feier des Herrenmahls heißt es: »Wenn einer den Herrn nicht lieb hat, der sei verflucht.« (1. Kor. 16, 22) Nur wer sich zum Herrn bekennt, darf am Herrenmahl teilnehmen. Durch solche prophetische Rechtsverkündigung würden Ordnung und Leben der ersten Gemeinden bestimmt. (KÄSEMANN)

Mit fortschreitender Zeit mußte genauer geregelt werden, wie die verschiedenen Dienste und Funktionen in der Gemeinde auf Dauer ausgeübt werden sollten. Ordnungen mußten ausgebildet werden, nach denen sich das Leben der Gemeinde gestalten sollte. Wo jedoch dem Kirchenrecht nicht mehr dienende Funktion beigemessen, sondern konstitutive Bedeutung für die Kirche zuerkannt wurde, da wurde der Weg zum Frühkatholizismus beschritten.

Die Apostel und Missionare wirken für die ganze Kirche. Sie sind nicht an einen bestimmten Ort gebunden, sondern ziehen von einer Gemeinde zur anderen (1. Kor. 9, 1–6). War zunächst der Begriff des Apostels in weiterem Sinn verwendet worden, um die Zeugen des Auferstandenen zu bezeichnen, die als seine Boten tätig waren, so erfuhr der Begriff später eine Eingrenzung, so daß nur die Zwölf und Paulus Apostel genannt wurden. Nach der kirchlichen Überlieferung haben die Zwölf und Paulus überall die Predigt des Evangeliums ausgebreitet, Gemeinden gegründet und Älteste eingesetzt (Apg. 14, 23). Der Apostel hat seine Schüler als Leiter der Gemeinden bestellt und sie unter Handauflegung und Gebet in ihr Amt eingeführt (1. Tim. 4, 14; 2. Tim. 1, 6). Dabei wurde das Charisma übertragen, das zur Ausrichtung des Dienstes erforderlich ist. Doch weder in der Apg. noch in den Pastoralbriefen liegt die Vorstellung einer Sukzession von Ämtern vor, die in lückenloser Kette von einem Glied zum nächsten weitergereicht werden.

In der ersten Zeit nahm die ganze Gemeinde ihre Verantwortung wahr, indem sie die Geister prüfte, zwischen echten und falschen Charismatikern unterschied (1. Thess. 5, 21; 1. Kor. 12, 10; 14, 39) und Missionare (Apg. 13, 2) oder Abgesandte ausschickte (Apg. 13, 2; 2. Kor. 8, 19; Phil. 2, 25). In der Gemeindeversammlung wurde auch über Maßnahmen der Kirchenzucht beraten (1. Kor. 4, 3; 5, 3f.). Entstanden Meinungsverschiedenheiten oder Unstimmigkeiten, so wurden sie von allen besprochen (Apg. 6, 2. 5; 15, 22. 30). Als sich dann aber in der Folgezeit fest umschriebene Ämter herausbildeten, deren Träger für die Leitung der Gemeinde verantwortlich waren, traten die Funktionen, die die Gemeinde als ganze wahrzunehmen hatte, in den Hintergrund.

Die Verfassung der judenchristlichen Gemeinden wurde nach dem Vorbild der Synagogen gestaltet, in denen die Leitung der Gemeinden in der Hand der Ältesten lag (Apg. 11, 30; 14, 23; 15, 2. 4. 6. 22f. u. ö.). Dabei wurde πρεσβύτερος sowohl als Altersbezeichnung wie auch als Titel verstanden (1. Petr. 5, 1f.). In den hellenistischen Gemeinden gab es zunächst keine Ältesten, sondern nur freie Dienste derer, die als Vorsteher bestimmte Aufgaben in der Gemeinde übernommen hatten (1. Thess. 5, 12; 1. Kor. 16, 16 u.a.; s. S. 103). War die Ausbildung von Ämtern in den judenchristlichen und in den heidenchristlichen Gemeinden im Anfang unterschiedlich verlaufen, so kam es in der Folgezeit zu gegenseitiger Angleichung der Verfassung und der Bezeichnung der Ämter. Apg. 20, 17 wird berichtet, Paulus habe die πρεσβύτεροι τῆς ἐκκλησίας zu sich von Ephesus nach Milet kommen lassen. Wenig später aber heißt es in der Ansprache des Paulus, der heilige Geist habe sie zu ἐπίσκοποι eingesetzt, um die ἐκκλησία τοῦ θεοῦ zu weiden (Apg. 20, 28). Zwischen ἐπίσκοποι und πρεσβύτεροι besteht demnach kein Unterschied. Ähnlich verhält es sich in der Gemeindeordnung der Pastoralbriefe, in der auf der einen Seite von Ältesten die Rede ist (1. Tim. 4, 14; 5, 17. 19; Tit. 1, 5), auf der anderen Seite die Bedingungen aufgeführt werden, denen ein ἐπίσκοπος entsprechen muß (1. Tim. 3, 2; Tit. 1, 7). Eine eindeutige Unterscheidung zwischen den Ämtern eines Bischofs und eines Ältesten wird erst da getroffen, wo an der Spitze der Gemeinde der ἐπίσκοπος steht, dem als monarchischem Bischof die πρεσβύτεροι und διάκονοι unterstellt sind. Solche hierarchische Gliederung der Ämter kennen aber die nt.lichen Schriften noch nicht, sondern sie findet sich erst in den Briefen des Bischofs Ignatius von Antiochia. Nunmehr wird die Leitung des Gottesdienstes, für die es in der Anfangszeit noch keine feste Regel gegeben hatte, allein dem Bischof übertragen, ohne den die Gemeinde sich nicht mehr versammeln kann.

*c.* Den Amtsträgern wurde die Aufgabe gestellt, zwischen *rechter und falscher Lehre* zu unterscheiden. Um die Frage zu beantworten, was als rechte Lehre anzusehen sei, berief sich die Kirche auf das apostolische Erbe, dem normative Gültigkeit zuerkannt wird (s. S. 146). Von ihm darf nicht abgewichen werden, damit die Wahrheit des Evangeliums nicht verfälscht wird. Während im Kol. eine eingehende theologische Auseinandersetzung mit der Lehre vorgenommen wird, die die Gemeinde verwirrt (s. S. 150), wird in den Pastoralbriefen nicht im einzelnen geprüft, was die Gegner sagen, sondern ihr Wort und Handeln pauschal verurteilt. Sie vertreten gottlose Altweiberfabeln (1. Tim. 4, 6f.) und treiben törichte und unverständige Untersuchungen (2. Tim. 2, 23). Darum wird angeordnet: »Einen sektiererischen Menschen sollst du zurückweisen.« (Tit. 3, 10) Mit solchen Leuten kann man nicht in eine theologische Diskussion eintreten, zumal die Häretiker einen schlechten Lebenswandel führen. Die Gemeinden werden vielmehr dazu aufgerufen, an der gesunden apostolischen Lehre festzuhalten, die ihnen überliefert ist (s. S. 146), und warnend darauf hingewiesen, daß schon manche aus falschem Begehren vom rechten Glauben abgeirrt sind (1. Tim. 6, 10). Den Amtsträgern aber wird zugerufen: »Bewahre die καλὴ παραθήκη kraft des heiligen Geistes, der in uns wohnt.« (2. Tim. 1, 14) Wer sich dieser Verpflichtung entzieht, wird von dem Vorwurf getroffen, eine andere Lehre zu vertreten (1. Tim. 1, 3; 6, 3), ψευδοπροφήτης (1. Joh. 4, 1), ψευδοδιδάσκαλος (2. Petr. 2, 1) oder ψευδολόγος (1. Tim. 4, 2) zu sein. Die Gemeinde aber wird daran erinnert, daß sie desto fester das prophetische Wort hat und gut tut, sich daran zu halten (2. Petr. 1, 19).

## § 38 Der Alltag der Christen

*Die kirchliche Lehre mußte den Christen Weisungen für ihr Verhalten im Alltag geben. Dabei knüpfte man vielfach an alttestamentlich-jüdische Spruchüberlieferung und popularphilosophische Unterweisung an und formulierte katechismusartige Lehrstücke, in denen rechtes Handeln beschrieben wird. Die Forderung, gute Werke zu tun und sich fromm zu verhalten, wurde zur allgemeingültigen Lebensregel christlicher Ethik.*

K. WEIDINGER, Die Haustafeln, 1928 – M. DIBELIUS, Zur Formgeschichte des NT, ThR NF 3 (1931) 207–242 – A. VÖGTLE, Die Tugend- und Lasterkataloge im NT, 1936 – E. LOHSE, Paränese und Kerygma im 1. Petrusbrief, ZNW 45 (1954) 68–89 = Die Einheit des NT, 1973, 307–328 – DERS., Glaube und Werke – zur Theologie des Jakobusbriefes, ZNW 48 (1957) 1–22 = ebda., 285–306 – DERS., Katechismus im Urchristentum, RGG[3] III, 1179 – S. WIBBING, Die Tugend und Lasterkataloge im NT, 1959 – W. SCHRAGE, Ethik des NT, 1982.

*a.* Die kirchliche Lehre mußte den Christen sagen, wie sie *in der Welt leben* sollten. Dabei stützte man sich in reichem Umfang auf Traditionsgut, wie es schon in den paränetischen Abschnitten der paulinischen Briefe verwendet war (s.S. 99f.). In den sog. *Tugend- und Lasterkatalogen* wird ausgeführt, was zu tun und was zu lassen ist (Kol. 3, 5–14; Eph. 4, 31f.; 1. Tim. 6, 4–11; Jak. 3, 15). In der Ermahnung, die der Kol. an die Gemeinde richtet, werden jeweils 5 Begriffe zusammengeordnet: »So tötet nun die irdischen Glieder: Unzucht, Unreinigkeit, Leidenschaft, böse Gier und die Habsucht, die Götzendienst ist, um derentwillen der Zorn Gottes kommt.« (3, 5f.) »Legt alles ab: Zorn, Grimm, Bosheit, Lästerung, Schandrede aus eurem Mund.« (3, 8) »So zieht nun an als Auserwählte Gottes, Heilige und Geliebte, herzliches Erbarmen, Güte, Demut, Sanftmut, Langmut.« (3, 12) Solche Aufzählungen sind nicht im Blick auf eine bestimmte Situation formuliert, sondern aus der Überlieferung aufgenommen worden.

Neben Spruchgut aus at.lich-jüdischer Tradition wurden in der Paränese auch Sätze aus der hellenistischen Popularphilosophie verwendet, in denen dargelegt wurde, was man von einem verantwortungsbewußten Menschen billigerweise fordern muß. Was allgemein als pflichtgemäßes Handeln angesehen wird, das haben auch die Christen zu tun. So wird 1. Tim. 3 ein ausführlicher Tugendspiegel vorgeführt, in dem rechtes Handeln beschrieben wird. Da diese Vorschriften nun als Bedingungen aufgezählt werden, denen ein ἐπίσκοπος in der Gemeinde entsprechen muß, sind die überlieferten Angaben erweitert worden. Der Bischof soll sein »ohne Tadel, Mann einer Frau (d.h. wohl, daß er nach dem Tod seiner Frau keine zweite Ehe eingehen soll), nüchtern, mäßig, anständig, gastfrei, geschickt zur Lehre, kein Trinker, kein Schläger, sondern sanft, nicht streitsam, nicht geldgierig, seinem Haus wohl vorstehend, die Kinder im Gehorsam haltend mit aller Ehrbarkeit – wenn einer seinem eigenen Haus nicht vorzustehen weiß, wie mag er für die Gemeinde Gottes sorgen? –, kein Neugetaufter, damit er nicht in Aufgeblasenheit dem Gericht des Teufels anheimfalle. Er muß aber auch ein gutes Zeugnis haben von denen draußen, auf daß er nicht falle in Schimpf und Strick des Teufels.« (1. Tim. 3, 2–7) Wie jeder Mensch so sollen auch die Christen mit einem guten Gewissen handeln (1. Tim. 1, 5. 19; 3, 9; 2. Tim. 1, 3; 1. Petr. 3, 16. 21 u. ö.). Als christliche Tugenden werden u. a. genannt σωφροσύνη (1. Tim. 2, 9. 15), χρηστότης (Kol. 3, 12; Eph. 4, 22), ἐπιείκεια (1. Tim. 3, 3; Tit. 3, 2; 1. Petr. 2, 18; Jak. 3, 17); neben πίστις und γνῶσις kann auch die ἀρετή angeführt werden (2. Petr. 1, 5).

Entsprechend den Anweisungen, die Röm. 13, 1–7 über das Verhalten der Christen gegenüber den staatlichen Behörden gegeben sind (s. S. 100), wird gefordert, daß sie als Bürger so handeln sollen, wie es sich schickt. Dabei wird nicht nur zur Befolgung der Anweisungen angehalten, die die Behörden erlassen (Tit. 3, 1; 1. Petr. 2, 13–17), sondern auch zum Gebet für die Regierenden (1. Tim. 2,1 f.). In diesen Sätzen wird ausgeführt, was im Regelfall gilt. Die Joh.-Apk. setzt dagegen eine Konfliktsituation voraus, in der die Gemeinde ihr Christusbekenntnis bewähren muß (Apk. 13). Der Widerstand, den die Christen leisten müssen, richtet sich jedoch nicht gegen die staatlichen Behörden schlechthin, sondern gegen die Forderung, dem regierenden Herrscher göttliche Ehren darzubringen, die allein Christus gebühren (s. S. 57).

Aus der popularphilosophischen Belehrung sind auch die Anweisungen übernommen, die in den sog. *Haustafeln* zusammengestellt sind (Kol. 3, 18–4, 1; Eph. 5, 22–6, 9; 1. Tim. 2, 8–15; 6, 1 f.; Tit. 2, 1–10; 1. Petr. 2, 13–3, 13). Nach einem festen Schema werden nacheinander die einzelnen Stände angesprochen und zur treuen Erfüllung der ihnen aufgegebenen Pflichten angehalten: Frauen – Männer; Kinder – Väter; Sklaven – Herren. In den christlichen Haustafeln fehlt selbstverständlich die in der hellenistischen Umwelt übliche Mahnung zur Verehrung der Götter. Auch wird nicht allgemein von den Bürgertugenden, sondern nur vom Lebensbereich in Haus und Familie gesprochen, in dem man sich verhalten soll, wie es sich gebührt im Herrn. War der Inhalt der ethischen Anweisungen weithin durch die in der Umwelt verbreiteten Ansichten vorgegeben, so erhielten die überkommenen Lebensregeln eine neue Begründung, indem ihre Befolgung als der Dienst verstanden wurde, den die Christen in allen Bereichen ihres Lebens ihrem Herrn zu erweisen haben.

*b. Die theologische Begründung der Ermahnung* wurde auf verschiedene Weise formuliert. Das paulinische Verhältnis von Indikativ der Heilszusage und Imperativ des Aufrufs zum rechten Wandel (s. S. 98 f.) ist im *Kolosserbrief* festgehalten: »Seid ihr nun mit Christus auferstanden, so trachtet nach dem, was droben ist ... Trachtet nach dem, was droben ist, nicht nach dem, was auf Erden ist.« (Kol. 3, 1–4) Der alte Mensch soll abgelegt, der neue aber angezogen werden (Kol. 3, 9–12). Was schicklich ist »in dem Herrn«, hat jeder Christ in seinem Stand zu tun (Kol. 3, 18–4, 1).

Im *1. Petrusbrief* wird zunächst die Reihe der Mahnungen ausführlich dargelegt und der Blick auf die Situation der leidenden Christen gerichtet. Dann aber folgt die Begründung der Paränese, die kerygmatische Sätze anführt und auf diese Weise die Ethik mit der Christologie in Verbindung bringt. Wie Christus schweigend sein Leiden trug, so sollen sich auch die Christen verhalten: »Denn dazu seid ihr berufen, weil auch Christus gelitten hat für euch, indem er ein Vorbild hinterließ, damit ihr seinen Spuren nachfolgt.« (1. Petr. 2, 21) Der Grundsatz, es sei »besser, mit Gutestun, wenn es Gottes Wille ist, zu leiden, denn mit Bösestun« (1. Petr. 3, 17), wird mit dem Hinweis begründet: »Ist ja auch Christus einmal gestorben um der Sünden willen ...« (1. Petr. 3, 18) Dabei wird der Ton auf das Vorbild des leidenden Christus gelegt. Die Kraft aber, ihm im Handeln und im Leiden nachzufolgen, wird aus dem Zuspruch gewonnen, daß er für uns gestorben ist.

Gewöhnlich wird nicht mit längeren theologischen Ausführungen, sondern nur mit kurzen Hinweisen der Paränese Nachdruck verliehen: Alle Menschen müssen vor dem Richtstuhl Gottes erscheinen, dort aber wird nach den Werken gefragt (1. Petr. 1, 17; Apk. 2, 23 u.ö.). Die Forderung, daß man gute Werke aufzuweisen hat, wird aus der jüdischen Überlieferung übernommen und immer wieder eingeprägt. Eine Witwe muß ein gutes Zeugnis auf Grund ihrer καλὰ ἔργα haben, um den Dienst in der Gemeinde versehen zu können (1. Tim. 5, 10). Im Blick auf das Gericht wird daran erinnert, daß es unerläßlich sei, καλὰ ἔργα zu tun (1. Tim. 5, 25). Der Amtsträger soll daher die Gemeinde anweisen, »Gutes zu tun, reich zu sein in guten Werken«, das heißt: »freigebig, mitteilsam, sich selbst einen guten Grund legen für die Zukunft (d.h. den Gerichtstag!), damit sie das ewige Leben ergreifen.« (1. Tim. 6, 18f.) Wer Verantwortung für die Gemeinde trägt, hat sich nach der Regel zu verhalten: »Biete in deiner Person allen ein Vorbild guter Werke.« (Tit. 2, 7) Die Gemeinde aber ist »das Volk des Eigentums, eifrig in guten Werken« (Tit. 2, 14). Die zum rechten Glauben an Gott gekommen sind, sollen sich befleißigen, gute Werke zu betreiben (Tit. 3, 8).

Im *Jakobusbrief* sind at.lich-jüdische Spruchweisheit, Herrenworte, Sätze popularphilosophischer Belehrung und Wendungen der Gemeindetradition zu einem Handbuch über rechtes Verhalten im Alltag zusammengestellt. Die theologische Begründung für diese Ausführungen wird im Abschnitt 2, 14–26 geliefert. Die These, Glaube ohne Werke könne nicht retten, wird abgelehnt und wie bei Paulus auf das Beispiel Abrahams verwiesen, dem sein Glaube zur Gerechtigkeit angerechnet wurde (Jak. 2, 23). Daraus aber wird nun gefolgert, daß Glaube und Werke zusammenwirken müssen und der Mensch aus Werken gerechtfertigt werde, nicht aber aus Glauben allein (Jak. 2, 24). Die Vertreter eines bloßen Glaubens, gegen die sich der Jak. wendet, haben jedoch weder den πίστις-Begriff des Apostels festgehalten noch die paulinische Lehre von Christus als dem Ende des Gesetzes verstanden. Der Jak. polemisiert daher nicht unmittelbar gegen Paulus, sondern gegen einzelne Schlagworte, die man zur Begründung der Meinung anführte, es komme allein auf den Glauben, nicht aber auf das Handeln an. Tatsächlich aber betont Paulus wie der Jak., daß der Glaube tätig sein muß (Gal. 5, 6). Er würde jedoch niemals zugestehen, daß Glaube und Werke im Verein miteinander zur Vollendung führen.

*c.* Die Mahnungen und Weisungen für das Verhalten der Christen im Alltag wurden zu einem »*Gesetz der Freiheit*« zusammengefaßt (Jak. 1, 25; 2, 12). Das Handeln soll von der ἀγάπη geleitet und erfüllt sein, die Kol. 3, 14 als das Band der Vollkommenheit bezeichnet wird und in den Beschreibungen christlichen Wandels meist an hervorragender Stelle angeführt wird (1. Tim. 1, 14; 2, 15; 4, 12; 2. Tim. 1, 13; 2, 22 u.ö.). In den Pastoralbriefen wird das den Christen aufgegebene Verhalten mit dem Begriff εὐσέβεια beschrieben. Sie sollen »ein stilles und ruhiges Leben führen in aller Frömmigkeit und Ehrbarkeit (εὐσέβεια und σεμνότης)« (1. Tim. 2, 2). Deshalb muß man sich in der εὐσέβεια üben. Denn »sie ist zu allen Dingen nütze, da sie die Verheißung des jetzigen und des zukünftigen Lebens hat« (1. Tim. 4, 7f.).

Mit der Aufstellung christlicher Lebensregeln wurde der Weg zur Ausbildung eines neuen Gesetzes beschritten. Der Hinweis auf die Veranwortung vor dem künftigen Gericht vermochte der Forderung nach guten Werken und frommem Wandel Nachdruck und Überzeugungskraft zu verleihen, so daß die paulinische Lehre von der Rechtfertigung nicht mehr zur Begründung christlicher Ethik verwendet wurde und weithin in Vergessenheit geriet.

## § 39 Die Eschatologie

*Als die Naherwartung aufgegeben wurde, wandelte sich die Eschatologie zu einer Lehre von den letzten Dingen, von denen zwar in traditionellen Wendungen gesprochen wird, die aber nicht mehr Gegenstand lebendiger Hoffnung sind. In Leiden und Verfolgung hielten die Gemeinden jedoch an der Zuversicht fest, daß Gott und dem Christus alle Herrschaft gehört und ihr Sieg in naher Zukunft aller Welt offenbar werden wird.*

Lit. s. zu §§ 12, 24, ferner: E. Käsemann, Eine Apologie der urchristlichen Eschatologie, ZThK 49 (1952) 272–296 = EVB I, 135–157 – O. Knoch, Die eschatologische Frage, ihre Entwicklung und ihr gegenwärtiger Stand, BZ NF 6 (1962) 112–120 – O. Cullmann, Heil als Geschichte, 1965, [2]1967 – E. Lohse, Apokalyptik und Christologie, ZNW 62 (1971) 48–67 = Die Einheit des NT, 1973, 125–144.

*a.* Zwar löste die *Parusieverzögerung* in den Gemeinden keine Krise ihres Glaubens aus, weil sie des Heils in Christus gewiß waren (s. S. 60f.); sie mußte aber notwendig zur Folge haben, daß die Naherwartung aufgegeben wurde. Man rechnete nicht mehr damit, daß in naher Zukunft die Gottesherrschaft anbrechen würde. So fragen nach Apg. 1, 6 die Jünger den auferstandenen Herrn: »Herr, richtest du in dieser Zeit das Reich wieder auf für Israel?« Daraufhin wird ihnen geantwortet: »Es ist nicht eure Sache, Zeiten und Fristen zu kennen, die der Vater bestimmt hat in seiner Vollmacht.« (Apg. 1, 7) Wohl aber wird ihnen zugesagt, daß sie in der Kraft des heiligen Geistes die Zeugen des Auferstandenen sein werden (Apg. 1, 8; s. S. 125). In der Zeit der Kirche wird die Christuspredigt in aller Welt ausgebreitet werden. Die Erwartung des Endes verliert damit ihren bestimmenden Charakter; die Endereignisse rücken an den Schluß eines längeren Ablaufs der Geschichte und werden in einer Lehre von den letzten Dingen beschrieben, die nicht mehr im Mittelpunkt, sondern am Rand kirchlicher Unterweisung steht (s. S. 60f.). Da man nicht weiß, wann das Ende kommt, gilt es, sich zu bewähren und treu zu bleiben: »So harrt nun in Geduld, Brüder, auf die Ankunft des Herrn; siehe, der Bauer erwartet die kostbare Frucht, indem er in Geduld über ihr harrt, bis sie Frühregen und Spätregen bekommt. Harrt auch ihr in Geduld, macht eure Herzen fest; denn die Ankunft des Herrn ist nahe.« (Jak. 5, 7f.) Zwar wird die überlieferte Aussage von der nahen Ankunft des Herrn beibehalten, aber im Vordergrund steht die Mahnung zu Geduld und Ausdauer, in der man warten und bereit bleiben soll.

*b.* Im *Kolosser- und Epheserbrief* wird die eschatologische Erwartung umgeformt und weithin durch *räumliche Vorstellungen* ersetzt. Die Auferstehung mit Christus ist schon in der Taufe geschehen. Hatte Paulus gesagt, die Glaubenden seien mit Christus gestorben und mit ihm begraben durch die Taufe in den Tod, »damit, wie Christus von den Toten auferweckt wurde durch die Herrlichkeit des Vaters, so auch wir in einem neuen Leben wandeln sollen« (Röm. 6, 4), so gehen der Kol. und Eph. über die paulinischen Aussagen hinaus und sprechen nicht nur vom Sterben, sondern auch vom Auferstehen mit Christus: »Ihr seid begraben mit ihm in der Taufe, in der ihr auch mitauferweckt seid durch den Glauben an die Kraft Gottes, der ihn von den Toten auferweckt hat. Und euch, die ihr tot wart durch die Sünden und die Unbeschnittenheit eures Fleisches, hat er lebendig gemacht mit ihm, indem er uns alle Sünden vergab.« (Kol. 2, 12f.; s. Eph. 2, 1. 5) Daraus wird dann die Folgerung gezogen: »Wenn ihr nun mit Christus auferweckt seid, so sucht, was droben ist, da Christus sitzt zur Rechten Gottes.« (Kol. 3, 1) Die Auferstehung mit Christus ist also schon geschehen, aber noch ist die zukünftige Herrlichkeit verborgen. Was sich daher in der Zukunft ereignen wird, ist nicht die Auferstehung der Toten, sondern die Offenbarung der δόξα: »Denn ihr seid gestorben, und euer Leben ist verborgen mit Christus in Gott. Wenn aber Christus, unser Leben, offenbar wird, dann werdet auch ihr offenbar werden mit ihm in Herrlichkeit.« (Kol. 3, 3f.) Das neue Leben derer, die mit Christus auferstanden sind, führt jedoch nicht zu schwärmerischem Enthusiasmus, sondern muß im Ablegen des alten Menschen und Anlegen des neuen bewährt werden (Kol. 3, 9f.). Daß Gott uns »mitauferweckt und mit in den Himmel eingesetzt hat in Christus Jesus« (Eph. 2, 6), bedeutet: »Aus Gnade seid ihr gerettet durch Glauben; und das nicht aus euch, Gottes Geschenk ist es; nicht aus Werken, damit sich nicht jemand rühme.« (Eph. 2, 8f.)

*c.* Gegen kritische Einwände wird zur *Verteidigung der Eschatologie* geltend gemacht, daß man nicht voreilig einen bestimmten Termin für den Anbruch des Endes annehmen dürfe. Gnostische Lehrer behaupteten, die Auferstehung sei schon geschehen (2. Tim. 2, 18), und äußerten sich spöttisch über diejenigen, die noch an einer Zukunftserwartung festhielten. Gegen solche Ansichten wendet sich der *2. Petrusbrief* und schilt ihre Anhänger als Spötter, die nach der Weissagung des Petrus in den letzten Zeiten auftreten, nach ihren eigenen Lüsten wandeln und sagen: »Wo ist die Verheißung seiner Ankunft? Seit der Zeit, daß die Väter schlafen gegangen sind, bleibt ja alles, wie es von Anfang der Schöpfung gewesen ist.« (2. Petr. 3, 4) Gegen diese Einrede wird darauf hingewiesen, »daß ein Tag bei dem Herrn wie 1000 Jahre ist und 1000 Jahre wie ein Tag. Der Herr ist nicht langsam mit der Verheißung, wie es einige für Langsamkeit halten, sondern er ist langmütig mit uns und will nicht, daß etliche verlorengehen, sondern daß alle zur Umkehr kommen« (2. Petr. 3, 8f.). Wenn sich auch seine Ankunft hinauszieht, so wird doch der Tag des Herrn kommen und plötzlich da sein wie ein Dieb in der Nacht. Dann werden sich die Elemente im großen Brand auflösen und wird der Himmel im Feuer vergehen. Die Gläubigen aber warten auf einen neuen Himmel und eine neue Erde, in welchen Gerechtigkeit wohnt (3, 13). Für diesen Tag sollen sie sich bereithalten in unbeflecktem Wandel, um ohne Fehl erfunden zu werden.

*d.* In Zeiten der *Verfolgung* blieb die *Naherwartung* lebendig. Der *1. Petrusbrief* ist an leidende Gemeinden gerichtet und sucht sie zu stärken, wenn er ihnen zuruft: »Das Ende aller Dinge ist nahe gekommen.« (1. Petr. 4, 7) Hinter den Bedrängnissen, die die Gemeinden durchmachen müssen, steht der Teufel, der wie ein brüllender Löwe umherläuft und sucht, wen er verschlingen kann (1. Petr. 5, 8). Dem muß tapfer und unerschrocken widerstanden werden.

Von starker Naherwartung ist die *Offenbarung des Johannes* erfüllt. Schon im Prooemium heißt es, die Zeit sei nahe (1, 3); und am Ende wird dieser Ruf wiederholt: »Siehe, ich komme bald.« (22, 20) Die Gemeinde aber antwortet: »Amen, komm, Herr Jesu.« (ebda.) »Der Geist und die Braut sprechen: Komm. Und wer es hört, der spreche: Komm!« (22, 17) Gottes Geschichtsplan, der von keinem menschlichen Auge eingesehen werden kann, liegt in den Händen des Lammes.

Wenn das Lamm die Siegel der Urkunde löst, die in seine Hand gelegt ist, werden die Ereignisse der letzten Zeit über die Erde hereinbrechen (Kap. 5–6). Während die jüdischen Apokalyptiker nach dem zukünftigen Eingreifen Gottes Ausschau halten, weiß der christliche Prophet, daß der kommende König aller Könige kein anderer sein wird als der, der als das Lamm geschlachtet wurde. Daher hat die Erwartung des Endes gesteigerte Dringlichkeit und Gewißheit erhalten. Zwar hat der Seher Johannes die eschatologische Erwartung in der Sprache und den Vorstellungen der Apokalyptiker entfaltet, die er aus dem Judentum übernahm. Er hat aber das apokalyptische Geschichtsbild mit der Botschaft von Kreuz, Auferstehung und Wiederkunft Christi verbunden, um den noch ausstehenden Abschnitt der Weltgeschichte aufzuzeigen. Die Fülle der apokalyptischen Bilder ist vom christologischen Bekenntnis umklammert. Damit aber haben die apokalyptischen Stoffe eine Bindung an die Geschichte erfahren, die ihren Charakter grundlegend verändert, so daß sie nunmehr dazu dienen, die Universalität des Christusgeschehens zu veranschaulichen.
Der Seher Johannes lenkt die Blicke der bedrängten Gemeinde immer wieder auf die Herrschaft Gottes und des Christus, die in der himmlischen Welt schon aufgerichtet ist und sich auf Erden gewiß durchsetzen wird. Damit nimmt er das zentrale Thema der Verkündigung Jesu und der Erwartung der ersten Christenheit auf. Das Kommen der Gottesherrschaft ist identisch mit der Parusie Christi. Gottesherrschaft und Christologie sind in der Theologie der Joh.-Apk. auf das engste miteinander verbunden. Wie Gott als Pantokrator Anfang und Ende ist (Apk. 1, 8; 21, 6), so heißt auch Christus A und O, der als Erster und Letzter Anfang und Ende umspannt (Apk. 1, 7; 2, 8; 22, 13) und in göttlicher Gewalt das Regiment über alle Welt führt. Im Licht seiner sich Bahn machenden Herrschaft wird daher auch das Wesen der Mächte dieser Welt erkannt. Während in der Vision des Buches Daniel die vier nacheinander aufsteigenden Weltreiche durch vier verschiedene Tiere abgebildet worden waren (Dan. 7, 1–7), fallen diese für den Seher Johannes zu einer einzigen Gestalt zusammen, die zehn Hörner und sieben Häupter hat, die einem Panther gleicht, deren Füße wie die eines Bären sind und deren Maul wie das eines Löwen ist (Apk. 13, 1f.). Dieses Tier tritt mit satanischer Gewalt drohend und Furcht erweckend auf den Plan. Aber seine Macht ist schon gebrochen; denn der Satan ist bereits aus dem Himmel hinuntergestürzt (Apk. 12, 9), und dem Tier ist seine Stätte im feurigen Pfuhl bereitet (Apk. 19, 20). Weil die leidende und bekennende Gemeinde weiß, daß alle Herrschaft Gott und dem Christus gehört, darum preist die auf Erden kämpfende Kirche im Verein mit der im Himmel triumphierenden Schar das Regiment Gottes und des Lammes (Apk. 7, 8–17; 11, 15–17; 12, 10–12; 14, 2f.; 15, 3f.; 19, 1–10), das am Ende der Tage sichtbar vor aller Augen erscheinen wird. Bis dahin gilt es, auszuharren und treu zu bleiben (Apk. 13, 10; 14, 12 u. ö.).

## § 40 Die Einheit des Neuen Testaments

*Das Neue Testament enthält keine einheitliche Theologie, sondern unterschiedliche, sich bisweilen widersprechende Zeugnisse. Da jedoch in allen Schriften des Neuen Testaments die Verkündigung des gekreuzigten und auferstandenen Christus entfaltet wird, muß die Frage nach der Einheit der in den verschiedenen Aussagen laut werdenden Botschaft, nach dem Kanon im Kanon gestellt werden, damit in der Vielfalt der Worte das eine Wort des Evangeliums hörbar wird. Die Einheit des Neuen Testaments gründet in dem einen Kerygma, das in der Predigt der ersten Christenheit ausgelegt wird.*

Lit. s. zu § 1, ferner: O. CULLMANN, Christus und die Zeit, 1946, [3]1962 – DERS., Heil als Geschichte, 1965, [2]1967 – E. KÄSEMANN, Begründet der neutestamentliche Kanon die Einheit der Kirche?, EvTh 11 (1951/52) 13–21 = EVB I, 214–223 = DERS., Das Neue Testament als Kanon, 1970, 124–133 – N. A. DAHL, Die Theologie des Neuen Testaments, ThR NF 22 (1954) 21–49 – H. CONZELMANN, Zum Überlieferungsproblem im Neuen Testament, ThLZ 94 (1969) 881–888 = Theologie als Schriftauslegung, 1974, 142–151 – E. LOHSE, Die Einheit des NT, 1973 – DERS., Die Einheit des NT als theologisches Problem, EvTh 35 (1975) 139–154 = Die Vielfalt des NT (1982) 231–246 – S. SCHULZ, Die Mitte der Schrift, 1976 – J. O. G. DUNN, Unity and Diversity in the NT, 1977 – P. STUHLMACHER, Vom Verstehen des NT, 1979.

*a.* Die nt.lichen Schriften entwickeln nicht eine einheitliche Lehre, sondern legen *verschiedene theologische Entwürfe* vor. Die Verkündigung Jesu, mit der er den nahenden Anbruch der Gottesherrschaft ansagte, wurde von der ersten Christenheit aufgenommen, wobei sie alle auf die Zukunft gerichtete Hoffnung an den Namen Jesu band und die kommende Weltenwende mit seiner Ankunft als Menschensohn erwartete. Den gekreuzigten und auferstandenen Jesus von Nazareth bezeichnete sie als den Christus, den Herrn und Gottessohn, und brachte damit zum Ausdruck, daß im Christusgeschehen Gottes Verheißungen erfüllt sind und das Heil Gegenwart geworden ist. Die Folgerungen, die sich aus diesem urchristlichen Kerygma ergeben müssen, zog der Apostel Paulus in seiner Lehre, daß Christus das Ende des Gesetzes ist und allein im Glauben die rettende Botschaft von der Offenbarung der Gerechtigkeit Gottes empfangen werden kann. In dieser Klarheit war vor Paulus noch nicht über die Frage des Gesetzes gedacht und entschieden worden – auch nicht in Kreisen der hellenistischen Gemeinden, die sich als erste der Aufgabe zugewandt hatten, das Evangelium über die Grenzen des Judentums hinauszutragen. Indem Paulus das Evangelium als die frohe Botschaft für Juden und Heiden auslegte, durch deren Annahme sie Glieder des Gottesvolkes werden, wurde das Tor zur weltweiten Predigt und Sammlung der Kirche aus allen Völkern aufgestoßen.
Die synoptischen Evangelisten setzen voraus, daß die Kirche sich zur Verkündigung der Christusbotschaft in aller Welt beauftragt weiß. Sie interpretieren diese Botschaft, indem sie das Kerygma vom gekreuzigten und auferstandenen Christus mit der Jesusüberlieferung verknüpfen und dadurch hervorheben, daß die christliche Verkündigung unlöslich an die Geschichte Jesu gebunden ist. In der johanneischen Theologie wird diese Bindung der Christuspredigt an die Geschichte Jesu festgehalten, dabei aber die Botschaft von der in Jesus offenbarten Herrlichkeit mit der Darstellung seiner irdischen Wirksamkeit verschmolzen, so daß seine δόξα nicht verborgen bleibt, sondern in seinem Reden und Handeln immer wieder aufleuchtet. Durch das vom Geist der Wahrheit ausgerichtete Zeugnis wirkt der verherrlichte Christus in seiner Gemeinde und an der Welt. In den übrigen Schriften des NT, die um die Wende vom 1. zum 2. Jahrh. ent-

standen, sucht man die Aufgaben, die sich in der veränderten Situation stellten, so zu lösen, daß man die apostolische Lehre als die die Kirche bindende und verpflichtende Norm formulierte, das Leben der Gemeinden in eine feste Ordnung brachte und für das Verhalten der Christen im Alltag klare Weisungen gab.
Die verschiedenen theologischen Entwürfe, die im NT aneinander gereiht sind, zeigen, daß die Christusbotschaft nicht einfach in unveränderlichen formelhaften Sätzen weitergegeben werden konnte, sondern ständig durchdacht, erläutert und angewendet werden mußte. Der ersten Christenheit wäre es unmöglich gewesen, Jesu Verkündigung lediglich zu wiederholen. Sie mußte vielmehr Jesu Predigt vom Kerygma her begreifen, um auszusagen, was die Botschaft vom gekreuzigten und auferstandenen Christus für ihr Glauben und Handeln bedeutet. Ebenso mußten Paulus, die Evangelisten und die Verfasser der anderen nt.lichen Schriften jeweils ihren Gemeinden darlegen, was das Evangelium als Antwort auf ihre Fragen und als Weisung für ihr Leben besagt. Dabei mußte die unterschiedliche Situation der Gemeinden und die sich wandelnde Lage, in der sie sich befanden, berücksichtigt werden, um die Christusbotschaft konkret und unmittelbar zuzusprechen.
Bei der Ausbildung der verschiedenen theologischen Entwürfe ist es jedoch nicht nur zu einer weiterführenden Vertiefung und reicheren Entfaltung des Evangeliums gekommen, sondern es bildeten sich auch Spannungen und Risse, gegensätzliche Ansichten und einander widersprechende Aussagen heraus. Während die judenchristlichen Gemeinden an der Beobachtung der Thora festhielten, löste sich die Heidenchristenheit vom Gesetz. Hatten sich die Leiter der Urgemeinde und Paulus über die Predigt des Evangeliums einigen können, so blieb es doch nicht aus, daß sie unterschiedliche Auffassungen ihres missionarischen Auftrags vertraten. Über die Frage der Tischgemeinschaft von Juden- und Heidenchristen kam es zu einer scharfen Auseinandersetzung zwischen Paulus und Petrus vor der Gemeinde in Antiochia. Während Paulus das Beispiel des glaubenden Abraham im Zusammenhang seiner Rechtfertigungslehre so auslegte, daß die Gerechtigkeit Gottes nur im Glauben empfangen wird, deutete später der Jakobusbrief dasselbe Schriftwort in dem Sinn, daß Glaube und Werke im Verein miteinander die Gerechtigkeit wirken. War in den paulinischen Gemeinden der Entfaltung der Charismen freier Raum gegeben und als kritische Norm allein die Auferbauung des Leibes Christi bezeichnet worden, so wurde in nachpaulinischer Zeit das Charisma an das Amt gebunden und den Amtsträgern der Auftrag zugewiesen, das apostolische Erbe zu wahren. Jesus und die erste Christenheit hatten den Anbruch der Gottesherrschaft für die nächste Zukunft erwartet. Als dann aber die Parusie ausblieb, mußte die Eschatologie verändert werden. Entweder sagte man, daß das Ende weiter hinausgeschoben sei, oder man erklärte die Gegenwart des Heils als das schlechthin entscheidende Geschehen. Alle vier Evangelisten verbinden die Darstellung der Wirksamkeit Jesu mit der Geschichte seines Leidens, Sterbens und Auferstehens. Jeder von ihnen aber erzählt nach seinem Verständnis, was Jesus in seinen Worten und Taten verrichtete. Nicht nur hinsichtlich des geographischen und chronologischen Aufrisses, sondern auch in der theologischen Interpretation des Weges Jesu treten dabei gewichtige Unterschiede zwischen dem Joh.-Ev. und den Synoptikern, aber auch zwischen den drei synoptischen Evangelien hervor.
Die Vielfalt der theologischen Entwürfe, wie sie in den nt.lichen Schriften vorliegen, kann nicht in einen einheitlichen Rahmen eingefügt werden. Eine allgemeine Übereinstimmung kann nicht dadurch erzielt werden, daß man eine

übergreifende Idee wie z. B. die einer heilsgeschichtlichen Schau ausbildet und den Versuch unternimmt, ihr die verschiedenen Aussagen unterzuordnen (s. z. B. CULLMANN). Auch kann nicht ein einheitliches Verständnis des Menschen als gemeinsame Grundlage aller nt.lichen Schriften aufgewiesen werden (s. z. B. BRAUN; S. 13f.). Ihre Ausführungen bleiben vielmehr in einem spannungsvollen Verhältnis nebeneinander stehen. Darum stellt sich die Frage, welche Folgerungen aus diesen Beobachtungen zu ziehen sind.

*b.* Die unterschiedlichen theologischen Entwürfe, die im Kanon des NT zusammengefaßt sind, müssen daraufhin befragt werden, wie in ihnen jeweils das *Kerygma entfaltet* worden ist. Allen nt.lichen Schriften ist gemeinsam das Christusgeschehen und das urchristliche Kerygma vorgegeben, das sie ihrerseits aufnehmen und auslegen. Dabei ist nicht nur das Bekenntnis der Urgemeinde, sondern auch die Ausgestaltung der christlichen Predigt durch die hellenistische Gemeinde vorausgesetzt, ehe es zu schriftlichen Aufzeichnungen christlicher Lehre kam. Die nt.lichen Texte müssen daher kritisch daran gemessen werden, wie sie das gemeinchristliche Kerygma aussagen. Dieses Kerygma ist freilich nicht als eine feste Norm verfügbar, an der dann jede Aussage mit unbedingter Eindeutigkeit geprüft werden könnte. Vielmehr schließt die Frage nach dem Kerygma die Frage nach der Mitte christlicher Predigt schlechthin ein.

In der Geschichte der Kirche haben sich immer wieder Gruppen und Konfessionen auf diese oder jene Abschnitte der Schrift zur Begründung ihrer Ansichten berufen. Das konnte geschehen, weil der nt.liche Kanon keine in sich geschlossene Einheit darstellt, sondern eine Vielzahl von Schriften vereint, die in verschiedenen Situationen entstanden sind und unterschiedliche Aspekte des nt.lichen Kerygmas entfalten. Schon in der Urchristenheit haben einzelne Kreise und Gruppen sich miteinander, bisweilen auch gegeneinander entwickelt, sich teils miteinander verbunden, teils aber auch voneinander abgegrenzt (KÄSEMANN). Dieser unbestreitbare Sachverhalt aber stellt damit die Aufgabe, sich nicht mit der Feststellung zufrieden zu geben, daß innerhalb der nt.lichen Schriften diese und jene Auffassungen vorliegen. Sondern nun muß gefragt werden, in welcher Weise damals das Evangelium ausgesagt worden ist und wie es heute zu bezeugen ist. Diese Frage wird erst dann in ihrem vollen Gewicht verstanden, wenn die nt.lichen Texte als Auslegung der Christusverkündigung zu Gehör kommen, in der es Unterschiede, Gegensätze und Widersprüche gibt, und damit die herausfordernde Frage nach unserer Stellungnahme laut wird. Der Theologe hat daher das kritische Gespräch mit den nt.lichen Texten aufzunehmen und sich in die Bewegung theologischen Denkens und Redens hineinnehmen zu lassen, die als Bemühung um das Verstehen und Weitersagen des Kerygmas niemals zu endgültigem Abschluß gelangt, sondern fortgeführt werden muß.

*c.* Schärft die historische Bemühung um genaues Verständnis der Texte den Blick, um die Vielfalt urchristlicher Auslegungen des Kerygmas zu erkennen, so wird sich das theologische Urteil in der Auseinandersetzung mit der Frage nach dem *Kanon im Kanon* bilden, wie LUTHER sie in seiner Vorrede zum Jakobusbrief in der Septemberbibel von 1522 bezeichnet hat: »Auch ist das der rechte Prüfstein, alle Bücher zu tadeln (d.h. kritisch zu beurteilen), wenn man sieht, ob sie Christus treiben oder nicht ... Was Christus nicht lehrt, das ist nicht apostolisch, wenn's gleich Petrus oder Paulus lehrt; wiederum was Christus predigt, das ist apostolisch, wenn's gleich Judas, Hannas, Pilatus und Herodes täte.«

Die Einheit des vielfältigen Zeugnisses, das als die kirchengründende Predigt in den Schriften des NT festgehalten ist, tritt erst da hervor, wo der Geist die Buchstaben lebendig macht und das eine Evangelium laut werden läßt: daß der verborgene Gott sich in Christus offenbarte und die Welt mit sich selbst versöhnte (2. Kor. 5, 19). Am Kreuz Christi ist Gottes Liebe zur Welt sichtbar geworden, so daß fortan die Predigt den gekreuzigten Christus als den lebendigen Herrn bezeugt. Wenn die nt.lichen Texte daraufhin befragt werden, wie sie diese Botschaft entfalten, wird die Einsicht festgehalten, daß der Glaube sich nicht auf sich selbst gründet, sondern auf das einmal und damit ein für allemal geschehene Christusereignis, das vor und außer uns als Grund des Heils sich zugetragen hat. Erst im Licht dieses verkündigten Geschehens wird erhellt, wie es um die Welt, d.h. um uns bestellt ist. Das gepredigte Wort spricht uns das Heil zu und deckt dabei zugleich unsere Verlorenheit auf; das Evangelium, das uns richtend und aufrichtend trifft, macht offenbar, daß Gottes Liebe um Christi willen uns zugewandt ist. In dieser Botschaft hat die Vielfalt der nt.lichen Aussagen ihre Mitte und Einheit. Wo sie angenommen wird, da ist der Glaube dessen gewiß, daß er aus Gottes Tat lebt, die extra nos geschehen ist, uns zugut. Dieser Glaube aber möchte sich seines Inhalts vergewissern, indem er die nt.lichen Schriften auf das in ihnen ausgesagte Evangelium hin befragt und in der Begegnung mit dem Chor der Zeugen das eine rettende Wort in der Vielfalt der Worte zu erheben sucht.

Nicht jeder Satz, der im NT steht, kann unmittelbar als Gottes Wort bezeichnet werden. Gottes Wort, das in Christus an die Welt ergangen ist und ergeht, begegnet vielmehr nicht anders als in von Menschen gesprochenem Wort. Es wird von verschiedenen Zeugen ausgerichtet, die in den uns überkommenen Schriften des NT ihre γράμματα aufgezeichnet haben. Die Einheit des NT kann nicht an den Buchstaben abgelesen und als statische Größe bestimmt werden, sondern sie tritt in Erscheinung im Vollzug des lebendigen Zeugnisses des Geistes, der den Christus praedicatus als den gegenwärtigen Herrn verkündigt. »Allein das Evangelium begründet die eine Kirche in allen Zeiten und an allen Orten.« (KÄSEMANN)

Als historische und zugleich systematische Disziplin möchte daher die nt.liche Theologie der Aufgabe dienen, hinter und in der Vielfalt der Worte das eine Wort vernehmbar und hörbar zu machen – das Wort vom Kreuz, das uns nichts anderes wissen läßt als allein Jesus Christus, den Gekreuzigten (1. Kor. 2, 2).

# Register

## 1. Bibelstellenregister

### *Altes Testament*



### *Neues Testament*

## 2. Autorenregister

## 3. Sachregister